循环经济研究丛书
“十一五”国家重点图书出版规划
国家社科基金重大项目（编号 06&ZD029）研究成果

循环经济的哲学思考

李建珊　主　编
李淑华　副主编

中国环境科学出版社·北京

图书在版编目（CIP）数据

循环经济的哲学思考 / 李建珊主编．—北京：中国环境科学出版社，2008.3
（循环经济研究丛书）
ISBN 978-7-80209-601-1

Ⅰ．循…　Ⅱ．李…　Ⅲ．自然资源—资源经济学—研究　Ⅳ．F062.1

中国版本图书馆 CIP 数据核字（2007）第 107496 号

责任编辑　周　煜　万　峰
责任校对　扣志红
封面设计　王筱婧

出版发行　中国环境科学出版社
（100062　北京崇文区广渠门内大街 16 号）
网　　址：http://www.cesp.cn
联系电话：010-67112765（总编室）
发行热线：010-67125803
印　　刷　北京中科印刷有限公司
经　　销　各地新华书店
版　　次　2008 年 3 月第一版
印　　次　2008 年 3 月第一次印刷
开　　本　787×960　1/16
印　　张　15.25
字　　数　265 千字
定　　价　38.00 元

《循环经济研究丛书》编委会

前 言

循环经济：一场观念的变革

知易行难。从观念层面上的笼统的人与自然和谐相处到发展成为一种务实的具体的实践，同样是观念的重要变革，而且是更为重要的观念转变。

20 世纪后期以来，蓬勃发展的循环经济，务实地实现了人与自然关系的和谐，在消费方式、生产方式等多环节上促进人与自然的和谐，成功地减少环境污染、缓解资源短缺，切实地促进了人与自然关系的发展。纵观循环经济的历史过程，人类与自然关系发展的历史，从观念到行动的转变至关紧要：沿着循环经济所启示的道路，实现消费方式、生产方式上的根本转变，完全有可能消除资源危机、生态危机，实现人与自然的和谐相处。

一、循环经济：理想而又务实的经济实践

循环经济不单是一些原则、观念、思维方式，更是一种社会实践。

工业生态园是推行循环经济的一种非常好的生产方式。生态工业园区就是要在更大的范围内实施循环经济的法则，把不同的工厂联结起来形成共享资源和互换副产品的产业共生组织，使得这家工厂的废气、废热、废水、废物成为另一家工厂的原料和能源。丹麦卡伦堡是目前世界上工业生态系统运行最为典型的代表。这个生态工业园区的主体企业是发电厂、炼油厂、制药厂、石膏板生产厂。以这四个企业为核心，通过贸易方式利用对方生产过程中产生的废弃物和副产品，不仅减少了废物产生量和处理的费用，还产生了较好的经济效益，形成了经济发展与环境保护的良性循环。做到资源共享，各得其利，共同发展，铸就了工业生态园的成功。

回收系统网络化也是推进循环经济发展的一种方式。德国的双轨制回收系统（DSD）起了很好的示范作用。DSD 是一个专门组织对包装废弃物进行回收利用的非政府组织。它接受企业的委托，组织收运者对他们的包装废弃物进行回收和分类，然后送至相应的资源再利用厂家进行循环利用，能直接回用的包装废弃

物则送返制造商。DSD 系统的建立大大地促进了德国包装废弃物的回收利用。例如：玻璃、塑料、纸箱等包装物回收利用率达到了 86%；包装垃圾已从过去每年 1 300 万 t 下降到现在的 500 万 t。通过大力发展旧物调剂和资源回收产业（日本称之为社会静脉产业），并且将其网络化、系统化，促进了“自然资源—产品—再生资源”的循环经济。

少排放甚至零排放的环境保护目标，也是工业领域追求的重要目标。20 世纪 80 年代末，美国杜邦公司将少排放甚至零排放的环境保护目标作为技术攻关的目标，通过放弃使用某些有害型的化学物质，减少某些化学物质的使用量以及发明回收本公司产品的新工艺，每年可使生产造成的塑料废弃物减少 25%，空气污染物排放量减少 70%。同时，他们在废塑料（如废弃的牛奶盒和一次性塑料容器）中回收化学物质，开发出了耐用的乙烯材料等新产品。杜邦公司副总裁特博认为，制定这个目标（指零排放）可以促使人们不断提高工作的创造性。

在中国实现可持续发展的国家战略激励下，围绕着循环经济也进行了一些社会实践工作。不过，与发达国家不同的是，发达国家进入后工业化时期，我国在实现现代化建设的时候可以借鉴他们的经验和教训，不必走“先污染，后治理”的老路，实现经济、社会、生态的协调发展。从 1993 年起，中国政府进行了清洁生产试点，以清洁生产作为实现循环经济的重要方式。在《中国 21 世纪议程》中已有《清洁生产法》和《清洁能源法》的立法设想，现已在草拟中，行将出台《清洁生产法》与《清洁能源法》。

在中国，按照循环经济来设计企业将是一条现实而光明的道路。比如：山东鲁北化工股份有限公司是一家上市企业，它的主要工业产品是三大传统化工产品磷胺、硫酸、水泥。尤其是其独特的石膏制酸联产水泥工艺技术属世界首创，被确认为我国独有的零排放技术、可持续发展技术，具有重要意义。刚开始上市的时候，这家企业被认为是传统企业，又是工业污染行业。这家公司在配股之后，股份从 20 多元跌到 9 元钱左右。不过，德国人注意到这家企业，它有自己的专利技术，三大产品中，一个产品的废料是另一个产品的原料，没有任何废弃物，形成资源利用的一种良性循环。这家企业符合未来可持续发展要求，又有自己独特的技术，产品具有竞争力，所以，一段时间后，股价又上升到 20 元。

发展循环经济已经是一项必须加以考虑的实践问题。尤其对于发展中国家来说，经济发展已经不能再走老路，而是必须按照循环经济原理，按照产业生态园区、工业生态园区来规划和实施。应当要求工业系统能像生物生态系统那样以完全循环的方式运行，如丹麦的卡伦堡生态工业园区。对于新的项目，从设计的一开始就要按照单个企业循环经济模式建设。从各级政府到各个工业企业，乃至于消费者，都应当改变高开采、低利用、高排放（“两高一低”）的线性经济模式，实现循环型企业、循环型社会、循环型城市，为达到可持续发展要求的环境与经济“双赢”的战略目标而尽自己的责任。

二、务实的循环经济：隐藏其后的观念转变

循环经济成为世界发展的大趋势，代表着一系列观念的转变。2005 年 9 月，国务院发布了《国务院关于加快发展循环经济的若干意见》，并在“十一五”规划中将发展“循环经济”列入建立“资源节约型、环境友好型社会”的国家战略中。“循环经济”地位日益凸显，与中国共产党近年来一系列国家战略的转变有着直接和密切的关系。此前的中国共产党十六届四中全会，通过了《中共中央关于加强党的执政能力建设的决定》，明确提出建设“和谐社会”，把不断提高构建社会主义和谐社会的能力作为党的执政能力之一。“要适应我国社会的深刻变化，把和谐社会建设摆在重要位置，注重激发社会活力，促进社会公平和正义，增强全社会的法律意识和诚信意识，维护社会安定团结。”

循环经济代表着一个新的经济形态——生态化的经济形态。生态被纳入到系统之中，新的经济形式强调的是生态化，而不是单纯对自然资源的索取和对环境的利用和破坏。它不单考虑经济规律，还要考虑到自然生态系统的物质循环规律和能量流动规律。它代表着一种新的发展趋势，它实现了长期以来难以实现的经济发展、资源利用和生态环境之间的平衡，这就是它的本质。根据日本《促进建立循环型社会基本法》第二条，所谓的“循环型社会”是指，通过抑制产品成为废弃物，当产品成为可循环资源（指废弃物中有用的物质）时则促进产品的适当循环（指再利用、资源化以及热回收），并确保不可循环的回收资源得到适当处置，从而使自然资源的消耗受到抑制，环境负荷得到削减的社会形态。按照这种定义，自然资源的有效消耗、削减的环境负荷、经济的发展之间实现了协调和统一。

在传统的经济系统中，大量生产、大量消费和大量废弃是它的典型特征。资源—产品—污染排放成为产品生产和消费的三步曲。越来越多的物质和能源开采出来，然后在生产加工中产生大量的污染，最后的产品经过一次性消费后成为废弃物，进入到环境中。在这一经济数量型增长模式下，资源的利用常常是粗放的和一次性的，资源往往持续不断地变成废物，导致了自然资源的短缺与枯竭，酿成了灾难性环境污染后果。

与此不同的是，循环经济倡导的是不断循环基础上的经济发展。它恰恰是通

过抑制产品成为废弃物来满足生产和消费。资源—产品—再生资源构成了资源反复循环流动的新的三步曲。整个经济系统以及生产和消费的过程基本上不产生或者只产生很少的废弃物，其特征是自然资源的低投入、高利用和废弃物的低排放，从而根本上消解长期以来环境与发展之间的尖锐冲突。循环经济遵循的是以“减量化（reduce）、再使用（reuse）、再循环（recycle）”为内容的行为原则（称为 3R 原则）。使废弃物资源化、减量化和无害化，把有害环境的废弃物减少到最低限度，这是循环经济的一条重要原则和重要标志。

第一是减量化原则。这是生产领域的要求。尽量减少进入生产和消费流程的物质数量，学会预防废弃物的产生。比如：我们要尽量避免和抵制为倾销商品而进行的过分包装，使用可以回收再利用的包装材料和容器。在生产过程中，不仅要注重新产品的开发和提高产品的质量，而且要尽可能地减少原材料的消耗和选用能够回收再利用的材料和结构。

第二是再使用原则。这是消费领域的要求。它要求尽可能多次以及尽可能多种方式地使用物品。通过再利用，防止物品过早成为垃圾。它要求改变“用完就扔”的状况，注重从生产阶段一直到消费阶段，可充分利用废物，形成循环圈，产生新的生产能力。1991 年，德国政府制定了《包装条例》， 要求相关主体承担对包装物进行回收的义务，并设定了包装物再生循环利用的目标。

第三是再循环原则。这是消费完成后资源处理的要求，它尽可能多地再生利用或资源化。资源化能够减少垃圾填埋场和焚烧场的压力。它遵循的是，“只有放错了地方的资源，没有真正的废弃物”的观念，上家的废料成为下家的原料和动力。有两种方式：一是原级资源化，即把废弃物生成与原来相同的产品。如将废纸生成再生纸，废玻璃生成新玻璃，废钢铁生成再生钢……这种方式的利用，可以减少原生材料量的 20%～90%。二是次级资源化，即把废弃物变成与原来不同的新产品，这种利用方式可减少原生材料量的 25%。

循环经济的实践表明，世界未来的目光不再单纯是经济活动的生态后果，而是经济运行机制与保护环境之间的关系。循环经济不是环境保护的末端治理，而是从源头上进行治理。它是经济发展与保护环境二者“双赢”的首选。这是一场观念的变革，尽快从思想上充分理解循环经济，尽快完成传统经济向循环经济发展模式的转变，是当今中国的当务之急。

三、循环经济观念转变的历史变革

充分地理解循环经济，不能离开循环经济思想发展的历史过程。循环经济的发展，从来就是实践导向的。在欧美发达国家，循环经济的发展是从废弃物经济开始，一步步演变为循环经济。

德国是世界上循环经济起步最早、水平最高、法制最完备的国家之一。[1]德国的循环经济源于垃圾处理，然后逐步扩展至生产和消费领域，因此有人称德国的循环经济为垃圾经济[2]。德国政府于 1972 年制定了《废弃物处理法》，加强对废弃物排放后的末端处理，确立了“无害化”和“污染者付费原则”，并明确了相关主体处理废弃物的责任。1975 年，德国政府发布了第一个国家废弃物管理计划，确立了解决废弃物问题的顺序：预防—减少—循环和重复利用—最终处置。1986 年，德国政府在对 1972 年法律进行修订的基础上颁布了《废弃物限制处理法》，规定了“预防优先”和“垃圾处理后重复使用原则”。这一法律暗含着一种观念的转变，它从“怎样处理废弃物”开始转变为“怎样避免废弃物产生和如何循环利用废弃物”。

1996 年，德国政府出台了《循环经济和废弃物处置法》。它标志着循环经济进入到法律之中，并成为德国法律体系的重要组成部分。该法明确规定废弃物管理处置的基本原则和做法：首先，尽量避免和减少废弃物的产生；其次，对垃圾进行最大限度地再利用；最后，在确定无法再利用的时候才考虑进行销毁等清除处理。该法还明确规定废弃物的生产者、拥有者和处置者担负着维持循环经济发展的最主要责任。根据德国政府的《循环经济和废弃物处置法》，应当按照循环经济的要求回收利用包装废弃物、废车辆、废旧电器、废旧电池、生物废弃物、建筑材料或拆毁废墟、废地毯、废纺织物和废弃木材等。相应地，德国政府根据各个行业的不同情况，分别制定了促进相应行业发展循环经济的法规，比如《饮料包装押金规定》、《废旧汽车处理规定》、《废旧电池处理规定》以及《废木料处理办法》等。

日本的情况也是如此。[3]1991 年，日本国会修订了 20 世纪 70 年代颁布的《废弃物处理法》，增加了生活垃圾分类收集和循环利用等内容。同年，国会通过了《资源有效利用促进法》，要求工业部门避免废弃物的产生，并在加工的全过程对废弃物进行再利用和资源化。1999 年 7 月，日本通产省产业结构审议会发布了一份题为《建立循环经济体系》的报告，将传统的废弃物重新定义为“循环型资源”，并且对废弃物实行以“减量化、再利用和资源化”（3R）为原则的综合性管理措施。报告认为，环境与资源问题是 21 世纪日本经济持续发展所面临的

---

[1] 王明远．“循环经济”概念辨析：中国人口·资源与环境，2005（6）：13-18.

[2] 马荣．德国循环经济的发展概况．中国环保产业，2005（5）：43-46.

[3] 王金南，李娜．推进日本建立循环社会的法律体系．中国发展，2003（1）：5.

最大难题。为了在 21 世纪继续保持世界经济强国的地位，就必须打破现有的传统经济发展模式，建立循环经济体系。转变观念，建立循环型社会，实现循环经济发展目标，是日本的战略选择。

2000 年，日本将建立循环型社会提升为基本国策，并且将该年定为“循环型社会元年”。这一年，日本国会通过了《促进建立循环型社会基本法》。这是第一层面的基本法。然后通过了《固体废弃物管理和公共清洁法》、《促进资源有效利用法》。这是第二层面的综合性法律。接着通过了《建筑材料回收法》、《食品回收法》、《促进容器与包装分类回收法》、《家用电器回收法》以及《绿色采购法》等多部法律，这些是根据各种产品的性质制定的特别法律法规。它们共同构成了日本循环经济法律体系。日本在推进循环型社会的建设中，完备的立法和严格的执法引人注目，先进的理念和具体的措施为其他国家确立了成功的样板。

以实践为导向，以观念转变为切入点，是循环经济的生命力所在，也是循环经济活的灵魂。

四、观念的反思：本书探讨的主题

本书的核心是对循环经济所体现的观念变化进行哲学的反思。

第一章尝试挖掘西方环境运动、环境思潮与循环经济的内在逻辑关联。本章将循环经济置于西方环境运动发展的历史背景中，注重凸现环境运动、环境思潮所关注的人类经济发展与环境破坏之间的尖锐矛盾，并在此基础上梳理了循环经济所蕴含的全新环保理念。

第二章将以“天人合一”为中心，从中国传统文化与现代“人与自然关系”的视角，探讨儒学与生态之间的关联，进而为清晰循环经济观念层面上的价值提供有意义的启示。中国哲学向来不认为人与自然是敌对的关系，认为人与自然是相辅相成的关系；人与人之间更应互相合作。“天人合一”对人与自然和谐的理解在当代社会中有着重要的启示价值。在中国文化中占据主导地位的“天人合一”思想中，自然规律没有放在第一位的位置，也没有把对自然规律的“普遍性”本质的探求放在重要位置，这是在当代必须加以注意的问题。在这层意义上，中国的循环经济实践不仅要注重人与自然和谐，强调“天人合一”，更要在观念转变的基础上，进一步强化对绿色技术的创新，提倡科学技术创新在循环经济发展中的支撑性作用。

第三章主要是对循环经济的伦理反思。发展循环经济需要有与之相适应的伦理观念，这是循环经济取得成功的重要理论基础之一。没有恰当的伦理观念，生态环境和资源价值的计量，尤其是交易和管理制度的建设将失去道德基础。因此，本章主要是从循环经济与生态伦理、循环经济与经济伦理、循环经济与社会伦理互动关系的视角，对循环经济进行了深入的伦理反思，并阐明了这一研究对更好地实现循环经济发展战略，促进人的全面发展，实现社会公正，构建和谐社会所具有的理论意义和实践意义。

第四章主要讨论循环经济中科学技术的定位问题。循环经济给人们的科技行为和科技发展指明了新的方向；科学技术的绿色化是实现循环经济的根本途径。大力发展绿色技术，从根本上解决经济发展与环境保护之间的矛盾，这是以人为本、实现可持续发展的客观要求，也是构建和谐社会、保持优美环境的根本出路。

第五章主要讨论循环经济与人观念改变之间的关联，说明循环经济的产生是人的观念转变的结果，同时循环经济的产生也促进了人的观念的进一步转变和发展。从人性的完善与循环经济的发展，通过对人性的重新反思，说明人在循环经济发展中的地位、作用和意义。以人的发展为核心，是当代发展理论的大趋势。

第六章尝试描述循环经济也体现出全球化的特征。全球化已经发展成为一个不可逆转的客观事实和发展趋势，它从经济领域已经逐步渗透、扩展到社会政治、文化，以至于生态等诸多领域。随着全球化进程的不断加快，从全球化、现代化角度看待和分析循环经济，回应全球化的挑战和机遇，是各国学者面临的一个共同课题，它对各个国家和民族的经济、政治发展具有深刻的现实意义。

通过上述对循环经济的哲学反思，为我们进一步加深对循环经济的理解，尤其为把握循环经济所代表的一系列观念转变，提供了重要的参考价值。

目 录

第一章　从环境运动到循环经济

循环经济作为一种新的经济增长方式和新的环保理念，应该说它的出现并非空穴来风，而是有着极其深刻的社会背景和丰富的思想资源。从社会背景来看，循环经济与 20 世纪生态平衡的破坏以及相伴而生的人类各种环境运动的蓬勃兴起有着密切的关联，而西方流派纷呈、各具体系的环境思潮更是为循环经济的诞生提供了丰富的思想资源。本章的任务就是回溯西方社会的环境运动及各种环境思潮，并试图挖掘它们与循环经济之间的内在逻辑关联，为全书的论述提供一个宏观的社会背景。

第一节　西方社会的环境运动

一、环境运动的初兴：资源保护运动

从发生学的意义上说，西方社会的环境运动早在 19 世纪就已初见端倪。如世界上第一批环保组织率先在英美等国成立，1824 年爱尔兰政治家马丁及一些人道主义者成立了第一个民间动物保护组织，即禁止残害动物协会；法国于 1845 年也成立了动物保护协会；美国外交家贝佛也于 1866 年成立了“禁止残害动物美国协会”并发表了《动物权利宣言》。另外，第一批与环境保护有关的法律也在 19 世纪开始出现，如 1822 年英国议会通过了禁止残酷对待家畜的《马丁法案》，1876 年通过了《禁止残酷对待动物法》等。不过，对后世环境运动和环境思潮产生重大影响的环境运动当属 19 世纪末 20 世纪初的美国的资源保护运动，这场运动按照如何看待资源可划分为两条不同的认识路线：一条是以吉福德·平肖（Gifford Pinchot）为代表的功利主义资源管理模式（conservation）；另一条则是以约翰·缪尔（John Mair）为先锋的超越功利主义的资源保护模式（preservation）。

（一）平肖的功利主义资源管理模式

吉佛德·平肖是一个高尚的国家利益至上主义者，他把自己的一生都献给了国家，他捐献出家产在耶鲁大学建立了林学研究院。平肖曾是美国林业局的领导，是西奥多·罗斯福总统的密友兼顾问。他于1905年倡导资源保护运动，提出“明智利用”资源的口号。该运动的目标是要求保留国家公园，保护野生动物，建立持续管理下的国家森林体系。在平肖看来，资源保护运动并不意味着保护或维护大自然，相反，是为了明智而有效地利用自然资源。“我们林业政策的目的不是为了它们美丽而保护……也不是因为它们是野生动物的庇护所……而是为了繁荣的家园。”[1]由此，平肖主张可以对自然进行有计划地开发和合理地利用，对荒野和天然资源进行科学地管理，也即要在自然面前“有所作为”。平肖的资源保护主义得到了罗斯福总统的支持，并成为美国当时的主流文化。

（二）缪尔的超越功利主义的资源管理模式

与平肖的功利主义资源管理模式形成鲜明对比的是缪尔的超功利的资源管理模式。缪尔本人深受亨利·大卫·梭罗（H.D.Thoreau）、爱默生（R.W.Emerson）等美国超经验主义者的影响，认为自然不能单纯服务于人的经济目的，自然是现代生活的避难所，是人们休养生息、体验自然之美的地方。不仅如此，植物、石头和山川还是有神灵的，具有某种神秘的力量，是人类应该敬畏的圣物，对于这样的原生自然，人们只能把它按原样“保存”起来。[2]缪尔认为人们应当努力维护野山森林保护区和公园的壮观美丽，从美学的角度去欣赏它们，使它们进入人们的心中，从而在人们内心激发出一种超功利的审美需求，这种审美观能够使人们发现自然在经济价值以外的价值。他说：“我一直尽我最大努力去展示我们的野山森林保护区和公园的美丽壮观及其用途，以激励人们来这里欣赏它们，并使它们进入人们的心中，目的是保证它们受到保护和得到正确的使用。”[3]因此，缪尔反对在国家公园和自然保护区内进行任何有经济目的的活动，如他所领导的塞拉俱乐部曾就在赫奇大峡谷中修建大坝和水库的计划与平肖展开了长达5年的两军对垒，虽然这项抗议最终以失败告终，但却使塞拉俱乐部声名远扬，并为后来的民间环保行为树立了榜样。

二、环境运动的再起：卡逊和世界地球日的发端

如果说19世纪末20世纪初美国的自然资源保护运动可算做西方环境运动第

一阶段的话，那么由卡逊引发的现代性的环境运动则可视为环境运动的第二阶段，并以 1972 年斯德哥尔摩的世界环境会议为高潮。

（一）卡逊：现代环境运动的精英启蒙

20 世纪 50 年代前后，西方许多国家先后发生了广为人知的公害事件，如伦敦烟雾事件、美国洛杉矶光化学烟雾事件、比利时的马斯河谷事件以及日本的水俣病事件、米糠油事件等。这些事件的频发引起了人们对环境污染问题的高度重视，而美国女生物学家蕾切尔·卡逊于 1962 年出版的《寂静的春天》一书更是引发了人们对环境问题的广泛关注。

蕾切尔·卡逊是美国海洋生物学家，她于 1907 年出生于宾夕法尼亚州，曾经写过《在海风下》、《我们周围的海洋》等有关海洋生物的著作。1958 年卡逊将全部注意力转移到了危害日益增长的杀虫剂使用问题上来，并花费 4 年多的时间遍阅美国官方和民间关于杀虫剂使用及危害情况的报告，在详细调查研究的基础上，终于在 1962 年完成了《寂静的春天》一书。在这本对后世影响深远的警世之作中，卡逊历数了滥用杀虫剂对环境造成的灾难性后果：它不仅污染了人类赖以生存的空气、土地和水，而且通过食物链，有毒物质被从低等生物向高等生物不断传递和富集，造成了虫鱼鸟兽的大量死亡，它还破坏了人的免疫系统，改变了人的遗传物质。在该书中卡逊宣称："现在每个人从未出生的胎儿期直到死亡，都必定和危险的化学药品接触，这个现象在世界历史上还是第一次出现的。"在最后一章中，卡逊深刻指出：我们人类目前正站在两条道路的交叉口上，但这两条道路完全不一样。人们长期以来一直行驶的道路使人错认为是一条舒适的、平坦的超级公路，实际上，在这条看似舒适的道路的终点却有灾难在等待着人们。而另外一条人们"很少走过的"岔路能够为人类提供最后唯一的机会去保住我们的地球。

卡逊作品的问世犹如石破天惊，它所产生的影响可以说简直到了"惊世骇俗"的程度。因为该著作不仅让美国国内生产化学品的厂商以及与化学药品生产利益相关的经济部门、企业大为震惊，并由此在当时的美国兴起了一场关于杀虫剂问题的旷日持久的大辩论，而且在世界其他国家也引起了轰动。卡逊逝世后不久，该书被翻译成了各种文字，成为唤醒人类环境意识和点燃世界生态运动的星星之火，而卡逊本人也不愧为唤醒人们绿色意识的精英启蒙者。由《寂静的春天》所引发的杀虫剂问题的辩论触发了美国人的环境危机感，增加了美国人的环保意识，并迫使化工界开始研究开发高效低毒，并能与环境兼容的新产品。卡逊所说的"舒适的、平坦的超级公路"实际上指的就是被她批判的"化学控制法"，而她所主张的那条“很少有人走过的”岔路正是“生物控制法”，即利用昆虫的生命力去有效地消灭昆虫本身的方法。虽然这种方法目前只有少数付诸应用，但卡逊及其作品无疑让我们意识到了环境污染的严重性以及人类与自然环境应相互融合这样一种基本的价值观念。

（二）4.22：世界地球日的发端

在《寂静的春天》的广泛影响下，西方国家的许多民众怀着深深的生态危机感和环境意识走上了街头进行游行、示威、抗议。1969 年 1 月 28 日，在美国的圣·巴巴拉海峡，一座海上石油钻井平台发生严重井喷，原油覆盖了 16 余千米长的海岸线，大量海鸟死亡。新闻媒体对这一事件做了大量报道，环境问题突然之间便成为人们普遍关注的焦点。在这种背景下，美国威斯康星州参议员盖洛德·内森和加州众议员保罗·麦克劳斯基建议 1970 年 4 月 22 日为地球日，并倡议第一个地球日在各个大学校园举行纪念首个地球日的宣讲会。在设立“地球日”的倡议下，美国民众给予了一致的响应。这一天，约有 1 500 所大学和一些大的团体，有 2 000 多万人在纽约、华盛顿以及旧金山等地举行集会和游行，这一行动迫使正在进行的国会会议也暂时中止，而议员们也都纷纷到各自的选区去参加活动，在这场活动中，人们发表了著名的《圣·巴巴拉环境权利宣言》，指出：“很明显，千百年来对环境的忽略已将人类带到最后的一个十字路口。我们对大自然的放肆行径，使我们的生活质量恶化，甚至危及我们的生存。”可以说这是人类历史上首次大规模的以环境保护为主题的群众性运动，也由此使每年的 4 月 22 日成为了世界“地球日”，对唤醒世界民众的环境意识乃至以后全世界的环保事业都产生了广泛而深远的影响。

三、现代环境运动的高潮：绿党与激进环境运动的滥觞

从 20 世纪 60 年代末 70 年代初开始，世界各国从相当深的层次上掀起了一场反思环境问题，反思人与自然关系的环境运动及思潮，并由此进入了西方社会环境运动的第三阶段，也即高潮阶段。在此期间“绿党”的兴起和激进环保组织的出现将环境运动推向了高潮。

（一）绿党的兴起

世界上第一个绿党是成立于 1972 年的新西兰“新价值党”。它在“绿党”一词盛行之前很长时间就强调环境保护，虽然这个党派过早地夭折了，但它无疑对

后起的各国绿党产生了重要的影响。就目前而言，西欧是世界绿党发展的中心，而其中最有影响的恐怕非德国绿党莫属。20 世纪 70 年代，联邦德国（原西德）爆发了呼吁环保、要求停止建设核电站和其他有损环境活动的大规模群众运动，各种形式的环保团体也迅速在这个国家崛起。1979 年为了参加首次欧洲议会的选举，各地小组联合起来，以“促进政治联合会——绿党”的名义参加竞选，并赢得了 90 万张选票，极大地鼓舞了绿色和平人士的信心。1980 年 1 月，为参加联邦德国的大选，以这个联合会为基础在卡尔斯布鲁厄成立大会，宣告了绿党的正式成立。此后不久该党产生了党的中央领导机构，并在联邦议院的选举中赢得 1.5%的选票。1983 年绿党获得 5.6%的选票并赢得了 27 个联邦议席。1993 年，原东德的联盟 901 绿党与西德的绿党合并组建了新的绿党。1994 年，绿党在联邦议院的选举中一跃成了第三大党派。1998 年、2002 年绿党均通过选举成为德国的执政党。在德国绿党蓬勃发展的同时，比利时、奥地利、意大利、英国、法国、希腊等欧洲国家也相继建立了全国性的绿党组织。随着各国绿党组织的发展壮大，绿党已经成为世界政治舞台上的一股新生力量。

1. 绿党的生态优先观

世界各国绿党虽然在一些具体纲领和目标、口号上不尽相同，但“生态优先”应该是它们的核心原则。绿党认为目前的现状使我们担心，“世界范围的生态危机一天比一天恶化，自然资源越来越稀缺；化学废物成了引起一个又一个公愤的问题；整个动物种遭到灭绝；大量各种各样的植物也被毁灭；河流和海洋慢慢变成了阴沟；人类在一个成熟的工业消费社会中，正濒临于精神和理智崩溃的边缘。我们正在强加于未来几代人的是一种令人可悲的遗产。”[4]绿党强调自然和生态系统具有不可替代性和不可复原性，并提出了“生态优于一切”的思想，其根本旨意在于实现人与自然之间的和谐与可持续发展，“人以及我们的环境都是自然界的一部分；人的生活也包含在生态系统的生活循环之中；我们与我们的行动发生冲突，反过来，这种冲突又会反作用于我们自身。我们决不能破坏生态系统的稳定性”[5]强调保护环境，实现生态平衡，使人类有一个“符合自然界发展规律”的生存空间，这既是绿党区别于其他政党的标志，又可说是绿党最根本的政治主张。正是基于“生态优先”的核心理念，绿党反对物质增长优先的原则，认为工业化的发展进程不应没有止境，和谐的生态环境要求有可持续发展的经济和技术政策来保障，并积极主张生态社会和经济政策的有机结合，主张按生态理性重新规划经济发展方案，如根据环境总量对人类经济总体规模加以限制；依照生态原则调整产业结构；通过控制人口、减少消费和进行绿色消费等措施来达到理想的生态目标。

2. 绿党的经济主张

相对于其他主张来说，绿党的经济主张是最系统、最鲜明的。在其经济纲领中，一个重要的内容就是对传统经济思想的批判："目前社会上现存的那些党派的经济和财政政策，既不关心生态方面，亦不考虑人民的长远利益，它们主要关心的是促进破坏性的经济成长。"[6]绿党认为，这些政策最突出的问题就是"缺少一种生态观点"，即不是把经济看做为整个生态和社会结构的一个方面，而是把经济孤立起来，用非常狭隘的方法去确定诸如效用、生产率、国民生产总值等经济学概念，而不考虑经济发展的"社会和生态背景"，不考虑经济成长的"社会和环境成本"。在此基础上，绿党主张建立一个"可以承受"的社会。这种社会的经济发展是自然环境以及人类自身都可以承受的，它不应盲目追求生产增长而造成社会危机和生态危机，它必须能保护自然界和理智地使用自然资源，生产既能满足人们的需要，又能与自然界环境和谐一致的产品。绿党还要求在使用一项新技术之前和进行一项经济投资之前，应优先考虑环境保护、节省能源和原料，并主张从生产的一开始就强调产品的耐用、简便、易修和便于回收的特点，使回到环境中去的废物尽可能减少等，应该说这些主张正是蕴涵循环经济理念的种子。

（二）激进的生态环境运动

1. 绿色和平组织

绿色和平组织是一个规模最大、知名度最高的国际性环保组织，它起源于1971 年，当时一群加拿大人及美国人组成了一支抗议队伍，他们乘一艘渔船，试图亲身阻止美国在阿拉斯加进行的核试验，希望亲自见证这些被破坏的环境并警告世人。目前该组织的领导人是加拿大温哥华的戴卫·麦克塔格特、罗伯特·亨特和帕特里·克默里，组织总部设在荷兰首都阿姆斯特丹，现有会员 400 多万，广泛分布于欧洲、美国、加拿大等 100 多个国家。这个组织在反对核武器试验、反对捕杀鲸鱼、反对在南极进行商业活动、反对焚烧固体危险废料和向水中倾倒有毒废料，支持全球取缔废弃物船运活动，要求用国际公约监视战争期间的环境问题等方面都发挥了积极的作用。如 1971 年，它曾派象征和平与健康环境的"绿色和平号"船前往北冰洋中的阿姆奇特卡岛，以抗议美国在那里进行的核试验；1984 年，它曾派"天狼星"号船封锁直布罗陀海峡，并成功阻止苏联捕鲸队的通过；1995 年，英国壳牌石油公司想把位于英国北海的一个已经老化的采油平台沉入海底，绿色和平组织认为这个巨型垃圾会带来严重的海洋生态环境破坏，于是有一些人冒险爬上钻井平台以阻止这种破坏环境的行为。壳牌公司诉诸英国海岸警察，但该组织成员坚持不走，他们认为自己是以犯“小法”揭露犯“大法”，结果被警察以妨碍司法罪带走，但他们最终还是成功阻止了英国壳牌公司企图将废弃的钻井平台沉入大西洋海底的计划。这次事件在欧洲引起了不小的轰动，政府和人们开始认识到原来很多石油公司不断把他们的钻井平台废弃在公海里是不负责任的，会带来海洋污染。绿色和平组织的成员还经常冒着生命危险进行环境保护的活动，如他们曾奋不顾身地驾着小船置身于鲸鱼和捕鲸船之间，曾经从火力发电厂的烟囱张伞往下跳以抗议酸雨的形成。绿色和平组织的成员经常为其活动付出坐牢的代价，有时甚至是生命的代价，如 1985 年 7 月 10 日，在前往南太平洋展开抗议法国进行核试验的活动中，其“彩虹”号船在途经奥克兰港时被人蓄意爆炸。在一些人看来，绿色和平组织的很多活动都是惹是生非，但不可怀疑的是这些看似“出格”的行为在主观意图上的确是在履行保护人类所生活的这个星球的责任，以唤起人们反对污染、保护环境的意识并敦促有关国家或企业采取控制污染的措施，其宗旨符合全人类的长远利益。由于环境问题的全球性、整体性、综合性和公益性，这个看起来“惹是生非”、激烈前卫、甚至极端的组织大大吸引了这个世界的注意，成为人们心中独特的、有一定作为的国际非政府组织，而他们防止环境破坏的有效行动也为其赢得了良好的声誉。

2. 海洋保护者协会

海洋保护者协会于 1979 年创建，它的领导人是世界著名的激进生态主义者保罗·沃特森。沃特森曾参加过 1970 年“地球日”的游行活动，还参加过反对核武器，为印第安人争取权利的运动，他也曾是绿色和平组织的筹备者及主要领导人之一。由他发起并创立的海洋保护者协会的行动哲学是允许用暴力行为破坏他人的财产，但绝对不能伤害生命，不论是人的生命还是其他存在物的生命。他们认为虽然从道德上看，暴力行为是错误的，但由于仅依靠非暴力行为通常很难导致对地球有利的变革，因而需要更为激进的环境行动。这个组织的“海洋卫士”号船曾在 1979 年撞击过偷猎鲸鱼的“塞拉号”船，使后者装载的走私鲸鱼肉暴露于外。几个月以后，沃特森又用炸弹将“塞拉号”炸沉，他本人宣称会“为鲸鱼而战斗，直到要么不再有捕鲸者，要么不再有鲸鱼”，并认为“捕鲸行为是对大自然所犯的一种罪行”，如果破坏他人财产的目的是为了破坏那些被用来对活着的动物施加暴力的工具，那么这种行为就不是暴力行为，而是一种神圣的行为。

3. 地球之友

地球之友是一个国际性的著名民间环境保护组织，1971 年由美国、法国、瑞典和英国的 4 个环保团体建立，主要创始人为大卫・布洛尔（David Brower）。布洛尔曾是美国环保团体山岭俱乐部（Sierra Club）的执行主任，因对这个组织忽视核问题及不重视开展国际活动感到失望而辞职。1969 年，布洛尔在美国旧金山成立了地球之友组织，并决定走国际化路线。他奔走于西欧各个国家，寻求志同道合的合作伙伴。1971 年，在布洛尔的筹划下，法国、瑞典、英国和美国的环保人士聚集在瑞典开会，并建立起一个国际性的地球之友组织。与许多起源于西方的非政府组织一样，地球之友也经历了从发达国家向发展中国家、从西方阵营向前苏联阵营扩大的过程。成立后的前 10 年，地球之友的成员组织主要分布在西方国家。20 世纪 80 年代，亚洲、非洲和拉美的成员相继加入。1985 年，波兰的一个环保组织（Polski Klub Ekologiczny）加入地球之友，成为该组织在东欧国家的第一个成员。1988 年，爱沙尼亚地球之友成为该组织在前苏联境内的第一个成员。随着成员人数增加，1981 年，地球之友建立了一个小型秘书处，主要由志愿者组成。1983 年，在成员组织增加到 25 个时，建立了执行委员会。1985 年，第一个泛欧性的协调机构“欧洲地球之友”（FoE Europe）在布鲁塞尔成立，它在促进东欧国家的环保运动中发挥了重要作用。“冷战”结束后，加入地球之友的成员组织不断增多，原有的成员组织也得到迅速发展，到 1989 年年底，该组织至少在 35 个国家或地区有成员，其影响力也在 1992 年召开的联合国环境发展大会上展现出来。截至 2002 年，地球之友有 68 个成员组织，总部设在荷兰的阿姆斯特丹，会员和支持者人数达 100 多万。

地球之友的五大目标是：保护地球，防止地球环境进一步恶化，恢复因人类活动或忽视而遭毁坏的环境；维护地球生态、环境和种族的多样性；增加公众参与和民主决策，两者对保护环境和有效管理自然资源来说都很重要；实现社会、经济和政治正义，在获得自然资源的机会上实现男女平等；促进国家、地区和全球一级的环境可持续发展。地球之友的行动原则为：有利于环境保护的一律支持，否则一律反对；实行绿色消费主义原则，即动员消费者不去购买在生产过程中或使用时会造成污染环境、破坏生态平衡的产品。这个组织曾发动了许多富有成效的环境保护运动。成立初期，地球之友的主要活动是反核和禁止捕鲸，它曾发起抵制鲸鱼产品的运动并导致生产此类产品的厂家因销量下降而被迫停产。1979 年的三里岛核事故和 1986 年的切尔诺贝利核电站事故促使更多的地球之友成员组织加入反对核能的行列。20 世纪 80 年代，地球之友关注的焦点是酸雨、空气污染、热带雨林、使用杀虫剂等问题，地球之友的成员组织与土著人一起开展活动，唤起人们对热带雨林居民及其栖息地的关注。马来西亚、巴西和美国的地球之友组织创建了全球性的“杀虫剂行动网络”（Pesticide Action Network，PAN），产生了广泛影响。1986 年在马来西亚举行的年会上，地球之友首次提出要改变西方发达国家的生活和消费方式。1988 年它还发起了为保护臭氧层而抵制含氯氟烃产品的运动，迫使厂家宣布两年内停止生产氯氟烃。“冷战”结束以来，地球之友的环保活动主要集中在气候、转基因食品、采矿、森林、南极等公众关注的问题上。如地球之友竭力阻止气候的危险变化，要求增加可再生能源的使用率，开展有利于可持续发展的生活和消费，从而减少全球温室气体排放量。2001 年 4 月，“欧洲地球之友”曾发动数千人向白宫潮水般地发送电子邮件，以抗议布什政府拒绝在《京都议定书》上签字的行为。与其他环境组织一样，地球之友的活动方式包括在街头游行、参加公司董事会议、爬到大树上抗议、在联合国大厅进行游说等。对此，曾担任地球之友执委会主席的约翰·霍特勒兹（John Hontelez）总结说：“地球之友是一个运动组织。我们的力量在于我们有能力动员人民。我们号召公众改变思维，也改变习惯和活动方式。我们请求他们向决策者施压，采取必要措施保护环境。我们不回避有争议的问题，我们也不回避冲突。”

4. “地球优先”组织

“地球优先”组织又叫“地球第一”组织，它是所有激进环境运动组织中最为激进的一个，激进之处在于它奉行的“以破坏阻挠破坏”的行动原则。所谓“以破坏阻挠破坏”，用其领导人弗尔曼的话就是“破坏那些用于破坏自然界的机器和财产”，这里的“破坏”并非指通常意义上的破坏，而是以保护生态环境为目的的破坏，是保护生态环境的一种较为极端的手段，也即“为保护生态而破坏”。尽管有人质疑这种意义上的破坏具有很深的暴力倾向，但在“地球优先”组织的成员看来，这种只针对破坏财产而非人的行动根本不能被看做是暴力行为。“以破坏阻挠破坏是对破坏自然和荒野多样性的非暴力抵制行动。它不伤害人和其他生命，它的目标是那些无生命的机械和工具，并总是考虑着把对他人的威胁降到最低限度。”[7]“地球优先”组织的行动包括破坏大型机械以阻止在荒野地区筑路、建坝、采油、开矿、凿沉捕鲸船等。而其中最为著名的行动则是在树木上钉铁钉，以阻止他人伐木。起初他们阻止伐木的行动方式是手拉手围住一棵树，或是横躺在伐木车的前面，以阻止链锯的作业。在这种方式并不十分奏效时，该组织采取了消极抵制的行动策略，他们将上千颗铁钉钉进即将被砍伐的树木中，这一行动使伐木者的链锯根本无法作业。由于这种直截了当的战斗性，“地球优先”

组织曾吸引了大批追随者，不过社会对该组织的评价却褒贬不一，有人将其看成是生态守卫者，有人却将其视为生态恐怖主义者、社会异常者以及空想家。但不管怎样，“地球优先”组织无疑是20世纪80年代最具影响和震撼力的环境保护组织。

四、从环境运动到循环经济

作为一种新的经济增长方式和新的环保理念的循环经济，应该说它的产生与西方社会的环境运动有着内在的逻辑关联。因为从本质上来讲，循环经济就是一种生态经济，它是为了解决经济发展与环境破坏之间的矛盾，为了缓解人类与自然之间的冲突，为了实现人类在地球上可持续发展与生存而出现的产物。而从我们上述对西方社会环境运动发展历程的回顾来看，无论是最初的美国资源保护运动、卡逊的《寂静的春天》，还是绿党的生态优先原则，乃至西方形形色色的激进环境保护组织的行为，都无不与对经济与环境关系的反思以及对生态危机的思考有关。如绿党的生态优先原则，就是将自然和生态系统的稳定和可持续性放在极其重要的位置，并以此来限定人类经济活动的界限，反对经济的过度增长，以实现人与自然的和谐发展；而“地球优先”等激进环境保护组织的行为虽然是基于反对经济发展对环境造成破坏的一种消极抵抗策略，但不可怀疑的是这些组织的行为在某种程度上极大地唤醒了大众的环保意识和政府对环境问题的重视。由于环境运动的兴起及其所产生的巨大推动作用，越来越多的人开始认识到人类活动，特别是经济活动与环境的和谐相融对于自然和人类自身的根本意义和重要的价值。当代人类要求从思想上和实践上协调人类活动与环境关系的自觉性、主动性和积极性都在不断增强。应该说正是西方社会的环境运动将经济发展与环境破坏之间的矛盾凸显在了人们面前，并迫使人类反思经济发展与环境保护的关系，去探索一条经济与环境良性循环的经济发展途径，而循环经济的产生正是这一反思与探索的最佳产物。

第二节　西方社会的环境思潮

在西方社会的环境运动如火如荼地开展起来的时候，许多形态各异的环境思潮也在纷纷涌现。而在某种程度上可以说，西方社会的环境思潮与环境运动往往是交织在一起的，二者互相启发，共同发展。蓬勃兴起的环境运动从实践层面为环境思潮的产生与发展提供了直接而深刻的动力，反过来，环境思潮的传播、发展与深化又可成为环境运动的理论武器。限于篇幅，本节将着重介绍几种有代表性的环境思潮。

一、罗马俱乐部：增长的极限

1968 年，在意大利的首都罗马诞生了一个非政府性的国际组织，它就是在世界颇有知名度的罗马俱乐部。这个组织是一个国际性的，不为任何国家或政党的利益服务的，跨学科跨文化的国际学术研究的民间团体，它拥有一批世界著名的物理学家、生物学家、数学家、经济学家、社会学家、未来学家以及哲学家等。这个组织的目标是谋求对“人类困境”——那些令全球困惑问题的解决办法，并设法引起决策者和广大民众对于这些问题的普遍关注。从 1972 年开始，罗马俱乐部陆续写出了一系列综合性的研究报告，这些报告主要针对当代社会的人口、粮食、能源、资源、环境等全球性问题展开研究。它们包括：《增长的极限》、《人类处在转折点》、《重建国际秩序》、《冲出浪费时代》、《人类的最终目标》、《占世界四分之三的第三世界》、《通向未来的道路》、《未来一百页》等，而其中最有影响的当推《增长的极限》。

《增长的极限》可谓 20 世纪环境警示的一部力作，它被西方的一些媒体称作“70 年代的爆炸性杰作”，前后出版、销售 1 000 余万册，并被译成了 37 种文字，是当之无愧的对世界最有影响力的研究报告之一。它之所以具有如此强大的震撼力，是因为罗马俱乐部在报告中对人类前景所作的悲观预测：“如果世界人口、工业化、污染、粮食生产以及资源消耗按现在的增长趋势继续不变，这个星球上的经济增长就会在今后一百年内某个时候达到极限。最可能的结果就是人口和工业生产能力这两方面发生颇为突然的、无法控制的衰退或下降。”为了证明自己的观点，以米都斯为首的学者借助了大量的数据并设计出一个精致的世界模型。这个世界模型是一种“系统动力学”模型，它的基础是将组成一个系统的各要素间的相互作用对系统本身的影响和各要素本身放在同等重要的地位上。通过对影响增长的五个因素即人口、粮食生产、工业化、环境污染以及资源消耗之间相互作用的正反馈回路的研究，罗马俱乐部得出这样一个结论：即地球上支持增长的自然资源和环境吸收增长过程所造废物的总量最终将决定增长的极限。为了避免这种悲观结局的到来，罗马俱乐部提出了“全球均衡增长”理论，即认为人类应该自觉抑制经济的增长，使人口和资本基本保持稳定，倾向于增加或者减少它们的力量也处于认真加以控制的平衡之中。如使出生率等于死亡率使人口稳定，通过使投资率等于折旧率使工业资本也稳定下来。并认为这才是经济增长的最好方式。罗马俱乐部认为均衡并不意味着停滞，而是对立力量之间的均衡。但即使是这样，《增长的极限》还是被许多人批评为是关于大灾难和世界末日的神话，“均衡增长理论”也被说成是“零增长理论”。虽然罗马俱乐部断然否认这些指责，但在长期与批评者的争论中他们还是逐渐修改了自己的观点，如在《人类处在转折点上》这篇报告中，就由均衡增长过渡到“有机增长的观点”。这种增长方式要求从世界系统的地区异质性和相互关联性出发，不同地区各有侧重，有组织地选择和决定自己的增长途径，用系统内的自组织和自调节来阻止任何部分和地区有损整体利益的增长。

尽管罗马俱乐部关于经济增长方式的理论引发了诸多的争议，但无可辩驳的是罗马俱乐部深刻地感受到了经济发展与生态污染之间的矛盾，并尝试去解决这种矛盾。可以说是《增长的极限》首次将经济增长与保持生态的稳定性紧密地联系在了一起。的确，人类不能仅仅为了追求经济的无限制地增长就忽视资源消耗的极限，就忽视对环境的污染。因此，达到并维持经济增长与生态环境之间的平衡与稳定对人类的可持续生存与发展具有至关重要的意义。从这点来讲，罗马俱乐部的人类困境意识与理论探索是非常难能可贵的。尤为值得一提的是，在《增长的极限》的结尾，罗马俱乐部还展望了为加强稳态社会的几种技术方法，如“收集废料的新方法，以减少污染，并使被抛弃的物质可用于再循环”；使用“更有效的再循环技术，以降低资源消耗率”；进行“更好的产品设计，以延长产品寿命和便于修理，结果是资本的折旧率最小”等，从这些字眼来看，它们不正是蕴藏了循环经济的理念和影子吗？另外在 1981 年提交的报告《关于财富和福利的对话》中，罗马俱乐部更是明确了将经济学与生态学结合起来的思想，并认为经济学和生态学是不可分割的，生态学应当成为新的扩大的经济学的基础，因为在一个生态学上不健康的世界里是不可能有真正的财富的。应该说，这些思想正是孕育后来的可持续发展和循环经济的萌芽。

二、生态社会主义：从稳态经济到混合型经济

生态社会主义是在西方社会环境运动背景下形成的一个重要思潮和派别，它的发展大致经历了三个阶段：第一个阶段是20世纪60年代到70年代，这是生态社会主义的最初兴起阶段。这一时期的主要代表人物是德国的鲁道夫·巴赫罗和波兰的亚当·沙夫。他们在理论上主张生态人道主义和民主社会主义，谋求“红色”（共产主义运动）和“绿色”（生态运动）的政治力量的有机结合，主张组成一个

由绿党、妇女运动、生态运动和一切进步的非暴力社会组织和广泛的群众联盟。20世纪80年代是生态社会主义的兴盛阶段，这一阶段的主要任务是从事技术理性的批判，主要代表人物和代表作是加拿大的威廉·莱易斯及其所著的《自然的传统》、《满足的权限》和本·阿格尔及其所著的《西方马克思主义导论》。在这些著作里，他们把生态危机的根源归结为资本主义制度本身，认为生态危机的出现提供了从本质上改变资本主义的可能性，应当寻求一条把马克思主义的异化理论与生态危机理论相结合，并能吸引人民参与的生态激进主义的革命道路。第三阶段是20世纪90年代，也即生态社会主义日趋成熟的阶段。在这一阶段里，生态运动进入了更加深入的政治、文化和经济制度批判的层面。西方国家绿色生态运动形成了新的政治分野，其内部发生进一步的分化和组合，呈现出复杂的格局。由于“冷战”的结束为绿色生态运动提供了更大的政治空间，形成了更为广泛的社会基础。这时，重新探讨社会主义的命运与未来的西方马克思主义者、社会主义者都纷纷把目光投向绿色生态运动，探讨马克思主义与绿色思想的结合。在这一时期的主要代表人物有法国的“左翼”学者、政治活动家乔治·拉比卡、德国学者瑞尼尔·格仑德曼和英国学者大卫·佩珀等人。[8]概言之，生态社会主义是绿色运动与社会主义相结合的产物，其基本主张有以下三点。

（一）资本主义制度是造成生态危机的根源

在西方的许多探讨生态问题的著述中，对造成生态危机的根本原因，或者轻描淡写，或者将责任归结到科学技术本身或第三世界国家头上。而与之形成鲜明对比的是，生态社会主义一针见血地指出，资本主义制度是造成生态危机的根本原因所在。如加拿大“左翼”学者、生态社会主义的主要理论家之一的威廉·莱易斯就认为，以私有制为基础的资本主义生产扩张的动力是追逐利润的最大化，而不是社会效率的最佳化，这就必然导致对全球性自然资源进行掠夺式的开发。而且，资本家之间为争夺有利的产销条件而进行的竞争，必然造成生产的无政府状态，由此势必导致生态危机的产生；加拿大滑铁卢社会学教授本·阿格尔认为，垄断资本主义已导致“过度生产”和“过度消费”，这虽然延缓了经济危机，但也造成了生态危机；法国学者高兹认为，资本主义是经济合理但生态不合理的社会，经济合理的内在逻辑是追求利润的最大化。对经济的效率最大化的追求在于，以尽可能高的利润、以最大化的效率去生产尽可能多的产品，并进行最大化的销售。但是，这种经济合理性是建立在生态不合理性的基础上的，其突出的表现就是资源的浪费和环境的破坏。生态社会主义要求以某种方式迅速地从根本上改造资本主义社会，彻底否定其拼命追逐利润最大化的固有逻辑。由于生态社会主义认为资本主义自身不能解决生态危机，因此，他们主张改变资本主义制度，走生态社会主义的道路。如必须对资本主义工业社会的生态进行重建，具体包括从产品的设计（产品将必须是“耐用的”和“易于修复的”）到消费和物质循环，涉及生产和能源改造的一切形式。这样的重建，能够使资本主义的生产和利润最大化的经济标准服从于社会—生态标准，也即生态社会主义的标准。

（二）生态社会主义的生态经济观

在社会主义经济问题上，基于大规模、集中化的经济模式可能导致环境污染、资源枯竭等负面效应的认识，早期生态社会主义曾一度推崇英籍法国经济学家舒马赫在《小的即是美好的》一书中所提倡的小规模、分散化的经济模式。舒马赫认为大规模、集中化的生产必然导致经济效益的降低、环境污染和资源枯竭等不良后果，与此相反，小规模、分散化的经济模式则不会出现这些问题。概而言之，这种小规模的经济模式又可称为“稳态经济模式”，即使社会生产既可满足人的基本需要又不破坏生态系统，从而实现人与自然之间和谐一致的经济模式。20世纪七八十年代的生态社会主义者大都采纳并支持舒马赫的观点，认为只有限制经济发展速度，并将生产规模和经济发展速度稳定下来，实现经济的零增长，才能建立一种人与自然的和谐关系。如本·阿格尔就指出：“只有按小规模技术发展起来的民主地组织和调节的生产过程才能使人从官僚化的组织系统中解放出来。”[9]20世纪90年代，生态社会主义认识到早期主张的“稳态经济模式”带有一定的乌托邦性质。毕竟这种主张对于广大的第三世界国家来说是很难接受的，因为经济增长是他们摆脱贫困和饥饿的重要手段，倘若让其放慢经济发展速度，去搞稳态经济或无增长经济，无异于让其慢性自杀，因此他们放弃了“稳态经济模式”并提出了“混合型经济”的增长模式，即一种计划与市场相结合，集中与分散相折衷，中央政府与地方各级作用相互补充的经济模式，这种经济模式是适度的、理性的增长，它仅以满足人的需要而不是以追求利润为目的，因而不会与自然生态发生冲突。正如生态社会主义理论家大卫·佩珀所说：“一个社会如果是建立在公有制和民主管理的基础上，并且生产仅仅是为了使用而不是为了出售和利润，那它将为人们提供一个为生态环境所接受的满足需要的框架。”[10]适度经济增长的核心是把经济发展与对自然资源的消耗限制在可以维持生态平衡的限度以内，从而使经济发展对生态环境和人类而言都是可以接受的。不管生态社会主义的经济观如何变化，但一个基本的主张是不变的，这就是在评价一种经济制度和经济活动是否合理和有效时，不仅要看它是否为大多数公众服务以及它所带来的直接经济效益，更要看它所引起的社会效益和生态效益。这种强调经济效益与生态效益相结合的思想的确有别于传统的经济观，它昭示着一种新经济观产生的必然性和合理性，而这正是循环经济产生的基础。

需要指出的是，生态社会主义的消费观也是独树一帜的，虽然生态社会主义者放弃了“小即美”的稳态经济发展模式，但在消费方式上它依然倡导“小即美”的消费观念和行为。产业革命以后的工业社会，生产得到极大发展，大量商品急于找到自己的市场，迫切需要培育旺盛的社会购买力，这就激励并产生了一种“以大量消费物质为体面”的消费观念。按生态社会主义的观点，这正是资本主义所导致的“过度生产”和“过度消费”。生态社会主义认为，发达工业社会是一个十分典型的消费社会，它造就了一种前所未有的异化的形式，即消费的异化。消费异化使人把消费本身当做目的，追求一种对自然的攫取和占有，由此，消费与人的真正需要分离，演变为一种为消费而消费的病态行为。它们既造成了人的异化，又造成了人与自然关系的异化，并最终导致了生态危机。生态社会主义主张“小即美”的消费方式，反对无限制地追求高消费，反对把消费与幸福满足等价的传统观念，并力主人们应该超越物质层面的消费转向精神层面的消费。不难看出这些思想在当代社会是具有很大的价值和借鉴意义的。

（三）生态社会主义的自然生态价值观

人与自然的关系问题，是生态社会主义自然生态价值观的核心内容，也是其致力于研究的理论主题之一。现代工业社会中长期占主导地位的传统价值观认为，自然资源是无限的，取之不尽的，而人的物质需求也是无止境的，只要人类不断地征服、控制自然，不断地扩大消费，就能扩大经济的增长。在这种价值观的盛行下，人们片面地追求经济数量上的增长，提倡无节制地对自然的开发。生态社会主义指出正是这种片面的价值观造成了生态危机和人与自然关系的异化，并认为在发达工业社会中自然不是被当做人与之亲近、协调的对象，而是被当做征服统治的对象。生态社会主义强调人与自然的关系应是一种和谐、共生、协调发展的关系，一种有着内在平等交流的生命关系。“我们是自然界的一部分，而不是在自然界之上；我们赖以进行交流的一切群众性机构以及生命本身，都取决于我们和生物圈之间的明智的、毕恭毕敬的相互作用。”[11]不难看出，生态社会主义将生命这一概念赋予了自然界中的其他生物，它们与人之间是一种平等的生命交流和互动。这种观点的正确性虽值得加以仔细讨论，但生态社会主义强调“人与自然应协调发展”的思想却是值得肯定的。

三、生态伦理思想：将人的道德关怀从社会延伸到自然

生态伦理学是在西方绿色运动中产生的又一重要的环境思潮，而作为一门学科的生态伦理学，其发展历程已近百年。当今生态伦理学流派纷呈，各具体系，但大致可依据“是否以人类为价值主体”划分为人类中心主义和非人类中心主义两大学派。其中，非人类中心主义又可分为以辛格和雷根为代表的动物解放或动物权利主义流派，以施韦策和泰勒为代表的生物中心主义流派以及以赖奥波尔德、奈斯和罗尔斯顿为代表的生态中心主义流派。人类中心主义与非人类中心在一些根本性的问题上展开了长期争论，这些问题有“人类中心主义究竟是不是生态危机的罪魁祸首？”、“自然界除人类之外的其他物种是否具有内在价值和权利？”人类中心主义对这些问题给予了否定的回答，认为“内在价值”、“权利”这些范畴专属于人类所有，植物、动物等只有使用价值而绝无内在价值，自然价值的存在与否、自然价值的好与坏都是由人所赋予的，离开人这个主体的选择、评价，自然无所谓价值与否。如果把专属人的范畴强行赋予非人类生物，只会降低人的主体地位，给传统伦理学造成不必要的混乱，而且无助于环境问题的解决。与之截然相反的是，非人类中心主义认为，西方近代以来的伦理学和哲学传统一贯坚持把内在价值划归为人类所独有的一个范畴是错误的或是有缺陷的，而非人类中心所致力于突破的正是这一点，以显示生态伦理学是与传统伦理学有不同的全新的出发点。如英国当代环境伦理学家 J. 奥尼尔所说：“持一种环境伦理学的观点就是主张非人类的存在和自然界其他事物的状态具有内在价值。这一简洁明快的表达已经成为近年来围绕环境问题的哲学讨论的焦点。”[12]伯奇也曾说过：如果不能证明自然物的内在价值，生态伦理学就没有超出传统伦理学的全新的出发点；如果不能把环境保护建立在人类以外的所有生命都具有内在价值的基础上，它的基础就非常不确定；要获得有效的“自然伦理”，就必须承认“每一个造物的内在价值”。[13]泰勒认为，承认环境伦理，“就是承认一切非人类生命体都具有内在价值”；而承认“一切非人类生命体的内在价值”，也就是承认环境伦理。[14]总之，在非人类中心主义看来，不承认自然生态具有内在价值不足以体现生态伦理学的鲜明特色，而坚持自然生态具有内在价值被其视为突破传统伦理学的主要标志。在他们看来，不赋予自然以内在价值，不给予其权利，自然就不会免于被破坏。相反，如果将传统的伦理范围由人与人之间扩大到人与自然之间，自然就可以得到保护。

应该说，非人类中心主义对自然“内在价值”与“权利”的张扬，其目的在

于对人类行为进行约束和引导，尽管其做法暗含了抗议人的粗暴造成的环境破坏这一现实根据，却在寻找并消除造成破坏的原因问题上找错了方向，偏离了问题的所在，也无助于环境问题的解决。虽然非人类中心主义出于良好愿望，希望自然获得和人类同等的价值主体地位，以使自然得到保护，但正如诺顿所说，保护环境并不意味着要将人的内在价值向自然界或其他物种出让，更不必将自然界或生态系统视为一切内在价值的根源。只有人类才是价值或内在价值的主体，并是一切价值形成的标准、根据和归宿。非人类中心主义将内在价值强行附加给自然，实际上是将主体进行泛化，而提升自然的主体地位无疑是将人贬低到自然存在的层次，是对人主体地位的一种淹没，这是不可取的。其实，不赋予自然以内在价值，不把自然抬高到与人平等的主体地位，未必不能达到保护自然的目的。而且，环境问题并不是靠赋予自然以内在价值就可解决的。但无可怀疑的是非人类中心主义与人类中心主义之间的争论有助于我们深刻反思人类与自然之间的关系，有助于我们深入思考自己在自然中的位置并设法寻求与自然和谐相处的其他途径。

四、生态女性主义

生态女性主义是西方社会环境运动与妇女运动相结合的产物，是女权运动第三次浪潮中的一个重要流派，它的产生与生态环境的破坏和污染有很大关系。20世纪 60 年代，美国女科学家卡逊《寂静的春天》一书的出版拉开了现代环境保护运动的序幕，随之妇女积极投身于环境保护的浪潮中，使传统的女性主义运动超越了其原有的范围。1974 年法国女性主义学者弗朗索瓦·德·埃奥博尼首次在《女性主义·毁灭》一书中提出了“生态女性主义”这一术语，埃奥博尼试图指出对妇女的压迫与对自然的压迫之间存在某种直接的联系，提醒人们注意妇女在生态革命中的潜力，号召妇女起来领导一场生态革命，并预言这场革命将形成新的人与自然之间的关系以及男女之间的新关系，此后女性主义运动便迅速向生态女性主义延伸。1975 年神学家罗斯玛丽·拉德弗德·卢阿瑟（Rosemary Radgord Ruether）发表了她的著作《新女性、新地球》，提出只有打破支配型的社会经济关系模式，将女权运动与生态运动结合起来，才可能实现女性的解放和生态危机的解决，“妇女们必须认识到，在一个其基本的关系模式仍然是统治模式的社会中她们根本不可能获得解放，生态危机也不可能得到解决。要想实现重建基本的社会经济关系和支撑着这个社会的价值观的目的，她们必须把妇女运动的要求和生态运动的要求结合起来”。20 世纪 70 年代末 80 年代初出现的一系列生态灾难，更是引起了妇女界的严重不满和抗议，这进一步导致了生态女性主义的蓬勃发展。如1980年卡洛林·麦茜特（Carolyn Merchant）发表了生态女性主义的经典著作之一——《自然之死——妇女、生态和科学革命》，1987年卡伦·沃伦（Karen J.Warren）在美国东部哲学联合会上宣读了她具有广泛影响的学术论文《生态女性主义的力量与承诺》以及她在2000年出版的《生态女性主义哲学》等。伴随着生态女性主义理论研究的发展，女性主义的环保运动不断深入。1985年在内罗毕召开的第三次世界妇女大会揭开了全球妇女保护环境运动的序幕；1987年，挪威前首相、世界环境与发展委员会主席布伦特兰夫人向联合国提交了题为《我们共同的未来》的报告；1989年美国妇女基金会创立了“妇女环境与发展组织”；1992年在里约热内卢召开的世界环境与发展大会上通过的《21世纪议程》中特别强调了“为妇女采取行动以谋求可持续的公平发展”，表明女性与环境保护的联系已受到重视；1995年召开的第四次世界妇女大会警示人们，自然资源的恶化已使妇女深受其害，环境保护已成为各国女性共同关注的12大领域之一。

生态女性主义学者众多，观点各异，但大体可依据其理论基础的不同分为社会的生态女性主义、文化的生态女性主义；也可按照地理位置的不同，将其区分为北美生态女性主义、亚洲生态女性主义、欧洲生态女性主义和非洲生态女性主义等。如果要给生态女性主义作一个界定，可以认为生态女性主义是由环境运动与女权运动结合而成的一种时代思潮，它尝试寻求普遍存在于社会中的贬低女人与贬低自然之间的一种特殊关系，反对在“父权制”世界观和二元式思维方式统治下的对女性与自然界的压迫，倡导建立一种人与人、人与自然之间的新型关系。[15]其宗旨在于反对各种形式的统治和压迫，把反对压迫妇女和解决生态危机一并当做自己的奋斗目标。对“父权制”世界观及传统二元式思维方式的批判是生态女性主义对主流哲学最重大的挑战，也是其最重要的理论基础。在生态女性主义者看来，在西方的“父权制”文化中，统治妇女与统治自然之间有着某种概念上的联系。如美国学者卡伦·沃伦在考察了男人对女人的统治和人类对自然的统治之间的观念联系后，指出他们共同源于“父权制”的世界观和意识形态，即源于一种包括等级制思维、价值二元论、统治逻辑在内的“压迫的概念框架”，它将个体特征确定为彼此之间在道德上有等级高低之分，并建立了一种具有高级特征的类型应统治具有低级特征类型的统治逻辑，以此来证明奴役自然和奴役女性的合理性。如这种“父权制”文化认为人类比植物、岩石高级，女人比男人低劣，由此人类统治自然、男人统治女人就是正当的。生态女性主义还对西方理性主义传统中的二元式思维方式进行了批判，认为正是主体与客体、心智与肉体、理性与情感的二元对立与划分，导致了等级制的男性价值体系和控制欲望的起源，女人在男人统治的社会秩序的理性框架中已成为一种装饰品和附属物，自然作为女性的化身被置于人类的服务者和受奴役者的位置，由此导致了女性的被压迫和自然的被破坏。生态女性主义者认为必须推翻人与自然关系的二元对立构架，打破人对自然的统治逻辑，才能改变自然被压迫的现状。

五、从环境思潮到循环经济

综观上文所提到的各种环境思潮，不难看出，无论是罗马俱乐部对人类经济增长方式的质疑，还是生态伦理学对人与自然关系的伦理反思，抑或是生态社会主义对人类社会经济增长模式的探讨以及生态女性主义对“父权制”世界观、二元对立思维方式的批判，它们的出现及理论主张无不是出于对环境破坏的忧患和对和谐的人与自然关系的渴望，尽管这些流派的理论主张有待进一步讨论，但它们的出现应该说都是对西方占统治地位的价值观的怀疑和挑战。如罗马俱乐部首当其冲地对传统的社会经济增长模式和“增长”的概念提出了质疑和批评，并最终为可持续发展理论的提出奠定了基础；生态社会主义对人类经济增长模式的不懈探索始终透射出对自然的关切和对生态效益的维护；生态伦理学和生态女性主义虽然较少涉及对经济发展模式的具体关注，但它们的观点与主张无不是出于对传统人与自然关系及传统价值观的反思与批判。人类应该如何处理与自然的关系？我们传统的生产观和消费观念究竟有无缺陷？“高生产、高消耗、高消费”的传统经济模式对自然有着怎样的破坏？我们应该遵循什么样的经济增长方式才能避免对环境的破坏？从某种意义上可以说，西方流派纷呈的环境运动及环境思潮把这些现实的问题凸现到了我们面前，并促使我们去反思并解决它们，从而克服经济发展与环境破坏之间的矛盾，探索一条人与自然和谐发展的经济之路，而循环经济正是作为这些思考和探索的必然产物而出现的。

第三节　循环经济：一种新的环保理念

一、循环经济溯源

“循环经济”一词是由美国经济学家 K. 鲍尔丁在 20 世纪 60 年代中期在其《宇宙飞船经济学》一文中提出生态经济学时最初谈到的。鲍尔丁受当时发射的宇宙飞船的启发来分析地球经济的发展。他认为，宇宙飞船是一个孤立无援的、与世隔绝的独立系统，靠不断消耗自身资源而存在，最终它将因为资源耗尽而毁灭，惟一使之延长寿命的方法就是实现宇宙飞船内的资源循环，例如，分解呼出的二氧化碳为氧气，分解出尚存营养成分的排泄物为营养物再利用，从而尽可能少地排除废物。当然，最终宇宙飞船仍会因为资源的耗尽而毁灭。同理，地球经济系统犹如一艘宇宙飞船，尽管地球的资源系统大得多，地球的寿命也长得多，但是，也只有实现对资源循环利用的循环经济，地球才能得以长存。“宇宙飞船理论”告诉人们，人类社会的经济活动必须控制在地球的资源与环境的承载力之内。不过，20 世纪 70 年代人们主要采取的依然是“末端治理”的环境保护方式，即“先污染、后治理”的发展道路，即在污染物产生之后，才想方设法治理，以减少其危害。20 世纪 80 年代，人们才开始全面重视资源的回收利用以及资源利用效率的提高，但因为缺乏相应的政策和措施，所以并没有实施行之有效的举措。90 年代，随着生态环境保护和可持续发展的理论和认识的深入发展，人们才更加重视从源头进行污染治理，并注重通过改变经济发展模式，提高经济增长的效率，降低经济增长的资源、环境和生态成本，循环经济由此才得以得到越来越多的重视和快速的发展。

目前，就世界范围而言，大多数发达国家都把发展循环经济作为实施可持续发展战略的重要途径和实现方式，德国、日本和美国等国家的循环经济已经取得了成功的实践，如德国早在 20 世纪 90 年代初就已开始导入循环经济理念并取得了很大成功，日本是循环经济立法最全面的国家，也是国际上较早建立循环经济法律体系的国家之一。在国际组织的积极推动和发达国家的示范作用下，循环经济的理念及发展模式正在被越来越多的国家和地区所接受，并付诸实践。就我国来讲，众所周知，我国的基本国情是人口众多，资源相对缺乏，生态环境十分脆弱。长期以来，我国经济的高速增长主要依赖于资源的高投入和高消耗，如今无论从资源存量还是环境承受力都已经不起传统的粗放型的经济发展模式，目前的环境问题已严重影响并制约着我国经济的可持续发展。在这种情况下，在我国实施循环经济就显得尤为重要和迫切。总体来讲，我国目前在循环经济方面已做了一些理论和实践探索，但仍存在很多问题，如思想认识不足、工作体制不顺以及执法不力等问题。我们必须进一步增强紧迫感和责任感，切实采取有效举措，推进我国循环经济的发展。

二、循环经济的界定

（一）循环经济的定义及特征

循环经济可以定义为在社会经济、科学技术和自然生态的大系统内，在资源投入、企业生产、产品消费及其废弃的全过程中，不断提高资源的利用率，把传统的依赖资源净消耗线性增加的发展，转变为依靠生态型资源循环来发展，从而维系和修复生态系统的经济。[16]与传统经济发展模式相比，循环经济具有三个主要的特征和优势：一是能最大限度地提高资源的利用程度，最小限度地进行废弃物的排放，从而达到环境保护的目的。传统经济是一种“资源—产品—废弃物”的线性流程，而循环经济把这种线性流程变成了“资源—产品—废弃物—资源”的循环型流程，使所有的物质和能源能够得以合理和持久地利用，以使经济活动对自然环境的影响降低到尽可能小的程度。二是能实现经济效益、生态效益的有机统一和“共赢”发展。传统的经济发展模式片面强调经济效益的最大化，忽视或无视生态效益的提高，结果造成了生态的破坏，也使传统的经济模式难以为继。而循环经济恰恰可以弥补这些缺陷，在发展经济的同时能最大限度地实现对生态的维护。三是能将生产和消费共同纳入一个有机的持续发展框架中。循环经济能在不同层面上将生产和消费有机地联系起来。这些层面包括：企业内部的清洁生产和资源循环利用；共生的企业生态网络；城市内部的资源循环利用；区域或整个社会的废弃物回收和再利用系统。

（二）循环经济的基本原则

循环经济的基本原则主要包括：减量化原则（Reduce）、再利用原则（Reuse）以及再循环原则（Recycle），统称 3R 原则。减量化原则即指在投入端实施资源利用的减量化，用较少的原料和能源投入来达到既定的生产目的或消费目的，进而做到从经济活动的源头就注意节约资源和减少污染。按照减量化原则，在生产中要尽可能使产品轻型化、小型化，产品的包装应简单朴实而非奢华浪费，从而达到减少废弃物排放的目的；再利用原则要求在保证服务的前提下，产品和包装能够以初始的形式被反复使用，要求制造商尽量延长产品的使用期，特别是要抵制当今世界一次性用品的泛滥，而不是非常快地更新换代；再循环原则要求生产出来的物品在完成其使用功能后能重新变成可以利用的资源，而不是不可恢复的垃圾。再循环有两种情况，其一是原级再循环，即废品被循环用来产生同种类型的新产品，如废旧报纸再生报纸，易拉罐再生易拉罐，废钢生产钢铁等；其二是次级再循环，即将废物资源转化成其他产品原料。一般而言，原级资源利用比例高，而次级资源利用再生资源比例低。

需要指出的是，循环经济的这三个原则的重要性并不是并列的，而是有科学顺序的。减量化属于输入端，旨在减少进入生产和消费流程的物质量；再使用原则属于生产过程，目的在于延长产品的服务时间，尽可能多次或多方式地使用物品；再循环原则属于输出端方式，旨在将废弃物再次资源化以减少最终的处理量。3R 原则处理废弃物的优先顺序是：避免产生—循环利用—最终处置。也即在生产源头输入端就要充分考虑预防和减少废弃物的产生，对于源头不能削减的污染物和经过消费者使用的包装物要加以回收利用，只有当避免产生和回收利用都无法实现时，才允许将废弃物进行最终的无害化处理。[17]总之，3R 原则旨在实现从传统的末端治理到从源头加以预防控制，从单纯的利用废弃物到致力于减少废弃物产生的质的飞跃，从而根本上减少对自然资源的消耗与对环境的破坏和污染，实现经济发展与环境友好的目标。

三、解读循环经济：一种新的环保理念

（一）循环经济是人类实现可持续发展的重要保障

20 世纪 60 年代，面对突如其来的生态破坏，人们开始反思如何实现人与自然的和谐相处，如何保证自身在地球上的可持续生存和发展，1972 年在斯德哥尔摩召开的人类环境会议，标志着世界各国开始走上保护和改善生态环境的漫长历程，1992 年在里约热内卢召开的环境与发展大会，使人类认识到环境与发展的密不可分，作为一种理念的可持续发展也被各国广为接受，同年召开的联合国世界首脑环境与发展大会上发表的《里约宣言》和《21 世纪议程》首次明确地提出了可持续发展的方针，并明确了可持续发展的定义：既符合当代人的需求，又不会损害后代子孙满足其需要的能力的发展，使可持续发展的观念深入人心。2002 年 8 月，在约翰斯内堡召开的可持续发展首脑会议再一次深化了人类对可持续发展的认识，确认经济发展、社会进步与环境保护相互联系、相互促进，共同构成了可持续发展的三大支柱。[18]目前，可持续发展理论已被世界各国广泛理解和认同，越来越多的国家已制定和实施了可持续发展的战略。

应该说，可持续发展战略的提出是对传统经济增长方式和传统发展观的一种否定和变革。传统的经济增长方式是高投入、低产出、低效率、高污染的粗放型

经济模式，而传统的发展观是一种不可持续的、片面的发展观、经济观。它以物质财富的增长为核心，以经济增长为唯一目标，并认为单纯的经济增长必然带来社会财富的增长和人类文明的发展。因此，追求经济的无限增长及追求物质财富的无限增长成了至高无上的目标。从20世纪30年代以来，凯恩斯主义经济学把国民生产总值作为衡量一国综合国力的指标，于是，在经济中，经济发展表现为对国民生产总值、对经济高速增长目标的热烈追逐，这驱使着人们的经济行为和发展方式，形成了片面的发展观。它几乎不考虑经济增长对环境和生态系统的破坏性影响，把大自然看做是取之不尽、用之不竭的原料库，向它索取更多的东西，再把生产、消费中的废弃物返回到大自然，将之视为垃圾场。殊不知，这种无限的、片面的经济增长累积的结果是破坏了自然的生产力，破坏了自然的自净能力、再生能力、自我修复能力，使不同的自然系统濒临自我修复的极限，最终导致了生态系统这个自保持系统和自进化系统的运转和进化受到越来越严重的影响。其结果是经济的高速增长是以对环境的永久性的生态破坏为代价换来的。恩格斯曾经说过："到目前为止存在过的一切生产方式，都只在于取得劳动的最近的、最直接有益的效果，那些只是在以后才显现出来的、由于逐渐的重复的积累才发生作用的进一步的结果，是完全被忽视的。"[19]这一语道出了人们在追逐经济利益中无视生态效益所表现出来的短视和急功近利行为。而作为一种既强调经济的可持续性，更重视生态的可持续性，循环经济的出现无疑是实施可持续发展战略的最佳模式和最切实可行的途径。因为循环经济正是利用经济规律和生态规律来调节人类社会经济系统，实现人类活动的生态化转向，并使之达到与自然生态系统和谐的一种经济增长方式。它的3R原则能够尽可能地提高资源和能源的利用效率，并最大限度地减少废弃物的产生和排放，从而把经济活动对自然环境的影响降低到尽可能小的限度，以实现经济发展与环境保护的有机统一，实现就业、社会和环境的"共赢"发展。应该说循环经济使可持续发展不再停留在理念上，而成为一种切实可行的战略，因而循环经济是可持续发展的重要体现和必经之路。

（二）循环经济是人与自然之间物质代谢正常进行的最佳方式

物质代谢论的概念可以追溯到1957年莫尔肖特（Jarob Moleshott）的著作，他认为生命是一种代谢现象，是物质、能量与环境的交换过程。在自然系统中有3种不同角色的生命体：生产者、消费者和分解者。生产者吸收太阳能并利用无机营养元素等合成有机物质，同时也把吸收的部分太阳能以化学能形式储存于有机物中。生产者主要是指绿色植物及部分进行光合作用的菌类，也称为自养性生物。消费者是指直接或间接利用生产者所制造的有机物作为食物或能源的生物群，它们不能直接利用太阳能或无机态的营养元素。分解者通常以动植物残体或它们的排泄物作为自己的食物或能量来源，通过分解者的新陈代谢作用，有机物分解为无机物并还原为植物可以利用的营养物。[20]动物吃植物，动物和植物死后又被微生物所分解，然后又被植物所吸收，动物、植物、微生物分别担当着生产者、消费者和分解者等不同的角色，这就是最基本的物质代谢原理，也是最基本的物质循环原理。物质代谢和循环的中断会带来生物个体的死亡，导致食物链甚至生态系的退化、衰亡。

人作为一种生物，和其他生物一样，参与了自然的循环，是食物链条的一部分。但是，人与自然的物质循环方式却是非常独特的。虽然人类生存所需要的一切物质资料，也是通过自然界提供的，但人较之与动物最本质的区别就是动物只是单纯地以自己的存在利用自然来使自然改变，而人却可以在自然界打下自己意志的印记来使自然为自己的目的服务并支配自然界，也即人与自然之间的物质循环是以生产劳动为中介来进行的。生产所需的原材料来自于自然界，消费后的废弃物又返回到自然界，这里反映的是人和自然界的物质变换，体现了人和自然间的动态的、辩证的物质平衡。在生产劳动中，人把整个自然界作为资源，改变了自然界的本来面目，如把森林变成了纸浆，把矿石变成了钢铁。人类从自然界中摄取资源，经过社会经济系统的代谢作用把废弃的固体、污水、废气等又排放回自然中。一般而言，自然对人类活动产生的废弃物有着巨大的吸收、消化和自我修复的功能，能自发地维持自己的自组织系统。但是当人类无节制地向大自然排放的废弃物超过自然的承受限度，那就会导致自然的生产力锐减、生态破坏，反过来影响人类的再生产。资源循环如果不能顺利地纳入地球的循环系统，就会引起自然循环的中断和整个自然界物质循环的破坏。由于人类排放的很多东西不能被自然所分解和消化，因此破坏了自然的自净能力、再生能力、自我修复能力，使不同的自然系统濒临自我修复的极限，最终导致生态系统这个自保持系统和自进化系统的运转和进化受到越来越严重的影响。当今困扰世界的环境问题，如资源的枯竭、大气的污染、温室效应以及生物多样性的减少等其实就是物质循环遭到扰乱、破坏的表现。

环境问题的实质就在于人与自然之间的物质循环出现了问题，这些问题影响到了整个自然界的物质循环和部分中断。要想避免灾难性的后果，我们就必须遵守自然界的物质循环的法则，把人的行为限制在自然界所能容纳和修复的范围之内，把人与自然的循环纳入到整个自然界物质循环之中去。而循环经济正是保持人与自然之间物质代谢正常进行的最佳方式。与传统的“资源—产品—废物”的单向流动的线性经济不同，循环经济作为一种“资源—产品—再生资源”的经济增长方式，其3R原则能够通过对资源产品的循环利用，如对废弃物的回收使用、循环利用，在产业间、地区间形成生产过程中物质的循环利用，从而做到最大限度地节约资源，使在整个物质循环过程中对资源的利用效率尽可能高，污染尽可能低，排出的废弃物尽可能少，对环境的改变尽可能小。依据循环经济理论，在资源生产和消费领域，可以设计出3种不同维度的循环方式。一是企业内部的循环，促进原料和能源的循环利用；二是企业之间的循环，组织生态工业链，把不同的经济组织联合起来，形成共享资源和互换副产品的产业共生组合，使一家的“三废”成为另一家的原料和能源；三是社会整体循环，大力发展绿色消费市场和资源回收产业，在整个社会范围内，完成“自然资源—产品和用品—再生资源”的闭合回路。[21]这三种循环方式能够最大限度地将经济活动对环境的影响控制在其所能允许的范围之内，把经济活动纳入到自然界的物质循环中去，从而保证人与自然之间的物质循环和代谢能够正常进行。

（三）循环经济是实现人与自然和谐共生的必要手段

人和自然作为社会自然系统的两个要素，它们既相互对立，又相互统一。对立和统一作为人与自然矛盾关系的两个基本属性，它们相互联系，决不能分离。统一性不能脱离对立性而存在，并为对立性所制约；对立性也不能离开统一性，它的存在要受到统一性的制约。对立性一旦脱离统一性，对立性就必然成为不受制约的、没有自我约束机制的、放任的、无节制的一种行为，这样的行为必定会带有一定程度的盲目性和破坏性，不可避免地造成客体的大量被破坏继而危及主体生存的严重后果。在一定程度上，可以说生态环境问题的产生是由于人类在解决与自然对立的过程中忽视人与自然的统一性而引起的。纵观人类的历史可以知道，人类的大部分时期对自然的认识始终处于物我不分，主客合一的朴素、直观理解的状态，对许多原本属于正常自然现象的东西赋予了神话般的色彩，对自然充满了恐惧和敬畏。当时流行的是“物活论”，即有机论的自然观，自然被看做是具有无限发展潜能的生命，被赋予了神性。当然，其时人类已开始改造自然乃至征服自然，但人对自然主要是“学习”和“模仿”，也即人与自然的统一性占据主导地位，对立性属次要地位，这是与当时的科技水平相适应的，这种自然观一直持续到近代的15世纪和16世纪。近代以将的自然观实现了一个历史性的转向，形成了机械的、形而上的自然观。英国著名哲学家柯林伍德把近代自然观的中心论点概括为：否认自然界是个有机体，否认物理科学所研究的是个有机体，并断言自然既没有理智也没有生命，自然界只是一架机器，这种自然观存在的基础是主客二分、对立的思维方式。在这种思维模式的指导下，自然成了在人之外、与人对立的、一架受人摆布奴役的机器，人只有借助科技不断“拷打”、“拷问”自然，才能探究到自然的奥秘，通向自由、幸福之路。对自然的否定，过分夸大强调人与自然的对立性，导致了忽视、无视人与自然的统一性，无视自然的自为的力量，无视自然的自主性，自然成了某种异己的可以被占有、征服的东西。由此，人类由对自然的崇拜走向了另一个极端——只看到人与自然的对抗性关系。人把自己看做主体、中心、主宰，把天地万物看成技术生产的原材料，向地球发起进攻，从而使人的基本生存条件日益受到破坏，使人类还能否长期在地球上居住成为问题。

一味强调、膨胀主客两极的对立，过分强调人的主体性，忘记了主客对立须基于主客统一之上，忘记了主体之于客体的限度，应该说这是近代工业文明的主要特征，也是它的致命缺陷。须知，人类的社会生产和生产力要实际地发挥作用，都离不开一定的自然物质条件。即任何具体的社会生产力都是以一定的自然生产力为基础的。马克思认为，人类社会的再生产过程是社会再生产和自然再生产，社会生产力和自然生产力的统一过程。经济的再生产过程，不管它的特殊的社会性质如何，在这个部门（农业）内，总是同一个自然的再生产过程交织在一起的，而且，只有后者的条件才能阐明前者的条件。可见，社会生产与自然生产，社会生产力与自然生产力之间存在着相互制约、对立统一的辩证关系。只有让自然生产力可持续发展，才能保证社会生产的可持续发展，也才有真正意义上的生产力的可持续发展。人类如果只追求社会生产的发展和社会生产力的增长而不注意自然生产的发展和对自然生产力的补偿，那就会导致生态破坏，动摇社会生产的基础。而循环经济恰好可以弥补传统经济的这一缺陷，实现自然生产力和社会生产力的和谐统一，因为循环经济是建立在资源节约和资源再利用的基础上，通过运用现代科学技术手段和循环生产方法，实现资源的低投入、高利用、低排放和低污染，把人类的经济活动对自然环境的负面影响降低到最低程度。而且，循环经济的 3R 原则始终都力求人类的经济活动尽可能地融入生态环境这个大系统中，始终把利用自然和维护自然系统的稳定性放在有机统一的地位上，从而能够在更好地发展社会生产力的同时，保持自然生产力的不被破坏和生态环境系统相对的动态平衡。在循环经济中，社会生产力的可持续发展考虑到了自然生产力的可持续发展，同时兼顾了经济发展与环境保护的统一，因而能够更好地实现人与自然的和谐共生。

（四）循环经济倡导新的自然价值观

传统价值观把人看成是一种绝对的主体，而外部自然界仅仅被看成是一种供人“占有”、“消费”、“使用”的对象，这种价值观把价值看做是客体（自然）对主体（人）的“意义”或“有用性”，这样，自然界就仅仅被看做是一种满足人类需要的“工具性价值”或“消费性价值”。例如，野生动物的价值就在于它们能为人类提供肉食、毛坯、蛋类或药材；森林的价值就在于为人类提供木材，以供人类做燃料、建房以及制作各种家具、纸张或其他用品的材料。总之，自然界对人而言，是被视为能够满足人类需要的“消费性价值”来理解的。在这种价值观的支配下，人们对自然界采取了无节制的开发、掠夺和征服的态度，自然界仅仅被作为人类的消费对象来对待的，完全否定了自然的“生态价值”。事实上，自然除对人有“工具性价值”外，还有其“生态价值”。例如，一棵树在被砍伐之后可以做家具，这是它的工具性价值；此外，如果这棵树在自然界生存，它对于生态系统的稳定平衡具有不可替代的功能，我们叫它生态价值。这两种价值具有不同的性质和特点：工具价值是指自然物直接对人的实践具有的意义，而生态价值是指自然物直接对生态系统的平衡具有的功能；工具性价值只有在“毁灭”了自然的生态价值之后才会形成，而生态价值则是在只有它还没有作为工具性价值被消费时才能得到保持。另外，在传统经济学中，自然界的“自然价值”是被否定的，人们认为自然物本身并无价值，人类所需要的消费价值完全是人类创造的。因此，商品的价值仅仅被归结为人的“劳动时间”，这实际上是把商品的价值完全归结为人的“劳动价值”。当然，它也讲到了“原料的价值”。但最终还是要把原料的价值换算为劳动时间，即把生产原材料时花费的“劳动价值”看做是原料的价值，排除了原料本身的“自然价值”。这种价值观没有考虑到，人们生产某种产品，不仅需要付出人类劳动，而且还包含了一定量的自然资源的耗费。这种否定“资源价值”观念，即“资源无价”的观念，产生于资源无限的信念。传统价值观将自然界当做一个“取之不尽、用之不竭”的巨大的“公用仓库”，自然资源向来被当做“免费商品”看待。正是这种忽视自然的“生态价值”、“自然价值”的价值观激励着人们疯狂地掠夺和挥霍着自然资源，进一步加剧了资源危机。

而在循环经济前提下倡导的自然价值观全然不同于传统的观念，循环经济在考虑自然资源时，不再像传统工业经济那样将土地视为“取料场”和“垃圾场”，将河流视为“自来水管”和“下水道”，也不仅仅将其视为可资利用的资源，而是看做需要维持良性循环的生态系统。在循环经济的视野中，自然生态系统不再是人们一味征服、剥夺、榨取的资源，而是需要维系和修复的对象，因此，循环经济不单单注重对自然的开发，更重视对自然的保护，不只强调人与自然的矛盾对立，更强调人与自然的和谐统一。在关注自然资源工具价值的同时，更看重其生态价值。另外，在循环经济中，自然资源的价值不再仅仅归结为人们所投入的劳动时间，而是将对资源本身的耗费也包括在内，换言之，在循环经济中，“资源无价”变成了“资源有价”，这种全新的价值观念能够有效地保护自然资源，促进人与自然的和谐。

（五）循环经济倡导新的消费观

目前，人们对因人口的无限膨胀给人类的可持续发展造成的威胁已经有了一定的认识，但是对因人们的消费给人类的可持续生存和发展造成的威胁却始终缺乏一个清醒的认识。应当说，这与工业文明推行的消费模式以及消费主义在当代社会的流行和泛滥不无关联。工业文明的消费模式存在很多弊端，这些弊端造成了自然资源的大量消耗，也导致了生态危机的不断恶化，使人类在地球上的可持续生存和发展成为问题。概言之，目前流行的消费模式存在如下弊端和缺陷：其一，是一种欲求性的消费。现代经济学将人们物质消费区分为满足需要的消费和满足欲求的消费，这是两种全然不同的消费。满足“需要”的消费是指基于人的生命和生活之基本需求而产生的消费，是人们对生活必要条件的正常要求，具有客观实在性的内容。而满足“欲求”的消费则不考虑现实生活和必要条件，缺乏经济合理性和社会正当性，其本质是无尽的贪婪。[22]如追求地位上的优越感、满足感、忌妒、攀比和炫耀等而形成的需求，而这正是工业社会的突出表现和主要特征。诚如丹尼尔·贝尔所说：“资产阶级社会与众不同的特征是，它所满足的不是需求，而是欲求。欲求超过了生活本能，进入了心理层次，它因而是无限的要求。”[23]近代工业文明在打破中世纪对人欲望束缚的同时，也张扬了一种享乐主义的人生观、价值观，而在其指导下的消费突出地彰显为一种欲求消费，人们竞相购买大量商品，无限制地追求物质的享受、感官的刺激和心理的满足感，完全脱离了人的正常需求本身，成为一种不必要的消费；其二，追求符号消费。工业文明推行的是一种“大量生产、大量消费、大量废弃”的经济发展模式，为了使消费者购买自己的产品，生产经营者凭借的一个重要手段就是“广告效应”，即通过明星、名人做广告所产生的效应去创造消费时尚，唤起大众的购买欲望。正如舒尔曼所指出的那样：“一旦经济主义主宰了技术，利润取得了核心地位，商品的生产就不再受到消费者的当前需要的支配。相反，需要是为了商业性原因而通过广告创造出来的。技术的产品甚至不经人们的追求而强加于人们。”[24]运用广告的手段创造需求，是工业社会的特有现象，是片面追求经济增长的发展模式的一个伴生物。创造一种新的消费时尚，也就是创造一种不同于以往的消费价值尺度，并将其扩展为整个社会生活的价值尺度，由此将人们引入一个消费价值的误区——时尚即美，进行符号时尚的消费就是高贵的象征，就是人生价值的体现，就会被人羡慕；反之就不美，就会被人鄙视。正是通过不断变换消费时尚，来诱导消费者把仍有使用价值，但已不符合时尚口味的消费品扔掉。“只求曾经拥有，不求天长地久”的消费观念使得商品的寿命变得越来越短，更新换代的频率越来越快，正如艾伦·杜宁在《多少算够》中指出的那样，“我们庞大而多产的经济……要求我们使消费成为我们的生活方式，要求我们把购买和使用货物变成宗教仪式，要求我们从中寻找我们的精神满足和自我满足……我们需要消费东西，用前所未有的速度去烧掉、穿坏、更换或扔掉。”[25]这种畸形的消费观造成的结果是资源的浪费，环境的污染。其三，属于异化消费。消费本应是一种有意义的、创造性的和人性化的体现过程，在消费过程中人们能得到一种享受性的满足。但是人们目前正把消费变成人生的主要目标，大量购物并大量废弃的消费模式成了当今社会一个主要的时代特征，这在发达国家已成为一种消费时尚。1997年7月1日《今日美国报》报道，美国农业部公布的一份报告说，美国人浪费的粮食达27%，每人每年扔掉的食物多达365磅，全国每年浪费的食品高达960亿磅，只要其中的5%就够400万人吃一年。1995年2月6日美国《幸福》杂志报道，据美国国家科学院说，从地下挖掘出的矿物，有94%在几个月之内就扔进了垃圾桶。此外，发达国家还不遗余力地向全世界宣传他们的“消费文化”，鼓励发展中国家实行“高消费”，以此带动生产力的发展和国民经济的增长。在此模式诱导下，许多不发达国家不顾自己的经济实力和具体国情，盲目推行高消费，把消费视为生产发展的唯一动力。畸形消费推动了生产的盲目发展，尽量地多消费被看成是一件好事，它不仅标志着人们的生活水平的提高和社会的进步，而且还是促进经济增长、解决人们就业问题的唯一出路。各国政府解决就业问题的唯一办法就是促进经济增长，而促进经济增长的途径就是“刺激消费”，对物品的无限欲求和消费变成了现代人的基本的人生目标，这种“异化消费”脱离了人的基本的、正常的生活需要，是大量的“无意义”的消费和不必要的消费。其四，一次性消费泛滥。现代工业文明的消费方式在很多方面体现为一种一次性消费。宾馆的一次性牙刷，饭店的一次性筷子，人们购物所用的一次性塑料袋等，都属于一次性的消费。在经济发达的国家和地区，甚至许多耐用消费品，如汽车、冰箱、电脑等也具有一次性消费的性质。“用过即扔”已经成为一种生活习惯，人们在享受一次性消费品所带来的便利的同时，也造成了资源的浪费，产生了大量的生活垃圾。

循环经济作为一种新的环保理念，其消费观集中体现为对工业文明以来盛行的欲求消费、符号消费、异化消费以及一次性消费的批判和摒弃，并积极倡导一种消费方式的伟大变革，这种变革主要体现为四种消费理念的倡导，即适度消费、绿色消费、简约消费和精神消费。适度消费就是在满足人类生存发展需要的基础上，人们的消费不超出自然的承载能力，排除多余消费和避免超前消费。适度消费是对环境友好的合理消费的体现，它以获得基本需要的满足为标准而不是鼓励对物质资源无止境地占有，并要求我们从根本上改变挥霍性的消费方式和发展观。虽然人们的需要的内容和水平是不断发生变化的，但不论怎样变化，都应限制在生态环境所能允许的范围之内，特别是要避免和限制奢侈消费和过度消费；绿色消费是当代人类消费道德的一种新境界，它要求消费者在消费过程中自觉抵制对环境有影响的物质产品和消费行为，购买在生产和使用中对环境友好以及对健康无害的绿色产品。绿色消费要求消费者自觉承担起保护环境的责任和义务，通过自己的消费理念和购买行为去影响企业，增加其生产绿色产品的压力和动力，促使企业向循环型企业转变；进行简约消费。节俭在今天并非一种过时的美德，提倡节俭、反对奢侈和浪费是循环经济的内在要求。美国学者布郎（L.R. Brown）曾这样估价节俭对于保护环境的重要现实意义："自愿的简化生活，或许比其他任何伦理更能协调个人、社会、经济以及环境的各种需求。它是对唯物质主义空虚性的一种反应。它能解答资源稀缺、生态危机和不断增长的通货膨胀压力所踌躇的问题。社会上相当一部分人实行了自愿的简化生活，可以缓和人与人之间的疏远现象，并可缓和由于争夺稀少资源而产生的国际冲突。"[26]简约要求人们在经济活动中节约资源的消耗，避免过度包装，尽可能对资源及制成品进行反复使用或循环使用，注重对物品的修复而不是替代；最后，进行精神消费。从某种意义上说，人之所以成为人并且区别于其他生命体，归根到底是因为人有一种精神生活，有一种精神需求，对精神需要的追求，不仅能调节人的精神生活与物质生活的平衡，而且能防止人一味地沉溺于物质享乐，疏远自己的内心世界。精神消费对于提高人的思想觉悟、道德修养、心理素质、审美情趣等起着关键的作用。一旦人的物质基本生活需要得到满足之后，精神生活就决定了人的生活质量。因此，我们不仅要追求物质消费，更应追求精神消费，健康的精神消费将会丰富人们对生命意义的体悟，深化人们对生存价值的认识，为克服全球生态危机形成强大的道德支柱和良好的社会心理氛围，促进人的全面发展，这也是可持续消费的意义所在。

参考文献

[1] Samuel Hays. Conservation and the Gospel of Efficiency. Cambridge mass：Harvard University Press，1959: 41-42.

[2] 韩立新．论人对自然义务的伦理根据[J]．上海师范大学学报，2005（3）：20.
[3] 约翰·缪尔．我们的国家公园[M]．长春：吉林人民出版社，1999.
[4] 弗·卡普拉，查·斯普雷纳克．绿色政治学[M]．东方出版社，1988：58，63，148.
[5] Dave Foreman. Ecodefense：A field to Monkeywrenching，Tucson，AZ：Ned Ludd，1987: 12.
[6] 张友春．生态社会主义及对人类社会发展的贡献[J]．前沿，2004（3）.
[7] 本·阿格尔．西方马克思主义概论[M]．北京：中国人民大学出版社，1991.
[8] 大卫·佩珀．生态社会主义：从纵深生态学到社会主义[M]．伦敦：洛特雷出版社，1993.
[9] 弗·卡普拉，查·斯普雷纳克．绿色政治——全球的希望[M]．东方出版社，1988：57.
[10] John O'Neil．The Varieties of Intrinsic Value[J]．The Momist，Vol.75，1992：119.
[11] W.H.墨迪.一种现代的人类中心主义[J]．哲学译丛，1999（2）.
[12] Paul W. Talor. Respect for Nature：A Theory of Environmental Ethics[M]. Princeton University Press，1986：71.
[13] 赵媛媛，王子彦．生态女性主义思想述评[J]．科学技术与辩证法，2004（5）：35.
[14] 吴季松．新循环经济学[M]．北京：清华大学出版社，2005.
[15] 左铁镛．关于循环经济的思考[J]． 厦门循环经济网，2006.1.9.
[16] 戴燕艳．关于循环经济产生及背景的理论思考[J]．南方经济，2005（5）：32.
[17] 恩格斯．自然辩证法[M]．北京：人民出版社，1971：161.
[18] 黄贤金．循环经济：产业模式与政策体系[M]．南京：南京大学出版社，2004：41，79.
[19] 万俊人．道德之维[M]．广州：广东人民出版社，2000.
[20] 丹尼尔·贝尔．资本主义文化矛盾[M]．生活·读书·新知三联书店，1989：68.
[21] 舒尔曼．技术文明与人类未来[M]．北京：东方出版社，1995.
[22] 艾伦·杜宁．多少算够[M]．长春：吉林人民出版社，1997：5.
[23] L．R．布朗．建设一个持续发展的社会[M]．北京：科学技术文献出版社，1984：283-284.
[24] 孙茹．地球之友．http：//www.cqvip.com.
[25] 张术环．对生态社会主义生态经济观的反思[J]．山东理工大学学报：社科版，2004（5）.
[26] 王振亚．生态社会主义价值观的多维透视[J]．马克思主义研究，2003（1）.
[27] 牛晓霞．循环经济——可持续发展的必经之路[J]．商业研究，2005（12）.
[28] 朱步楼．循环经济：可持续发展的必然选择[J]．江苏社会科学，2005（3）.
[29] 刘福森．价值观的革命：可持续发展观的价值取向[J]．吉林大学社会科学学报，1999（2）.
[30] 徐长山．现代消费方式批判[J]．河北学刊，2002，2（9）.
[31] 俞海山．工业文明消费模式批判[J]．宁波大学学报：社科版，2000，22（3）.
[32] [美]R·卡逊．寂静的春天[M]．吕瑞兰，译．科学出版社，1979.
[33] 曾建平．自然之思：西方生态伦理思想探究[M]．中国社会科学出版社，2004.
[34] 余谋昌，王耀先．环境伦理学[M]．北京：高等教育出版社，2004.
[35] 贾放．报应：人与自然的失衡[M]．北京：中国林业出版社，1999.
[36] 章海荣．生态伦理与生态美学[M]．上海：复旦大学出版社，2005.
[37] 向玉乔．生态经济伦理研究[M]．长沙：湖南师范大学出版社，2004.
[38] 雷毅．生态伦理学[M]．西安：陕西人民教育出版社，2000.
[39] 杨通进．走向深层的环保[M]．成都：四川人民出版社，2000.
[40] [美]戴斯·贾丁斯．环境伦理学[M]．林管民，杨爱民，译．北京：北京大学出版社，2002.
[41] 徐崇温．全球问题和“人类困境”——罗马俱乐部的思想和活动[M]．沈阳：辽宁人民出

版社，1986.
[42] [美]D·梅多斯．增长的极限[M]．北京：商务印书馆，1984.
[43] 傅华．生态伦理学探究[M]．北京：华夏出版社，2002.
[44] 毛如柏，冯之浚．论循环经济[M]．北京：经济科学出版社，2003.
[45] 奚广庆，王谨．西方新社会运动初探[M]．北京：中国人民大学出版社，1993.
[46] 卢风，刘湘溶．现代发展观与环境伦理[M]．保定：河北大学出版社：233-234.
[47] [英]克里斯托夫·卢茨．西方环境运动：地方、国家和全球向度[M]．徐凯，译．济南：山东大学出版社，2005.
[48] 肖显静．生态政治——面对环境问题的国家抉择[M]．太原：山西科学技术出版社，2003.
[49] 吴季松．循环经济学[M]．北京：北京出版社，2003.

第二章　天人合一：循环经济的重要思想文化资源

诚如前言所指出的，谋求人与自然和谐相处，是“人与自然”关系发展的主旋律。循环经济切实地践行人与自然和谐的生产方式和消费方式，有力地促进生产方式的生态化，将形成经济与生态的双赢结果。另一方面，人与自然和谐相处，也是百年来人与自然关系发展的写照。

本章将从另外一个视角，从中国传统文化与现代“人与自然关系”的视角，探讨儒学与生态之间的关联，进而为清晰循环经济观念层面上的价值提供有意义的启示。著名历史学家汤因比注意到，“对现代人类社会的危机来说，把对‘天下万物’的义务和对亲爱家庭关系的义务同等看待的儒家立场是合乎需要的，现代人应当采取此种意义上的儒教立场。”[1]

美国哈佛大学教授杜维明先生敏锐地注意到，新儒家的重要人物正在悄悄发生一场向生态的转向。在《新儒家人文主义的生态转向：对中国和世界的启发》一文中，他捕捉到中国哲学界的一个重要现象，中国哲学界的三位元老在他们生命的最后时间里面，将注意力都集中到“天人”关系上。

“在近二十五年里，在新儒学思想家中出现一个令人关注的现象。那就是，台湾、香港和大陆的三位领衔的新儒学思想家钱穆（1895—1990 年），唐君毅（1909—1978 年）和冯友兰（1895—1990 年）不约而同地得出结论说，儒家传统为全人类作出的最有意义的贡献是‘天人合一’的观念。我不妨把这种观念称为人类—宇宙统一的世界观。这种世界观认为，人类置身于宇宙的序列之中，而不是像人类中心的宇宙观所断言的那样，人类出于选择的需要或者疏忽之故而远离自然界。”[2]

在三位元老中，引发最强烈回应的是台湾国学大师钱穆的文章。享寿 96 岁的钱穆先生，在临终前写的《中国文化对人类未来可有的贡献》一文中，特别着

[1] 汤因比. 展望二十一世纪. 国际文化出版公司，1985：427.

[2] 杜维明. 新儒家人文主义的生态转向：对中国和世界的启发. 中国哲学史，2002（2）：6.

重强调“天人合一”观。他认为：“中国文化中，‘天人合一’观，虽是我早年已屡次讲到，惟到最近始澈悟此——观念实是整个中国传统文化思想之归宿处……我深信中国文化对世界人类未来求生存之贡献，主要亦即在此。”[3]儒家观念本被认为是“仁学”（参见张岱年的《中国哲学大纲》），“天人合一”本被看做是中国哲学的一个重要命题和观念。现在，钱穆先生却将“天人合一”的价值与意义提升到“整个中国传统文化思想之归宿处”的重要地位，提升到“中国文化对世界人类未来求生存之贡献主要亦即在此”的高度，这是一个新论断、新观点。这一论断是“天人合一”思想发展历史上罕有之变化，也是中国儒家思想近年来少有的发展。

在生命的最后时刻，钱穆先生将他的新认识视为自己思想上的重大突破。不过，这一新颖的见解受到他的夫人和弟子们的怀疑（“天人合一”本是一个古老的观念）。已经九十高龄的钱穆断然回答，他的理解不是复述传统的智慧，而是个人的洞见，是全新的和彻底原创的。在钱先生的文章中，使用了罕见的“大体悟”，最后、最高的“澈悟”，“对学术的大贡献”等词汇。他宣称，“天人合一”是他对中国文化思想的总根源的体悟。“天命人生”相通、人心与天道无碍、“人文自然相互调适之义”看做是中国文化对人类最大的贡献。

“西方人喜欢把‘天’与‘人’分离开来讲。换句话说，他们是离开了人来讲‘天’。这一观念的发展，在今天，科学愈发达，愈易显出它对人类生存的不良影响。中国人是把‘天’与‘人’合起来看。中国人认为‘天命’就表露在‘人生’上。离开‘人生’，也就无从来讲‘天命’。离开‘天命’，也就无从来讲‘人生’……此义宏深，又岂是人生于天命相离远者所能知！”[4]

这是一代国学大师生命中的最后一个观点，也是一个全新的见解。将“天人合一”、“天命人生”看做是对中国文化思想的总根源的体悟、中国文化对人类最大的贡献，这是一个思想上的突破。对此，中国思想界引发了巨大反响。在两岸三地，一批学术界精英对钱穆先生的“天人合一”思想给予强烈的积极回应的同时，北京大学的季羡林先生、中国社会科学院的李慎之先生、复旦大学的蔡尚思先生、哈佛大学的杜维明先生或撰写短文或发表意见，热情地回应了钱穆的观点。

九旬高龄的东方学大师季羡林先生高度认同钱穆先生的上述观点。他将“‘天人合一’方能拯救人类”作为文章的标题，突出反映了季老先生的洞见。他认为：“东方哲学思想的基本点是‘天人合一’。什么叫‘天’？中国哲学史上解释很多。

---

[3] 钱穆. 中国文化对人类未来可有的贡献. 台湾联合报，1990-09-26.
季羡林. “天人合一”新解. 传统文化与现代化，1993（1）：9-16.

[4] 钱穆. 中国文化对人类未来可有的贡献. 台湾联合报，1990-09-26.
季羡林. “天人合一”新解. 传统文化与现代化，1993（1）：9-16.

我个人认为，‘天’，就是大自然，而‘人’，就是人类。‘天人合一’就是人与大自然的合一。”西方的天人对立思想已经引发出威胁着人类生存与发展的严重生态危机，只有东方的“天人合一”思想方是拯救人类的一剂方药。[5]

同钱穆先生一样，季羡林先生将“天人合一”思想提升到“拯救人类的一剂方药”的新高度。他在另外一篇文章《“天人合一”新解》中强调：“这个代表中国古代哲学主要基调的思想，是一个非常伟大的、含义异常深远的思想。”[6]季羡林先生与钱穆先生一样，他们共同将注意力转移到当今世界的重大难题，并且试图将东方的“天人合一”看做是解决当今时代问题的高度加以阐释和理解。

这一观念代表着中国对于世界和自身的认识。它包含着儒家善待生命、仁爱的精神品质，也体现儒家对于人和自然关系的独特思考。这些思考既展现了先哲的智慧，也构成了我们在应对现代生态挑战时可资借鉴的宝贵思想资源。“天人合一”观念，暗合着人与自然和谐相处，它是儒家带给现代人类的重大理论资源。

第一节　重视人与自然的和谐：百年来人对自然关系发展的写照

理清百年来人对自然关系的发展，对于我们理解循环经济的时代背景和时代意义，理解未来人与自然的发展趋势，有着重要的借鉴意义和参考价值。百年以来，人与自然的关系发生了重要的变化：从自然的征服者到自然的保护者，从注重人类的权利到重视人类的责任，这些都是思维方式的具体变化。在观念发展的链条中，循环经济是一座里程碑，是促进人与自然和谐相处的关键一环。

一、人是自然的征服者：工业文明的写照

在人类文明的发展历程中，人与自然的关系一直是人类面临的一个基本问题。在人类文明早期，人类还不了解自然界的规律，饥饿、寒冷、猛兽、疾病、死亡威胁着人类，人类必须本能地同自然界斗争。火的发明与使用，工具的出现与普及，是人类生产力发展历程上的重要进步，也是人类改造自然能力的强化。“不管自然展示和发出什么力量——严寒、猛兽、洪水、大火——来反对人，人也精通对付它们的手段，而且人是从自然界取得这些手段，运用这些手段对付自

[5] 季羡林. “天人合一”方能拯救人类. 东方，1993 创刊号.
[6] 季羡林. “天人合一”新解，传统文化与现代化. 1993（1）：9-16.

然本身的。”[7]这种改造能力既是控制能力的增强，也是破坏能力的增强。不过，由于人类文明的早期生产力水平十分低下，人类对自然界的破坏是十分有限的。历史学家汤因比认为，“对自然界的这种初期的损害还只不过是局部的。限于当时人类的技术能力，对于自然界的破坏有一半是无意识中受到了限制。”[8]

自文艺复兴以来，西方工业文明迅速突飞猛进。以蒸汽机为代表的近代科学技术成就将人类推进到工业文明的时代。新的蒸汽机代替了水磨推动的机器，新的大工业生产替代了旧的工场手工业，从生产方式、生活方式到社会结构都发生了根本的改变。技术的进步、制度的变化、思想的传播、观念的普及，一步步将人类带入到过去时代难以想象的“文明”时代，人类的生产力水平也达到了前所未有的高度和水平。正如马克思所说：“资产阶级在它的不到一百年的阶级统治中所创造的生产力，比过去一切时代创造的全部生产力还要多，还要大。自然力的征服，机器的采用，化学在工业和农业中的应用，轮船的行驶，铁路的通行，电报的使用，整个大陆的开垦，河川的通航，仿佛用法术从地下呼唤出来的大量人口，过去哪一个世纪能够料想到在社会劳动里蕴藏有这样的生产力呢？”[9]

工业文明的迅猛发展，裂变式地增强了人类的生产力，也带来了一些前所未有的难题。我们知道，按照当前中国主流的马克思主义学者对“生产力”的定义，它是人类征服自然和改造自然的能力。比如，在肖前主编的《马克思主义哲学原理》中，它是这样定义生产力的：“广义的生产力或称社会生产力，是指人类利用和改造自然、并从自然界获得物质生活资料的能力。它体现着人们在物质生产中能够在怎样的程度上解决社会同自然的矛盾。”[10]类似的是，在赵家祥等主编的普通高等教育“九五”国家级重点教材《历史唯物主义教程》中，也将生产力定义为“人类利用自然、改造自然，从自然界获取物质资料的能力。”[11]

如果说在人类文明早期乃至于农业时代，人类必须要依赖自然、利用自然，那么，到了工业文明时代，人类与自然的关系发展成为改造自然、征服自然。“生产力”的概念是人类对自然的态度和观念改变的一个缩影，它反映了人类进入到工业时代的思维方式：越是能够征服自然，人的发展程度就越高；越是能够改造自然，人类的发展水平就越高。人是征服者，人是改造者，是凌驾于自然界的力量。当人类过分强调征服自然和改造自然物质力量的时候，它与自然界成为一种对立的关系。

---

[7] 黑格尔. 自然哲学. 梁志学，等，译. 商务印书馆，1980（1）：7.

[8] 汤因比，池田大作. 展望21世纪. 荀春生，等，译. 国际文化出版公司，1985（1）：31.

[9] 马克思恩格斯选集. 第1卷. 人民出版社，1995：277.

[10] 肖前. 马克思主义哲学原理（上）. 1版. 中国人民大学出版社，1994：320.

[11] 赵家祥，李清昆，李士坤. 历史唯物主义教程. 1版. 北京大学出版社，1999：108.

伴随着人类从一个从属于自然、依附于自然的状态，转变为征服自然、改造自然的状态，自然被看做是一个机器、一个人类可以任意摆布的机器；自然也被看做是一个可以无穷索取的原料库、一个无限容纳工业废弃物的垃圾箱。进入20世纪之后，全球性的生态失衡和人类生存环境恶化突然使得人类意识到，工业文明一方面带给了人类优越的生活条件和工作条件，另一方面也给自然造成了空前严重的伤害，使得人类面临着深刻的危机。

二、20世纪生态危机后对“征服自然”观念的反思

人们开始对“征服自然”的观念进行了反思。未来学家托夫勒敏锐意识到：“当我们的父母在为第二次浪潮从事改善许多生活条件的同时，也引起了极其严重的客观后果，一种未曾预料到和未加以预防的后果。其中，对地球生物圈的破坏也许是无可挽救的。由于工业现实观基于征服自然的原则，由于它的人口的增长，它的残忍无情的技术，和它为了发展而持续不断的需求，彻底地破坏了周围环境，超过了早先任何年代的浩劫。”[12]托夫勒认为，“我们在征服自然的战役中，已经到达了一个转折点。生物圈已经不容许工业化再继续侵袭了。”[13]

20世纪50年代前后，欧美工业发达国家和一些新兴的工业国家发生多起环境污染事件，尤其以“世界八大公害事件”危害最为恶劣，对后来的环境问题研究影响最为深远。其中包括，比利时的马斯河谷事件，美国的洛杉矶光化学烟雾事件、多诺拉事件，英国的伦敦烟雾事件，日本的水俣病事件、四日市哮喘病事件、富山县的骨痛病事件、米糠油事件等。这些污染危害严重，严重损害了人类的生活质量和生活水平，甚至危及人的健康和生存。突如其来的危机打破了人类“征服自然”的思维，给曾经陶醉于征服自然的辉煌胜利的人类当头一击。它表明，“大自然并未被征服，而是更加难以捉摸，更加难以对付，这是人们未曾想到过的。”[14]

人类对自然的态度和做法违背了自然的规律，超出了自然界能够承受的限度。自然界向人类敲响了警钟。如同恩格斯在19世纪所指出的那样：“我们不要过分陶醉于我们人类对自然界的胜利。对于每一次这样的胜利，自然界都对我们进行报复。每一次胜利，起初确实取得了我们预期的结果，但是往后和再往后却

[12] 托夫勒. 第三次浪潮. 三联书店，1983：175.

[13] 同上，第177页.

[14] 米萨诺维克，帕斯托克. 人类处在转折点——罗马俱乐部研究报告. 刘长毅，等，译. 中国和平出版社，1987年：18.

发生完全不同的、出乎意料的影响，常常把最初的结果又消除了。”[15]工业文明在带给人类物质财富和精神享受的同时，也带来了生态失衡、环境污染，以及全球性的温室效应、臭氧层破坏，它们正一步步将人类推向深渊，从而在一定程度上破坏了人类赖以生存的基础。

在《寂静的春天》的结尾，美国海洋生物学家卡逊（Rachel Carson）写道：“‘控制自然’这个词是一个妄自尊大的想象产物，是当生物学和哲学还处于低级幼稚阶段时的产物。”[16]1958 年，卡逊关注到杀虫剂造成的生态问题，开始大量阅读美国政府和民间关于杀虫剂使用和危害情况的报告。1962 年，卡逊出版了《寂静的春天》，描述了杀虫剂的生态危害：“神秘莫测的疾病袭击了成群的小鸡；牛羊病倒和死亡。到处是死神的幽灵。农夫们述说着他们家庭的多病。城里的医生也愈来愈为他们病人中出现的新病感到困惑莫解。不仅在成人中，而且在孩子中出现了一些突然的、不可解释的死亡现象，这些孩子在玩耍时突然倒下了，并在几小时内死去。”[17]卡逊猛烈抨击了美国不分青红皂白地滥用杀虫剂造成生物受害的情况，认为这“不仅是科学上的，而且也是道义上的问题。这个问题即是，任何文明是否能够对生命发动一场无情的战争而不毁掉自己，同时也不失却文明的应有尊严”。[18]

工业文明打破了人与自然的平衡，并逐渐走向全面失衡，人与自然对立了起来。卡逊的研究详尽描述了人与自然的平衡被打破后产生的严重后果，她的研究引发了人类重新认识人与自然关系的思潮。1968 年，在意大利人贝切伊的倡议下成立“罗马俱乐部”，对人类当前和未来困境的问题开展研究。他们进行了关于生态危机问题的首次国际性讨论，提出“人类困境”和“人类全球王国时代”的概念。贝切伊认为，人在地球上的状况发生了变化，技术的根本性改变引起人对自然的新的作用。但是，人类没有意识到这种新作用，以及它对人类命运的影响，由此出现了人类文明的全球性危机。

罗马俱乐部专家发表了 10 多份研究报告，对当代社会人口、粮食、能源、资源和环境问题进行综合研究。其中，最为著名的是米都斯（Tennis L. Meadows）于 1972 年发表的《增长的极限》一书。该书运用系统动力学方法建立世界模型，提出“增长极限”和“全球性平衡”等概念。该书的出版引起了全球的关注，并引发热烈的争论。朱利安・西蒙曾发表《没有极限的增长》一书，针锋相对展开讨论。同样在 20 世纪 60 年代后期，美国学者肯尼斯・鲍尔丁提出了“宇宙飞船

[15] 马克思恩格斯选集（第 4 卷）. 2 版人民出版社，1995：383.
[16] 卡逊. 寂静的春天. 吕瑞兰，译. 北京：科学出版社，1979：313.
[17] 卡逊. 寂静的春天. 吕瑞兰译. 北京：科学出版社，1979：4.
[18] 卡逊. 寂静的春天. 吕瑞兰译. 北京：科学出版社，1979.

经济理论”（spaceman economy）。他认为，地球与太空中的飞船一样好比宇宙中一个孤立无援的系统，两者的共同特征都是不断消耗其内部的有限资源，一旦资源殆尽，就会毁灭。为了生存，飞船必须不断重复利用自身有限的资源，才能延长运转寿命……因此，应当运用市场经济机制控制人口，调节消费品分配，合理开发资源，防止污染，保证地球能够持续运转。

在生态危机的打击下，人类不得不对人与自然的关系进行重新反思。把人与自然的关系限定在“人征服自然”是靠不住脚的，人与自然的关系必须寻求新观念的支撑。米萨诺维克（Mesarovic）认为：“这场全球性危机程度之深、克服之难，对迄今为止指引人类社会进步的若干基本观念提出了挑战。这些基本观念在过去为人类进步铺平了道路，但也最终导致了目前的这种状况。目前，人类正处在转折点上，必须做出选择，是沿着老路继续走下去，还是开辟一条新的道路。如果人类要探索新的发展道路，那么必须对若干旧的观念进行重新评价。”[19]

三、推进“人与自然的和谐”：从观念的提出到行动的实践

进入20世纪70年代，环境问题不单停留在对原有的“人与自然关系”的检讨上，它更是沿着推进“人与自然和谐相处”的方向迈进，并从学术讨论进入到政治领域，构成国际社会高度关注的话题。

在这一转变过程中，环境问题得到前所未有的重视，更为重要的是，一些基本的理念得到认同和接受。比如，承认生命的多样性和内在价值的观念开始逐渐成为国际公约的有机组成部分。1972年，在瑞典斯德哥尔摩召开的联合国人类环境会议上，通过了《人类环境宣言》。[20]1979年，通过了《欧洲保护野生生物和自然界的伯尔尼公约》。公约指出：“野生动植物构成具有美学、科学、文化、创造性、经济和内在价值的自然遗产，必须保存它们并将之传给后代。”1982年，联合国大会通过《世界自然宪章》。宪章指出：“每种生命形式都是独特的，无论对人类的价值如何，都应得到尊重，为了承认其他有机体的内在价值，人类必须受行为道德准则的约束。”它还指出，“人类是自然的一部分”，人类不再被视为自然界之上或之外，而是与自然界相互联系、相互依赖的一部分。“人类的文化必须建立在对自然的极度尊重上，具有与自然一致的观念，并认识到人类的事务必须在与自然的和谐平衡中进行。”

---

[19] 米萨诺维克，帕斯托克. 人类处在转折点——罗马俱乐部研究报告. 刘长毅，等，译. 中国和平出版社，1987年：9.

[20] 人类环境宣言（1972年联合国人类环境会议）// 迈向21世纪——联合国环境与发展大会文献汇编. 中国环境科学出版社，1992：156-160.

这些具有约束力的公约和宪章开始把人与自然的和谐看做是公约和宪章的组成部分，它们承认环境的内在价值，而不再把人类看做是自然的征服者。这些公约和宪章的颁布表明，人和自然的关系必须进入到协调和平衡的时代。人类不能外在于自然界，更不能凌驾于自然界之上，而应是“自然的一部分”，是和自然界相互联系、相互依赖的一部分。在这样的时代中，我们不是自然的征服者，而是自然的一部分。

1987 年，联合国世界环境与发展会议在《我们共同的未来》报告中，提出了“可持续发展”概念，将其定义为“既满足当代人的需要，又不对后代人满足其需要的能力构成危害的发展”。“可持续发展”概念的提出，是环境保护和人类环境研究新征程的一个重要起点，它提出并提倡一种能够将环境问题与社会发展密切结合的发展方式——可持续发展。“可持续发展”概念提示我们，不仅应当追求同一代人之间的环境公平，而且还必须考虑代际之间的环境公平，换言之，当代人与后代人之间的环境公平。1992 年，在巴西里约热内卢召开的联合国环境与发展大会上，通过了《里约热内卢环境与发展宣言》和《21 世纪议程》。“可持续发展”成为大会的主题，围绕着“可持续发展”的行动依据、目标、活动和实施手段等方面提出的议程方案得到许多国家认同。大会希望将这些议程变为现实，推动将环境保护与人类社会发展紧密结合，号召“建立促进可持续发展的全球伙伴关系”。

作为全球生态危机下人类观念和行动转变的一部分，中国在促进和建立一个“人与自然和谐相处”的社会中也发挥着重要作用。中国的环境保护开始于 20 世纪 70 年代初。1972 年，在周恩来总理指示下，中国代表团出席了在斯德哥尔摩召开的联合国人类环境会议。[21]这次会议促发了中国开始关注环境问题。紧接着，在周恩来总理的直接推动下，1973 年 8 月，在中国北京召开了第一次环保会议。这次会议披露了大量有关中国江河、海湾污染、工业污染、农药污染、城市污染、生态资源破坏等严峻事实，并促使中国政府治理了其中不少典型的污染点和污染源。

中国的环境保护事业是从法制着手的。在十年动乱结束后的 1978 年，新颁布的国家宪法明确指出：“国家保护环境和自然资源，防治污染和其他公害”。1979 年 9 月 13 日，《中华人民共和国环境保护法（试行）》颁布实施。1983 年，在国

---

[21] 杜维明：《新儒家人文主义的生态转向：对中国和世界的启发》，《中国哲学史》2002 年第 2 期. 第 16 页. 有关中国环境政策的内容可以参见曲格平的回忆录——《梦想与期待：中国环境保护的过去与来来》，中国环境科学出版社，2000 年第 1 版. 其中，《我的梦想和期待》（第 8－13 页）、《周恩来是新中国环境保护事业的开创者和奠基人》（第 34－44 页）进行了详细描述. 曲格平曾作为中国人民代表大会环境和资源保护委员会的主任，一直致力于中国的环境保护工作，在政府机构关心环境问题方面发挥了关键作用.

务院第二次全国环保会议上，正式把环境保护列为中国基本国策之一。里约热内卢“联合国环境与发展大会”之后的1994年，中国政府制定了《中国21世纪议程——中国21世纪人口、环境与发展白皮书》，提出了可持续发展的战略目标、对策、措施等。1996年，在八届全国人大四次会议通过的《关于国民经济和社会发展“九五”计划和2010年远景目标纲要的报告》中，把“实施科教兴国战略和可持续发展”作为一项重要任务。可持续发展已经同“科教兴国”一样成为中国新世纪的两大重大战略之一。

四、人是自然的保护者：凸显人类的义务和责任

作为人类面临的一个基本问题，人与自然的关系一直是人类文明发展历程的重大议题。从20世纪下半叶全球（包括中国）环境保护的实践和观念转变来看，在新的有关人与自然关系的议题中，人类作为自然保护者的义务和责任将进一步突出，成为21世纪最重要的主题之一。

凸显人类的义务和责任，是“人与自然关系”新思索的重要议题。针对“生产力”的内涵是否为“征服自然和改造自然的能力”，学者们在讨论中开始加入人类与自然协调的内容。徐春认为，生产力的发展不仅仅依存于一定社会经济形式，而且为一定的自然环境条件所制约。[22]肖长友认为：“生产力是人们征服自然、改造自然和保护自然的能力，是社会关系的基础，是社会发展的最终原因。”[23]（不过，他没有对“保护自然”的能力做出详细论证）这些学者在重新理解生产力的时候，注重协调人类自身与自然界的关系，从而促进人类与自然的和谐发展。

当今的自然是“人工自然”，自然已经打上了人的烙印。人类越是具备改造自然的能力，越是改造自然，他的责任和使命也就越巨大。如果人类只是一味征服自然和改造自然，对自然缺乏责任，一方面，从人类而言表现出的是盲目和任性，另一方面，将导致严重的生态后果。“如果我们以为自然是为人而存在的，在这个假想的基础上去行动的话，科学大概就会被用于破坏性的目的。这种集体性的自我中心主义的假想，唯有在每个个人的精神生活中才能克服。”[24]

建立在责任基础上的对自然的利用，才是合理的利用。意识到人类对自然的责任，这种对自然的开发才是人实现全面发展的需要，才有可能是建设性的而不是破坏性的。这种建立在人类对自然的责任上的开发，也是人类自身走向成熟的

---

[22] 徐春. 论生产力尺度与生态尺度的统一. 北京大学学报：社科版，1994（3）：40.

[23] 肖长友. 略论生产力发展的几个问题. 贵州大学学报：社科版，1996（4）：5.

[24] 汤因比，池田大作. 展望21世纪. 荀春生，等，译. 国际文化出版公司，1985：39-40.

标志。它标明着一个新的时代——人与自然的关系已经进入协调关系的新时代：人类是人与自然关系的协调者，责任的担当者，他能够通过调整自身的行为，力求正确认识和运用自然规律，通过相互影响实现与自然界的和谐相处和协调发展。

江泽民同志在一篇序言中用十六个字总结了人与自然的关系。1994 年 2 月，江泽民同志在《用现代科学技术知识武装起来——〈现代科学技术基础知识〉（干部读本）序》一文中写道：“我们的中、高级干部如果用更多的科技知识把自己武装起来，提高认识自然、利用自然、改造自然和保护自然的能力，那么，我们在领导建设有中国特色社会主义的伟大事业中，就能够更好地动员和组织亿万人民，在祖国辽阔的土地上描绘出更新更美的画卷。”[25]“认识自然、利用自然、改造自然和保护自然”十六个字总结了人与自然的关系，是理解人与自然关系的一个重要视角。

处理人与自然的关系，首先要提高认识能力，理解自然的规律，按照自然规律办事。我们再重温恩格斯一段发人深省的话：“我们统治自然界，决不像征服者统治异族人那样，决不是像站在自然界之外的人似的，相反地，我们连同我们的肉、血和头脑都是属于自然界和存在于自然界之中的；我们对自然界的全部统治力量，就在于我们比其他一切生物强，能够认识和正确运用自然规律。”[26]能否认识和正确运用自然规律，是我们区别于其他自然界生物的标志，也是处理人与自然关系的基础。同样，“利用自然”和“改造自然”是人与自然关系的重要内容。

更重要的一点是，保护自然也应当包含在人与自然的关系中。将保护自然纳入到人与自然关系的认识，是百年来思维方式的一个重要转变，也是人对于自身认识的重要转变。在生态危机的压力下，为了子孙后代，为了我们自己，我们必须重新探讨人在自然界中的位置，重新确立人与自然的关系。我们必须认识到，保持地球上的基本生态过程和生命维持系统，就是保护人类生存和发展所必需的基本资源和生存条件。自然界不仅是人类实践的对象和一切物质财富的源泉，而且是每个人不可缺少的生存条件。从这一角度看，保护环境也是人实现全面发展的需要。

“认识自然、利用自然、改造自然和保护自然”，是实现人与自然和谐相处的基石。“认识自然”为科学地处理人与自然关系确立了基础，“利用自然”和“改

---

[25] 江泽民. 现代科学技术基础知识序//宋健，惠永正. 现代科学技术基础知识（干部读本）. 科学出版社，中共中央党校出版社，1994.

[26] 马克思恩格斯选集. 2 版，第 4 卷，人民出版社，1995：383-384.

造自然”是改善人类物质和精神条件的重要保证，“保护自然”则确立了人类的义务和责任，为人与自然的和谐相处提供了基本的原则。“对自然的基本态度应是协调而不是征服。只有这样人们才能实际运用那些在理论上被接受的观点，即人是自然界不可分割的一部分。”[27]

观念的转变是实践的先导！在过去的一百年中，我们经历了生态危机，也经历了人与自然关系的思维方式和实践的转变。虽然今天人类所面临的困境没有完全解决，在某些地方还有恶化的趋势，但是只要我们贯彻人与自然和谐共处的观念，消除人与自然对立的观念，并且一步步将其变为一种社会实践，就一定能够创立一个能够实现可持续发展的文明社会，实现环境保护与社会发展的统一。

第二节 “人与自然和谐”和“天人合一”：中国古代的宝贵观念

在当今环境危机日趋严重的情况下，人与自然和谐相处显得极为突出和重要。在思索人与自然和谐相处的实践中，有些学者的目光转向了历史，古为今用。追溯中国古代人与自然和谐相处的实践经验，从当代回溯中国的历史资源，为理解和把握“人与自然和谐相处”提供新的视角和可供借鉴的经验。张云飞在《天人合一——儒学与生态环境》一书中系统梳理了中国古代有关人与自然和谐相处的实践经验。[28]方克立先生也梳理了中国古代的生态智慧。[29]

在中国古代，中国思想家形成了一些人与自然和谐相处的观念。这些观念是我们今天理解人与自然和谐相处的重要借鉴。这些观念一方面是总结历史的经验教训，实现永续利用土地、水、动植物等各种自然资源，另一方面也是中国传统文化和思想的结晶。仔细分析这些理念，对于着眼人类的整体和长远利益，深刻理解人与自然关系，具有重要的启示意义。

一、人与天调

在春秋时代，已经有了“人与天调”、“以时禁发”的观念。春秋前期，政治家管仲曾在齐国为相。他提出了“人与天调”的思想和主张。“五声既调，然后

---

[27] 卡逊. 寂静的春天. 吕瑞兰，译. 科学出版社，1979：135.

[28] 张云飞. 天人合一——儒学与生态环境. 四川人民出版社，1995.

[29] 方克立. 天人合一与中国古代的生态智慧. 社会科学战线：207-217.

作立五行，以正天时，五官以正人位，人与天调，然后天地之美生。”（《管子·五行》第四十一）

顺乎天的四时，人与天调，是圣人治理世间的要点，是“天地之美生”的核心。“清神生心，心生规，规生矩，矩生方，方生正，正生历，历生四时，四时生万物。圣人因而理之，道徧矣。”（《管子·轻重乙》第八十五）顺应天时，顺应四时，必须按照四时的变化规律。在夏天和冬天，都应当有着相应的禁止的内容，从而最大限度保护万物生长繁育。“毋聚大众，毋行大火，毋断大木，诛大臣，毋斩大山，毋戮大衍，火二大而国有害也。天子之夏禁也。”（《管子·轻重乙》第八十五）“毋行大火，毋斩大山，毋塞大水，毋犯天之隆。天子之冬禁也。”（《管子·轻重乙》第八十五）

依据四时变化禁止做某些不利于资源永续利用的事情，能够保护自然，保护民力，巩固统治。《礼记·王制》：“林麓川泽以时入而不禁”。《孟子·梁惠王上》说：“不违农时，谷不可胜食也。数罟不入洿（wū）池，鱼鳖不可胜食也。斧斤以时入山林，林木不可胜用也。谷与鱼鳖不可胜食，林木不可胜用，是使民养生丧死无撼也。养生丧死无撼，王道之始也”。在此基础上，管子更是明确地探讨“禁发必有时”的措施。“山林虽近，草木虽美，宫室必有度，禁发必有时。是何也？曰：大木不可独伐也，大木不可独举也，大木不可独运也，大木不可加之薄墙之上。故曰：山林虽广，草木虽美，禁发必有时；国虽充盈，金玉虽多，宫室必有度。江海虽广，池泽虽博，鱼鳖虽多，罔罟必有正，船网不可一财而成也。非私草木爱鱼鳖也，恶废民于生谷也。故曰：先王之禁山泽之作者，博民于生谷也。”（《管子·八观》第十三）管子从保护民力的角度出发，强调禁法必有时。纵使山林就在宫室的附近，山林中有大树，宫室用材也一定要适度。大木的砍伐、运输、建筑，都要耗费大量民力。所以，山林虽近、山林虽广、草木虽美、国虽充盈、金玉虽多，都应当防止过度开发，宫廷的建设应当适度，这是“博民于生谷”的措施。

保护自然资源，是国家财富的重要来源。“君子所务者五：一曰山泽不救于火，草木不得成，国之贫也。……山泽救于火，草木殖成，国之富也。”（《管子·立政》）山林川泽，是国家财富的重要来源。保护资源，注重天时，与封建时代农业文明的特征是相联系的。爱惜民力，顺应四时，看重土地，是管子治理国家的重要观念。“地德为首”是管仲的重要观念。“理国之道，地德为首。君臣之礼，父子之亲，覆育万人，官府之藏，疆兵保国，城郭之险，外应四极。具取之地。而市者天地之财具也，而万人之所和而利也，正是道也。”（《管子·问》第二十四）万民衣食、国家财富、国家实力都源于土地，对土地的态度是道德的主要内容之一。

《礼记·月令》则具体描述了四时（四季）气候变化，并且文章着重讨论了应当顺应天时，“禁发必有时”，将“禁”与“发”结合起来，实现生物资源的永续利用。在一年中的前六个月是动植物生长的时节，应当多保护它们。孟春之月，“命祀山林川泽牺牲毋用牡。禁止伐木。毋覆巢。毋杀孩虫，胎，夭，飞鸟。毋麛。毋卵。毋聚大众。毋置城郭。”春天是生育的季节，孟春正月不能杀祭祀山林川泽时用的牲畜，如母牛、母羊之类。禁止砍伐树木，不许猎取怀胎的母兽、幼兽，不准捕杀小鹿；不许打刚会飞的小鸟，不准掏取鸟卵。仲春二月要“安萌芽，养幼少”，“毋竭川泽。毋漉陂池。毋焚山林”。季春三月，一律不许携带捕杀鸟兽的各种器具和毒药，禁止任何人砍伐桑条和树枝。孟夏四月，“毋有坏堕。毋起土功。毋发大众。毋伐大树。”不要砍伐大树，不要有大工程，这是生物长大长高的时候。

只有到了下半年，才可以大量采伐树木，打猎动物。到了仲秋八月，“可以筑城郭。建都邑”，季秋“草木黄落。乃伐薪为炭”。到了仲冬十一月，“山林薮泽有能取，蔬食田猎禽兽者，野虞教道之。这些详尽而具体的规定，表明当时人们对四时的周期性变化的认识水平，表明人们对保护动植物资源与维系自身生存之间关系的认识，是“人与天调”的具体体现。

战国晚期思想家荀况更是提倡因时利用资源，禁止在野生动植物幼年期、繁殖期和生长旺盛期狩猎或采伐：“草木荣华滋硕之时，则斧斤不入山林，不夭其生，不绝其长也；鼋鼍鱼鳖鳅鳣孕别之时，罔罟毒不入泽，不夭其生，不绝其长也。春耕、夏耘、秋收、冬藏、四者不失时，故五谷不绝，而百姓有余食也；池渊沼川泽，谨其时禁，故鱼鳖优多而百姓有余用也；斩伐养长不失其时，故山林不童而百姓有余材也。”（《荀子·王制》）而且，荀子把“不夭其生”、“不绝其长”看做是“不可胜食”、“不可胜用”、“有余食”、“有余用”、“有余材”的基础和前提。

荀子赞成顺天时而用。要尊重和遵循天时。“春耕、夏耘、秋收、冬藏”的自然规律。只有“上不失天时，下不失地利，中不失人和”，充分利用自然资源，“不夭其生，不绝其长”，就能让百姓“有余食”、“有余用”，否则，就会导致“天下敖然，若烧若焦”。（《荀子·富国》）在《天论》篇中，荀子写了下述的讨论：“大天而思之，孰与物畜而制之！从天而颂之，孰与制天命而用之！望明而待之，孰与应时而使之！因物而多之，孰与聘能而化之！思物而物之，孰与理物而勿失之也！愿于物之所以生，孰与有物之所以成！”顺应天时，“应时而使之”与“制天命而用之”并不矛盾。这反映了荀子眼中的人与自然的关系。“天行有常”，人要“明于天人之分”，人与自然各守其分，人“不与天争职”。人只有知其所为，知其所不为，与天地相“参”，才能“明于天人之分”、“制天命而用之”，才能“五谷不绝而民有余粮”，国泰民安。

在中国文化中，强调和谐的“人与天调”观念不仅在历史实践中促成了生物资源的永续利用，而且对于当今处理人与自然的关系有着重要的参照价值。“中国文化中，人与自然融为一体，人对自然有一分尊敬，人也利用自然的力量，然而不愿意过分利用。因此，儒家在民生方面的观念是利用厚生，道家是顺应自然。倬云以为，正在形成的世界文化中，中国文化的自然观念应当代替上述浮士德勘天、制天的观念。”[30]

二、取物不尽物

与佛家戒杀不同的是，“取物不尽物”是儒家思想的一个重要特征。《易·系辞下》：“天地之大德曰生。”儒家赞美天地万物。孔子看到万物滋生，百花争艳，由衷赞美天地宇宙之伟大：“天地之大德曰生”；看到有道之君能使民族兴旺发达，同样发出由衷赞美：“大哉圣人之道，洋洋乎发育万物。”（《礼记·中庸》）但是，儒家热爱生命，又与佛教有本质区别：佛教杜绝一切宰杀，儒家却是要吃荤的。在自我生存与热爱生命发生矛盾时，孔子采取了折中的办法，网开一面：“子钓而不纲、弋不射宿。”（《论语·述而》）即钓鱼而不是网鱼；射鸟但不射杀栖息在巢中的鸟。这些都是“取物不尽物”的具体表现。对鱼的捕捞，应当适可而止，不应当网鱼，而是钓鱼。对鸟的射杀，不应当射杀栖息在巢中的鸟，只是射杀飞行的鸟。“取物不尽物”的思想反映了中国思想家反对人类对动植物生态资源的过分掠夺，以免防止造成动植物灭绝，从而保证生物的持续发展。

“取物不尽物”反映了儒家思想中既满足自己的需要，又不过分糟踏生命，灭绝物种。儒家的这一好生之德，对中华民族的人生哲学，无疑产生重大的影响。[31]在中国文化中，“网开三面”和“里革断罟”这些耳熟能详的典故，不仅是道德教化的有名例子，也是“取物不尽物”的典型说明。

《史记·殷本纪》说故：“汤出，见野张网四面，祝曰：‘自天下四方皆入吾网。’汤曰：‘嘻，尽之矣！’乃去其三面，祝曰：‘欲左，左。欲右，右。不用命，乃入吾网。’诸侯闻之，曰：‘汤德至矣，及禽兽。’”这个“网开三面”的故事是

---

[30] 许倬云. 中华文化发展过程及其在世界文化发展中之地位//中国文化与世界文化. 贵州人民出版社，1991：195.

[31] 熊传善，罗标元，何英德. 中西印文化比较及其发展前景//文化的冲突与融合. 张岱年，汤一介. 北京大学出版社，1997：257.

说，一次商汤外出，见到野外捕禽兽的把网四面张开，还祈祷说："天下四方的鸟兽都掉进我的罗网！"商汤说："哎，你把天下鸟兽一网打尽啊！"于是撤掉三面的网，并祷告到："想去左边的往左，想去右边的往右，不听命的，就进我的网吧！"诸侯听说这件事，都说："商汤的仁德已经到了极点，甚至施到了禽兽。"

"网开三面"的典故表明，三千多年前的古人就已懂得，人们为了生存，虽然不能不捕猎鸟兽，但是也不能采取一网打尽的办法，而是要给它们留一条生路，以保证生物资源的永续利用。所以，"取物不尽物"，保持合理的限度，是解决人与自然关系的一个恰当的方法。不仅如此，在中国文化中，对自然的态度与道德教化联系在一起，网开三面，而不是一网打尽，保持适度的对生物资源的开发，仁义施及禽兽，是有道德、有仁义的重要表现。

"里革断宣公罟而弃之"的典故出自《国语·鲁语》。"宣公夏滥于泗渊，里革断其罟而弃之，曰：……古之训也。今鱼方别孕，不教鱼长，又行网罟，贪无艺也。"公闻之曰："吾过而里革匡我，不亦善乎！是良罟也，为我得法。使有司藏之，使吾无忘谂。"师存侍，曰："藏罟不如置里革于侧之不忘也。"其意思是，有一年夏季，鲁宣公在泗河撒网捕鱼，里革大夫弄断他的渔网并将它丢弃，说：古代的人们已经规定了保护草木鸟兽虫鱼的古训。现在正是雌鱼（交配后）离开怀孕的时候，不让鱼生长，还下网捕捉，这样的贪婪没有得限度啊。鲁宣公听了他的话说："我犯了错误里革纠正我，非常好啊！这是好网啊，使我得到了准则。让有关的官员收藏好它，以便我不会忘记这规谏。"名叫存的乐师在身旁侍候，说："藏渔网还不如放里革在身边更不会忘记啊。"

"里革断宣公罟而弃之"的典故也说明，对鱼资源的利用，应当取物不尽物，保持适度的克制，而不能单纯满足自己的贪欲，"不教鱼长，又行网罟，贪无艺也"。鱼怀孕的时候，不应当下网捕鱼。只有到了鱼成熟之时，才能下网捕鱼。这是仁政的国君应当做到的。同样，对待捕鱼的态度也是反映国君"仁"的一个重要表现。

"取物不尽物"的观念对于当代有着重要的借鉴价值。许倬云先生认为，"基督教文化与回教文化，均有强烈的战斗精神，转化为生产，即为加速度地消耗资源。印度文化，恬退而亲自然，其利用资源的态度又过分刻苦，成为另一极端。儒家对于生产的态度，稍近中道，利用厚生，而不愿竭泽而渔。数罟不入洿池，斧斤以时入山林，都是有节制地利用资源。牛山濯濯的警惕，不仅在自然，也在人性。这一种中和的态度，或可推而广之，以针砭今日工业生产发展迅速的弊病"。[32]

[32] 许倬云. 未来世界与儒家//中国文化与世界文化. 贵州人民出版社，1991：186.

三、物吾与也

张载在《西铭》开篇说：乾称父，坤称母；予兹貌焉，乃混然中处。夫天地之塞，吾其体；天地之帅，吾其性。民吾同胞，物吾与也。（张载集，《正蒙·幹称》第十七），朱熹认为："'民吾同胞，物吾与也。'万物虽皆天地所生，而人独得天地之正气。故人为最灵，故民同胞，物则亦我之侪辈，孟子所谓'亲亲而仁民，仁民而爱物'，其等差自然如此，大抵即事亲以明事天。"（《朱子语类·张子之书》卷九十八，第七册）"自一家言之，父母是一家之父母；自天下言之，天地是天下之父母；通是一气，初无间隔。"（同上）由此，人与万物都生存于天地之间，人民是我的同胞兄弟，万物是我的同伴属类。

张载"物吾与也"的思想是儒家把"仁"外推的一个结果。"君子之于物也，爱之而弗仁，于民也，仁之而弗亲，亲亲而仁民，仁民而爱物。"（《孟子·尽心上》）亲亲、仁民、爱物，这是爱的三个主要层次。当然，每个层次还能细分为许多差等，它们都可统称为爱。但是，儒家不认为对于任何人的爱，都是同质同量、没有差等的。子孝弟悌，是"为仁之本"，属于"亲亲"的范围，是比爱更深厚的。正是由"亲亲"的仁爱观念中外推，推及"仁民"、"爱物"。"恩足以及禽兽"（《孟子·梁惠王上》）"君子之于禽兽也，见其生，不忍见其死，闻其声，不忍食其肉，是以君子远庖厨也"。（《孟子·梁惠王上》）

将个人道德修养与爱惜天地万物联系起来，是中国哲学思想中的一个特点。《礼记·中庸》说："唯天下至诚为能尽其性。能尽其性。则能尽人之性。能尽人之性。则能尽物之性。能尽物之性。则可以赞天地之化育。可以赞天地之化育。则可以与天地参矣。"尽人之诚，尽人之性，则能"尽物之性"，"赞天地之化育"，与"天地参"，实现人与天地的和谐，从而达到人与自然的协调发展。"民吾同胞，物吾与也"，更是突出表现出中国古代哲学的基本特征，它将人看做是与天地万物一体，将爱物推及到万事万物。

儒家对待自然的态度是从人之间的仁爱出发，一步步类推到宇宙、自然。儒家所理解的"仁"，不单限于人际之间，更是扩展到了宇宙、自然。"仁"的起点是家庭，它可以无限制地向外推延。《大学》中说，"知至而后意诚。意诚而后心正。心正而后身修。身修而后家齐。家齐而后国治。国治而后天下平"。从内心的"知至"、"意诚"出发，可以一步步从家扩展到国、天下，再进一步向外推延，就是宇宙、自然。陆九渊说："宇宙内事乃己分内事，己分内事乃宇宙内事。"进而得出"宇宙便是吾心，吾心便是宇宙"（《陆九渊集·年谱》卷三十六）儒家的仁不是停留在人与人的关系，而是从“家”开始，逐步向外扩展，扩展到国、天下，进而外推到宇宙、自然。

《诗·大雅·旱麓》曰：“鸢飞戾天。鱼跃于渊。”程颢说：“鸢飞戾天，鱼跃于渊，言其上下察也。”鸢飞戾天，鱼跃于渊，皆可体认天地之仁。“‘鸢飞戾天’，向上更有天在；‘鱼跃于渊’，向下更有地在。此两句去作人材上说更好。”“（此处）与‘必有事焉而勿正心’之意同，活泼泼地。会得时；活泼泼地；不会得时，只是弄精神。切脉最可体仁……观鸡雏。此可观仁。”（《二程集》卷三）

在二程的著作中，多处体现万物体仁的观点。“周茂叔窗前草不除去，问之，云：‘与自家意思一般。’子厚观驴鸣，亦须如此。张子厚闻生皇子，喜甚；见饿莩者，食便不美。某写字时甚敬，非是要字好，只此是学。”（《二程集》卷三）程颢见窗前绿草茂盛而不愿芟除。更明显的一个例子是，“吾之感于中也。吾读古圣人书，观古圣人之政禁，数罟不入池，鱼尾不盈尺不中杀，市不得鬻，人不得食。圣人之仁，养物而不伤也如是……鱼乎，鱼乎！感吾心之戚戚者，岂止鱼而已乎。”（《二程集·养鱼记》）“吾心之戚戚”反映了儒家对动植物生命的同情。

在王阳明的《大学问》中，更是发展到“万物一体之仁”的观点，“大人者，以天地万物为一体也，非意之也，其心之仁本若是，其与天地万物而为分尔我者，小人矣。”（《王阳明全集·大学问》，第 968 页）仁者浑然与天地万物同体。“天下犹一家，中国犹一人”。“仁”它是人固有的本性。“是故见孺子之入井，而必有怵惕恻隐之心焉，是其仁之与孺子而为一体也。孺子犹同类者也，见鸟兽之哀鸣觳觫，而必有不忍之心焉，是其仁之与鸟兽而为一体也。鸟兽犹有知觉者，见草木之摧折而必有悯恤之心焉，是其仁之与草木而为一体也。草木犹有生意者也，见瓦石之毁坏而必有顾惜之心焉，是其仁之与瓦石而为一体也。是其一体之仁也，虽小人之心亦必有之。”（《王阳明全集·大学问》，第 968 页）照王阳明看来，大学问的目标是除去私欲，体味“万物一体之仁”。

“民吾同胞，物吾与也”，儒家的这一观念将人的位置放在天地之中，人既是自然的一部分，而宇宙的意义，又不能摒弃人生。人与自然之间的沟通是建立在“仁”的基础之上，“仁”成为契合的津梁，“是以自然与人，无内也无外，由人的同情角度体念，则阳春白雪，大地呼吸，鱼跃鸢飞，绿满窗前，无处不是生机洋溢。生机，其实即由人性观照而来”。[33]

出于人的“仁心”，将“仁爱”外推到自然生命，将对人之仁扩展到万物之仁，这是中国哲学对于思考人与自然关系问题的重要参考价值。今天，日益严重

---

[33] 许倬云. 未来世界与儒家//中国文化与世界文化. 贵州人民出版社，1991：185.

的环境污染，将地球陷入到危机之中；日益凸现的资源短缺，更是激起人类对未来的忧虑。在这样的背景下，人类要思考，我们应当怎样将人对自然的运用寻求一个适当的界限。“人与天调”、“取物不尽物”、“物吾与也”、“万物一体之仁”，这些观念为我们思考如何利用自然资源提供了一个重要的视角。我们运用自然资源不能单从经济增长的角度着想，而是要有一个限度，在“此限度之下，我们能运用自然资源，但是不要滥用，不要过用，不要漫无目标……我们活在这里不能单单为我们，我们活在这里也要为我们的环境，我们要为‘天人之间’的‘天’这部分多花些精神，我们要爱护天然，将天然回到原来的丰富与优美。”[34]

诚如许倬云先生所云：“正在形成的世界文化中，中国文化的自然观念应当代替上述浮士德勘天、制天的观念。不过，我们自己必须先整顿自己的思想，重新厘定这“天人合一”的观念。”[35]接下来我们先来梳理“天人合一”观念的历史演变。

四、“天人合一”观念的历史演变

“天人合一”命题的重要性，也是在当代环境问题形成危及人类文明的背景下凸现出来。在中国历史长河中，不仅富有人与自然和谐相处的实践和行为，而且也有着丰富的理念层面内容，其中最具影响力的是“天人合一”。

在中国几千年的传统文化发展中，儒家的“天人合一”观念在发展中逐渐占据主导地位。借用任继愈先生的看法，是一种“文化思潮的衰减现象”（这里借用电讯通讯的概念，远距离的通讯联络，讯号逐渐衰减。为了防止衰减，中间设有接力站，使衰减信号得到增益。这种现象在中国哲学史上也存在）。“有人说孔子的思想影响了中国两千多年，其影响越来越大。这种看法与实况不符。孔子的思想有影响，单凭孔子思想本身，不可能越来越大，只能越来越小。孔子的影响久远和中途得到接力站补充有关。汉代有董仲舒的补充，振兴了几百年；宋朝得到朱熹的补充，又振兴了几百年，得到振兴的是董仲舒的孔子、朱熹的孔子，不能简单地说成是原来的孔子的思想永不衰减。”[36]

同样，“天人合一”观念在几千年的发展中，也是得到了接力站的补充。在千年的发展中，儒家的“天人合一”思想从孟子那里开始，以后得到了汉代董仲舒、宋代朱熹、明代王阳明的补充，得到了振兴，影响越来越大。得到振兴的是

[34] 许倬云. 我们生活的目标//中国文化与世界文化. 贵州人民出版社，1991：232.
[35] 许倬云. 中华文化发展过程及其在世界文化发展中之地位//中国文化与世界文化. 贵州人民出版社，1991：195.
[36] 任继愈. 天人之际. 上海文艺出版社，1998：123.

董仲舒的“天人合一”、朱熹的“天人合一”、王阳明的“天人合一”。

张岱年先生认为，“中国哲学之天人关系论中所谓天人合一，有二意义：一‘天人相通’，二‘天人相类’。天人相通的观念，发端于孟子，大成于宋代道学。天人相类，则是汉代董仲舒的思想”。[37]其中，天人相通的思想又可分为两类，一是以朱熹为代表的所谓人受命于天、“与理为一”的思想；二是以王阳明为代表的“人心即天理”的思想。

天人合一思想的萌芽可以追溯到商周。在商代，人们把意志的“天帝”看成是世界的最高主宰，凡征伐、田猎、疾病、年成、行止，都按照占卜的结果行事。西周灭商后，有了较为哲理化的“天命观”，人事被认为是由于天的命令。这一时期周公提出的以德配天的思想是以后儒家天人合一思想的最早萌芽。

最早提出较为明确的天人合一思想的，当数孟子。正如张岱年先生所说，“天人相通的观念，发端于孟子”。[38]《孟子·尽心上》“尽其心者，知其性也，知其性则知天矣。存其心养其性，所以事天也。”在孟子看来，人的心、性与天地万物，是一个整体。人的心、性都受于天，原于天，这样，道德原理也就找到了形而上学的依据——天。“天”包含有道德意义，“天”宰制着人。

老子是中国哲学史上第一个明确反对“天”是最高的主宰的哲学家。他认为，“道”或者“无”才是天地万物的起源。在老子之前，也有一些人开始怀疑天命论，把目光从“天”转向到“人”。比如，郑国子产认为：“天道远，人道迩，非所及也。”（《春秋左传·昭公十八年》）但是，明确地反对“天”，并且提出人有着卓越地位的，是老子。“人法地，地法天，天法‘道’，‘道’法自然。”（《老子》第二十五章）不论人还是地、天，都统一于“道”，“道”是万物的本原，“是谓天地根”，“可以为天地母”。“道”又是自然如此，没有意志的。老子的天人合一思想表现在人与道的统一。老子的“天地不仁”与孔子的“克己复礼之谓仁”，孟子的四端受于天的思想，有着很大差别。老子取消了儒家所讲的“天”的道德含意，他不以道德原则作为“为道”的内容，这是老子不同于孔孟的一个差别。

庄子继承和发展了老子的思想。他也认为世界的本原是“道”。“道”是自然的、无意志的，“道兼于天”，就是老子的“道法自然”。庄子认为，“天地与我并生、万物与我为一”，“夫明白于天地之德者，此之谓大本大宗，与天和者也；所以均调天下，与人和者也。”（《庄子·天道》）与道为一，“同于大通”的天人合一的境界，是一种齐生死、等贵贱、同人我、超出一切区别的“逍遥”境界。“至德之世，同与禽兽居，族与万物并，恶乎知君子小人哉。”（《庄子·马蹄》）它可

[37][38] 张岱年. 中国哲学大纲. 北京：中国社会科学出版社，1982：173.

以通过“坐忘”、“心斋”的内心直观达到。显然，庄子的“天”也是没有道德含义的，庄子的“天”也没有宰制人的含意。

在中国思想发展历史上，一方面，老子和庄子的天人合一思想没有得到有力的接力站的补充，在此后衰减下去。另一方面，起于孟子的儒家天人合一思想在强力的接力站补充下，进一步得到强化。

在汉代，董仲舒提出了天人相类似的天人合一，即“天人感应”的思想。他认为：“事各顺于名，名各顺于天。天人之际，合而为一。”（《春秋繁露·深察名号》卷十）按照董仲舒的理解，“天”是“百神之大君”，“天”有意识地创造大地，“天者，群物之祖也”。（《汉书·董仲舒传》）他认为，“王道之三纲，可求之于天”。（《基义》）“道之大原出于天，天不变，道亦不变”。（《汉书·董仲舒传》）“天”不仅具有道德意义，而且“天”可以宰制人，天意可以用灾变“谴告”人。

在宋代，张载明确地提出“天人合一”的命题。在《正蒙·乾称》中，张载认为：“儒者则因明至诚，因诚至明，故天人合一，致学而可以成圣，得天而未始遗人!”（《正蒙·乾称》）张载注重破除我与非我的界限，以达到“其视天下，无一物非我”（《正蒙·大心》）和民胞物与的天人合一的境界。在《西铭》开篇，张载说：“乾称父，坤称母；予兹貌焉，乃混然中处。夫天地之塞，吾其体；天地之帅，吾其性。民吾同胞，物吾与也。（《正蒙·乾称）第十七》”合乎天地之心的天人合一的境界，是一种道德境界，这在张载学说中占据着重要的位置。

从张载、二程到朱熹，天人合一成为理学家的重要思想观念。理和气两观念在理学中占据着非常重要的地位。张载确立了“气”的首要位置，但是对于“理”则没有加以详细论述。程明道和程伊川兄弟确立了“理”的首要地位。他们认为，“理”是宇宙万物之根本，“理”又称为“天理”。程明道认为“天者理也，神者妙万物而为言者也。帝者以主宰事而名”。（《河南程氏遗书》卷十一，《二程集》，第一册，第 132 页）程伊川也认为天人相通，主张“性即理也”。在《语录》中他们详细说明了天人合一的观念，“天人本无二，不必言合。若不一本，则安得先天而天弗违，后天而奉天时。”（《二程遗书》卷六，《二程集》第一册，第 81 页）“天地人只是一道，岂有通天地而不通人者哉？……天地人只一道也，才通其一，则余皆通。”（《河南程氏遗书》卷十八，第 183 页）程明道认为，人本与天地万物为一体，天地人、万物为同一理，通其一余者皆通。由于个体的私欲而与世界隔离。修养就是要破除人我的界限，回复到万物一体、天人合一的境界。这就是存天理去人欲的主张。

朱熹发展了程伊川的思想，成为宋明理学中集大成者。他认为，人性中的道德意识皆来自天理，“圣人与理为一，是恰好。其他以心处这理，却是未熟，要将此心处理。”（《朱子语类》卷八学二，第 145 页）“理”是万物的根本。“天以阴阳五行化生万物，气以成形，而理亦赋焉，犹命令也。”（《朱子语类·中庸一章句》卷第六十二，第 1489 页）领会天理是天人相通的关键。“如何说晓得一理了，万事都在里面？天下万事万物都要你逐一理会过，方得。所谓‘中散为万事’，便是中庸，近世如象山之论，便是如此，以为‘反身而诚’，则天下万物之理皆备于我。”（《朱子语类·中庸一章句》卷第六十二，第 1489 页）

宋明理学中心学一派最盛于明代，以王阳明为集大成者。王阳明认为“夫圣人之心，以天地万物为一体，其视天下之人，无外内远近：凡有血气，皆其昆弟赤子之亲，莫不欲安全而教养之，以遂万物一体之念。”（《王阳明全集·传习录中》，第 135 页）去除一切私欲杂念，恢复万物为一体之本原，才能“仁者与天地万物为一体”。“是故见孺子之入井，而必有怵惕恻隐之心焉，是其仁之与孺子而为一体也。孺子犹同类者也，见鸟兽之哀鸣觳觫，而必有不忍之心焉，是其仁之与鸟兽而为一体也。鸟兽犹有知觉者，见草木之摧折而必有悯恤之心焉，是其仁之与草木而为一体也。草木犹有生意者也，见瓦石之毁坏而必有顾惜之心焉，是其仁之与瓦石而为一体也。是其一体之仁也，虽小人之心亦必有之。”（《王阳明全集·大学问》，第 968 页）

在历史的长河中，“天人合一”逐步演变为中国传统哲学的重要主导思想。《汉书·司马迁传》说：“亦欲以究天人之际，通古今之变，成一家之言。”邵雍也说：“学不际天人，不足以为之学。”（《观物外篇》）

第三节　对“天人合一”的深层哲学分析

在“天人合一”观念得到高度重视的同时，也有学者表述出不同意见。张世英先生认为：“大体说来，中国传统哲学是天人合一的哲学，西方传统哲学是主客二分的哲学。”[39]但他不赞成过高地评价中国古代的“天人合一”说。按照张先生的看法，天人合一是人类前主体性思维的表现，是理性思维尚未形成的表现。《周易·序卦》说：“有天地。然后有万物。有万物。然后有男女。有男女。然后有夫妇。有夫妇然后有父子。有父子。然后有君臣。有君臣。然后有上下。有上下。然后礼义有所错。”他认为：“一味赞扬中国的‘天人合一’说，是不符合人类思想发展之大势的。要发展中国哲学，一是要认真反对中国哲学传统中根深蒂固的封建伦理道德意识；二是要发展‘主客二分’的思想和科学精神；三是要注

[39] 张世英. 天人之际——中西哲学的困惑与选择. 人民出版社，1995：2，3，13.

意发扬人的个性，防止以共性压倒个性。”

按照张先生的理解，人类思想的发展是从原始的“天人合一”即前主体性的主客不分，进到主客二分思想和主体性原则，然后再超越主客二分，达到后主体性的“天人合一”即高一级的主客不分、物我交融的自由境界的过程，而中国传统哲学还基本上处在未经主客二分思想洗礼的原始的“天人合一”阶段。“‘中国的天人合一’的传统思想给中国人带来了人与物、人与自然交融和谐的高远境界，但也由于缺乏主客二分思想和主体性原则而产生了科学和物质文明不发达之势，尤其是儒家传统把封建天理的整体性和不变性同天人合一说结合在一起，压制了人欲和个性。”

中国哲学大师张岱年先生不赞成把中国古代的“天人合一”说成是人与自然未分时的前主体性思维的观点。在他看来，远古传说时代的“绝地天通”已包含有区别人与自然的意义，春秋时代的子产就已经明确地区分开了“天道”和“人道”，宋明理学家更是以认识到人“与天地万物为一体”为人的自觉。“应该承认，所谓天人合一是在肯定天人区别的基础上再肯定天人的统一，这是一种辩证思维，是更高一级的思维方式。”他认为中国传统哲学中的“天人合一”思想包含着复杂的内容，其中既有正确的观点，也有错误的观点。如宋儒的“天人合一”说就包含着“人是自然界的一部分”、“自然界有普遍规律，人也服从这普遍规律”[40]等合理思想，但把道德原则与自然规律混淆起来、把道德原则绝对化是错误的。张先生看重“财成天地之道，辅相天地之宜”。《周易·泰》：“天地交。泰。后以财成天地之道。辅相天地之宜。以左右民。”这是一种天人协调说，它既要改造自然，使其符合人类的愿望，又要遵循自然规律，不破坏生态平衡的比较全面的观点。

如何解释上述分歧，正确理解天人合一呢？先从天与自然的关系谈起。

一、天＝自然？

将“天与人”和“自然与人”二者联系起来，一个无法回避的问题是，天与自然是对应的关系吗？“天”包括“自然界”的含意吗？

（一）天：包含自然界的含意

季羡林先生认为：“什么是‘天’？中国哲学史上解释很多。我个人认为，

---

[40] 张岱年全集. 河北人民出版社，1996 第 7 卷：92，97. 第 5 卷：625.

‘天’就是大自然，而‘人’就是人类。天人合一就是人与大自然的合一。”[41]

从“天”一字的历史演变来看，自然界是“天”的基本涵义之一。《说文解字义证》：“天，颠也，至高无上从一大。”[42]在汉语中，“天”是会意字。在其甲骨文字形中，下面是个正面的人形（大），上面指出是人头，小篆变成一横（一）。所以，其本义是指人的头顶。正是如此，王国维先生在《观堂集林·释天》说：“古文天字本象人形……本谓人颠顶，故象人形……所以独墳其首者，正特着其所象之处也。”[43]在“天”的实际运用中，也有头顶的意思。比如，古代有一种刑罚，是在额头上刺字。《集韵》中说：“天，刑名。剠凿其额曰天。”“天”的含意是指在额头上刺字的墨刑，这与“天”的最初含意是吻合的。

从“天”的头顶之意开始，逐步演化出“苍苍之天”的基本内涵。《尔雅·释天》：“穹，苍苍。天也”。“苍苍”，是对天的一般称呼。比如，《诗·王·黍离》：“知我者。谓我心忧。不知我者。谓我何求。悠悠苍天。此何人哉。”《庄子·逍遥游》：“天之苍苍，其正色邪？”从“苍苍之天”之意中，派生出天空、天体、天象等与“物质之天”相关的词汇。“天”有时是指天空。《诗·唐·绸缪》：“绸缪束薪。三星在天。”唐代韩愈《原道》：“坐井而观天，曰天小者，非天小也。”《孟子·梁惠王上》：“王知夫苗乎，七八月之间旱则苗槁矣。天油然作云。沛然下雨，则苗浡然兴之矣。”有的时候，“天”也指天体、天象。《史记·太史公自序》：“昔在颛顼，命南正重以司天，北正黎以司地。”[44]

从“苍苍之天”中，可以引申出自然界也被看做是“天”的重要含意。《汉语大词典》中天的第十种意思就是指“古人将日月星辰运行、四时寒暑交替、万物受其覆育的自然之体称谓‘天’”。[45]《庄子·大宗师》：“知天之所为者，知人之所为者，至矣。”成玄英疏：“天者，自然之谓……天之所为者，谓三景晦明，四时生杀，风云舒卷，雷雨寒温也。”“天之所为者”，是自然变化的过程，是气候的转变，四季的转换，风雨雷电等自然现象。汉代王充在《论衡》一书中专门有一节是论述自然，把《自然》作为标题。其中：“天者，普施气万物之中。”“天地合气，万物自生，犹夫妇合气，子自生矣。”唐代刘禹锡有一篇著名的文章——《天论》，“天之所能者，生万物也。”天，是孕育万物的自然之体。清代戴震《原象》：“日之发敛，以赤道为中。月之出入，以黄道为中。此天所以有寒暑进退，成生物之功也。”

---

[41] 季羡林. “天人合一”方能拯救人类. 东方 1993 年创刊号：6.

[42] 桂馥（清）. 说文解字义证. 上海古籍出版社，1987：2.

[43] 王国维. 观堂集林. 中华书局，1959：282.

[44] 史记. 卷 130：3285.

[45] 罗竹风. 汉语大词典. 1 版. 卷十. 汉语大词典出版社，1992：1403.

19世纪末期，严复将赫胥黎进化论翻译为中文，将其著作名称翻译为《天演论》。天是指自然界，演是指演化，天演是指自然界的演化规律。该书的主要内容是指自然界，不单包括生物界，而且包括非生物界的优胜劣汰、适者生存的进化规律。严复认为，物竞天择，适者生存，不仅适用于动植物界，也适用于无机界和人类社会。这是斯宾塞的观点。所以，严复翻译赫胥黎的书时，在按语中常常以斯宾塞认为进化适用于生物界的观点加以补正。这里的天是指自然界。

诚然，自然界是“天”的重要内涵。不过，将“天”的内涵限定在自然界，未免有些片面。《诗·王·黍离》：“悠悠苍天，此何人哉”。在《毛传》中这句诗解释为：“悠悠，远意。苍天，以体言之。尊而君之，则称皇天；元气广大，则称昊天；仁闵覆下，则称旻天；自上降鉴，则称上天。据远视之则苍苍然，则称苍天。”其中“皇天”、“旻天”、“上天”不单单是“苍天”之意，还反映出古代人在对“天”的崇拜和信仰的基础上，为“天”加上了主宰的含意。

（二）天≠自然界

“天”在中国文化中处于核心的地位，这一点不仅使得“天”的解释显得非常重要，而且也促使众多学术大家加入到对“天”的解释中。本文采纳了宋代理学家朱熹对“天”的理解。按照朱熹的理解，“天”的真正理解应当是：“僩又僩问经传中‘天’字。曰：‘要人自看得分晓，也有说苍苍者，也有说主宰者，也有单训理时。’”（《朱子语类》卷一，第5页）苍苍者、主宰者、单训理时，便是“天”的三层含义。

显然，朱熹没有把苍苍之天等同于“天”的全部内涵。虽然，“苍苍之天”的价值毋庸置疑，“但如今人说，天非苍苍之谓。据某看来，亦舍不得这个苍苍底。”（《朱子语类》卷五，第82页）“苍苍之谓天。运转周流不已，便是那个。而今说天有人在那里批判罪恶，固不可。”（《朱子语类》卷一，第5页）但是，“天”的内涵没有限定在“苍苍之天”，“说道全无主之者，又不可。这里要人见得。”除开“苍苍之天”之外，还有“主宰之天”和“单训理时之天”。

把“天”看做是至高无上的，主宰万物的，是“天”的一个本来的含意。《说文解字义证》：“天，颠也，至高无上从一大。”上天便有万物主宰者之意。程颐言：“以形体言之谓之天，以主宰言之谓之帝。”（《河南程氏遗书》卷二十二上，第288页）“天”不单体现在日月星辰的运行、一年四季的交替、孕育万事万物，还体现在主宰万物的运行。这是中国文化中的一个重要观念，“天”不仅仅指的是自然的运行变化，更是包含着支配和主宰万事万物的力量，“此天之亡我，非战之罪也。”（《史记·项羽本纪》）

“天”是万物主宰者，便拥有了不可抗拒的支配力，这是不以人的意志为转移、不可违抗的。《书·泰誓上》：“天佑下民，作之君，作之师。”《书·商书》：“有夏多罪，天命殛之。”《论语·八佾》：“获罪与天，无可祷也。”《孔疏》：“无所告语，乃诉之于天：悠悠而远者，彼苍苍之上天，此亡国之君是何等人哉！”“天”是万物的主宰，它的意志是不可违抗的。人间的君主，必须遵循“天命”行事。《周书·泰誓中》：“天视自我民视，天听自我民听。”

“天”不仅是指自然界及其运行变化，世间万事万物的主宰，还是一个依照“理”来运行的世界。这是朱熹理学的一个独特之处。“若性之理则无不善，曰天者，自然之理也。”（《河南程氏遗书》卷二十四，第313页）“天”是按照“理”来生长变化的。天在化生万物的过程中，理随之赋予万物之中，万物生长，人类的发展，都必定顺应“理”。《中庸章句》在注释“天命之谓性”曰：“命，犹令也。性，即理也。天以阴阳五行化生万物，气以成形，而理亦赋焉，犹命令也。于是人物之生，因各得其所赋之理，以为健顺五常之德，所谓性也。”（《朱子语类·中庸章句》卷第六十二，第1489页）

孟子所说的天是义理之天，《孟子·离娄上》说：“是故诚者，天之道也，思诚者，人之道也。”《孟子·尽心上》“尽其心者，知其性也，知其性则知天矣。存其心养其性，所以事天也。”认为人心都是“恻隐”、“羞恶”、“辞让”、“是非”诸善“端”（四端），人若能自觉扩充这些善端，便说明对人之所以为人有了人事，这就叫“尽其心者，知其性也”。而人心是“天之所与我者”，因而说尽心、知性“则知天矣”。他把天视为一切美德之本，认为天将这些美德赋予人，人若保持并扩充这些美德，勿使散失，就可以成为贤人。

他们所说的“理”，主要指道德准则；他们的天，就是道德之天或义理之天。他们把天道德化，实际上是把某种道德天化了。

不论是主宰之天还是“单训理时之天”，它们与理学思想中注重伦理道德思想有着直接的关联。“如何说晓得一理了，万事都在里面？天下万事万物都要你逐一理会过，方得。所谓‘中散为万事’，便是中庸，近世如象山之论，便是如此，以为‘反身而诚’，则天下万物之理皆备于我。”（《朱子语类·中庸一章句》卷第六十二，第1489页） “人”之礼与“天”之“理”联系在一起，成为伦理道德思想的一个重要解释根源。

将对“天”的理解与对伦理道德的解释联系起来，朱熹并不是个别的、偶然的，而是与中国儒家思想的发展有着直接的关系。在中国儒家文化中，对伦理道德的关注是一个显著的特征。冯友兰认为，孔子的学说是围绕着“仁”展开的。孔丘认为，对于人的评价的标准，应该是人的道德品质的高低，并不是他的政治地位的贵贱。孔丘认为，'仁'是最高的道德品质，具有这个道德品质的人称为'仁人'。孔丘论仁的话很多，大概可以分为四类。一是'仁'的基础，即'为仁'的仁，所必须有的素质，二是'为仁'的方法，三是'仁'的内容，四是'为仁'的成就。[46]

从孔子开始，儒家学说中的重心便是仁，便是人。对"天"的关注在很大程度上不是单纯关注"自然"，而是为解释"人类"，尤其是伦理道德服务的。孔子说："知我者，其天乎"。

由上述分析可见：① 自然界的含意确实是"天"的一部分含意。② 自然界只是"天"的一部分含意，除此之外，还有主宰之天、义理之天的内涵。③ 更重要的是，在中国占据主导地位的儒家学说中，"自然界"没有放在第一位的地位，而是伦理道德放到了优先位置。在很多时候，"天"是与伦理道德联系在一起，这是"天"无法与自然界含意等同起来的重要原因。

二、天命包含"自然法则"的含义吗？

半个世纪以前，历史学家齐尔塞尔在展开对"自然法则"的研究中说，"非常奇怪的是，自然法（natural law）的概念如此重要，却还没有得到彻底的研究。这只是整个观念史领域相当难以令人满意的研究状态的一个症状。"[47]自然法有两种含意，一种是指法学意义上的自然法，它用来表述那些纵使没有成文条例也自然会为一切人所遵守的法律；另外一种是指人们观察到某些结果或者性质发生循环联系，并假定这些过去观察到的规律性在未来还将发生，尤其在他成功地找到数学公式来表述这些现象的时候，他将这些称为"自然法则"。本章是指自然科学意义上使用的法则，专门使用了"自然法则"的词汇，以利于与前者区分。

人间法律意义上的自然法概念得到了大量的重视，并且已经有相当的研究清晰地展现出这一概念的历史发展。与此形成对照的是，物理法则概念的历史研究还相当贫乏。在半个世纪前，这一领域大多数有价值的起步工作都是由辞典编撰者完成的。在齐尔塞尔这篇文章最后的结论部分，他提出了一个问题：由上帝赋予自然的法则观念不是在所有宗教中都出现，比如在古代埃及就没有出现，其他地方（比如波斯和印度）的宗教与自然法则的关系尚需要进一步的研究。[48] 如果推而广之，具体到中国的情况，问题将转变为：中国文化中是否发展出西方意

---

[46] 冯友兰. 中国哲学史新编：第一册. 人民出版社，1982：131.

[47] Zilsel, Edgar. The genesis of the Concept of Physical Law. *The Philosophical Review*，1942，51（3）：245.

[48] Zilsel，Edgar. The genesis of the Concept of Physical Law. *The Philosophical Review*，1942，51（3）：p276.

义上的“自然法则”的观念？

半个世纪以来，有关“自然法则”的研究在逐步得到扩展。Erskine Holland、Hall、Ray Bashkar、Ruby 在齐尔塞尔的基础上进一步探讨了科学法则的起源。（参见 Ruby1986 年的评论[49]）相对于“自然法则”的研究而言，涉及中国文化与“自然法则”的主题研究屈指可数。李约瑟先生在《中国科学技术史》第二卷曾涉及这一主题，许倬云先生在针对李约瑟先生一书的评论、卢翼翔的研究涉及这一主题，总体上看，这一问题依旧没有得到足够的重视。

诚如齐尔塞尔所言，“如果没有包含法则暗喻的形而上学的成分，将很难得到科学和哲学上的推动力”。（同上）非常奇怪的是，自然法则的概念如此重要，它与中国文化的关联还没有得到彻底的研究，这是当前一个难以令人满意的现状。

依照《汉语大词典》的解释，天命、天道、天则三个词都包含有自然法则、自然规律的含意。首先，天命除开有“上天之意旨；由天主宰的命运”，还包括“指自然的规律、法则”。大词典所举出的例子是《荀子・天论》：“从天而颂之，孰与制天命而用之。”清王夫之《张子正蒙注・诚明》：“是以天之命，物之性，本非志意所与；而能尽岂性，则物性尽，天命至，有不知其所以然者而无不通。”[50]《中国大百科全书・哲学卷》是这样阐释天命的：“中国古代哲学的重要范畴。关于天命，有两种不同的学说：一种把‘天’当做有意志的‘至上神’，‘天命’则是天的命令；一种把‘天’视为无意志的自然，‘天命’便是自然的必然或自然的规律。”[51]

其次，在《汉语大词典》的解释中，天道也包含自然规律的意思。“道”的第十五种含意是“事理；规律”。[52]比如，《易・说卦》：“是以立天之道曰阴与阳，立地之道曰柔与刚，立人之道曰仁与义。”《邓析子・无厚》：“夫舟浮于水，车转于陆，此自然道也。”北魏贾思勰《齐民要术・种榖》：“顺天时，量地利，则用力少而成功多。任情返道，劳而无获。”《汉语大词典》中“天道”的第二层含意也是指“自然界变化规律”。其中举出的例子是，《庄子・庚桑楚》：“夫春气发而百草生，正得秋而万宝成。夫春与秋，岂无得而然哉？天道已行矣。”郭象注：“皆得自然之道，故不为也”。[53]

同样，在《中国大百科全书・哲学卷》中也有“天道与人道”的辞条，天道

---

[49] Ruby，Jane E. The Origins of Scientific ‘Law’. Journal of the History of Ideas，1986，47（3）：341-359.

[50] 罗竹风. 汉语大词典. 2 卷. 汉语大词典出版社，1988：1420.

[51] 中国大百科全书·哲学卷. 中国大百科全书出版社，1992：874.

[52] 罗竹风. 汉语大词典. 10 卷. 汉语大词典出版社，1992：1063.

[53] 罗竹风. 汉语大词典. 2 卷. 汉语大词典出版社，1988：1439.

也包含自然规律的内涵。“天道与人道”是指“中国古代哲学的一对范畴。天道的字面意思一般指天的运动变化规律；哲学家们对天的含义有不同规定，对天道的理解也不相同。人道一般指人类行为的客观规律或人应遵守的社会规范。中国古代哲学家大都认为，人道与天道一致，而以天道为本。”天道中包含自然规律的理解也是归于荀子。《中国大百科全书·哲学卷》认为：荀子在中国哲学史上第一次比较正确地解答了天道、人道的关系，他提出“明于天人之分”、“制天命而用之”。他认为大自然没有意志，没有目的，也不以人们的意志为转移，它只按照自己的规律独立运行，他说“天行有常，不为尧存，不为桀亡”；人为万物之一，人的形体和精神都是自然界的直接产物，因此人有自己的生长变化规律，不能违反自然规律。荀子又认为，人在自然面前不是无能为力的，人能组织成社会，借此充分利用自然赋予的能力，发挥能动作用，认识并改造自然，趋吉避凶，使万物为自己服务。“天有其时，地有其财，人有其治。”[54]

天道中包含自然法则的部分是指“大自然没有意志，没有目的，也不以人们的意志为转移，它只按照自己的规律独立运行”。

最后，《中国大百科全书·哲学卷》中没有出现天则的辞条。《汉语大词典》中，天则的第一个含意是“犹天道”，指的是“自然的法则”。这一辞条列举了多条材料。[55]比如《易干》：“干元用九，乃见天则。”唐杨炯《混天赋》：“俯察人事，仰观天则。”清黄宗羲《郑兰皋八十寿序》：“时有常变，势有顺逆，德有刚柔，类有邪正。然此中各有自然之天则。”刘师培《无政府主义之平等观》：“近世哲学家以此法为天则。谓天下事物，均依自然定规之活动力，即变形变化之际，亦各有一定不易之定规。”（第10卷，1063页）

天命、天则、天道，三个词果真包含着自然法则、自然规律之意吗？换言之，“天”既然包括“自然界”的内涵，也包含着天不以人的意志为转移的含意，这是否意味着在中国文化中存在着对不以人意志为转移的“自然法则”的认识呢？想要做出恰当的回答，可以将它分解为两个问题，一是对法则的理解，二是对“自然法则”的理解。

三、东西方语境下的“法则”

在英文中，law 既可以翻译为自然科学意义上的定律和法则，也可以翻译为人间的法律和法则。这是一个重要的提示，对“法则”的理解不单对于理解“自

[54] 中国大百科全书·哲学卷. 中国大百科全书出版社，1992：871.

[55] 罗竹风. 汉语大词典. 2卷. 汉语大词典出版社，1988：1424.

然法则”来说特别重要，而且对于理解“人间法则”同样重要。进而，理清自然法则意义上的“law”与人间法律意义上的“law”的关联，对于理解“自然法则”是必要的。

首先，在中国文化中，法则（法律）的意义是相对的，它不是普遍的；与此对照的是，在西方文化中，法律则被看做是万民都遵守的法则。《礼记》说：“礼不下庶人，刑不上大夫。”[56]庶人和大夫的规则是不同的，礼是专属于士大夫阶层的，是统治集团的“法规”；法（例如有关徭役的责任）是普通老百姓所要遵守的法令。在封建时代，如果大夫可以免除刑罚，它不是所有人（包括庶人和大夫）共同遵守的，这意味着，法律的适用范围不是普遍的，法律的效力也不是对所有人发挥效力。法律的权威与威信，在中国没有发展出至上的地位。法律始终与道德伦理的习俗结合在一起。在法律与习俗的优先选择中，“礼”占据着更为重要的地位，法律的制定则减少到最低的程度。

在西方，法律或者法则是普遍的，在法律和法则的背后是具有普遍意义的秩序。怀特海指出，“罗马法典的制定树立了法治的观念。欧洲往后几个世纪的社会观念都受这个观念的支配。法律是政府的工具，同时也是约束政府的条件。教会法典和国家的世俗法律对欧洲的发展起了很大影响，这都是查士丁尼时代的法律家的丰功伟绩。他们在西方人的心目中树立了一个观念，即政府应当行法也应当守法。”[57]

法律不单是约束公民的法律，也是约束政府的法律。在这层意义上，法律拥有的普遍性表露无遗。赫拉克利特认为：“如果想要理智地说话，就应当用这个人人共有的东西武装起来，就像一座城市用法律武装起来一样，而且还要武装得更强固些。然而人类的一切法律都因那唯一的神的法律而存在。神的法律从心所欲地支配着，满足一切，也超过一切。”[58]亚里士多德更是明确地指出：“然以行为多端，而公平之规律或法律惟一而普遍，故公平之规律或法律对于个人之行为，其关系亦同普遍之于特殊。”[59]

其次，在中国文化中，德政被看做是理想的统治形式，法则（法律）不在其列；在西方，法则（法律）被看做是最理想的统治形式。在《春秋左传·昭公二

---

56 有关这段话，学界存在不同的理解。陈一石认为周代法律制度中不存在“礼不下庶人，刑不上大夫”，参见《“礼不下庶人，刑不上大夫”辨》，《法学研究》1981年第1期。郭店楚简出土后，其《尊德义》：“刑不逮于君子，礼不逮于小人。”廖名春先生对这段话提出质疑，参见廖名春《新出楚简试论》，台北古籍出版有限公司2001年版，第31页；刘信芳梳理了这句话的历史源流和演变，参见《“礼不下庶人，刑不上大夫”辨疑》，《中国史研究》，2004年第1期，第23-28页。

57 怀特海. 科学与近代世界. 何钦，译. 商务印书馆，1989：15.

58 赫拉克利特残篇//古希腊罗马哲学. 商务印书馆，1961：29.

59 亚里士多德. 伦理学//西方法律思想史资料选编. 北京大学出版社，1983：36.

十年》中关于“为政宽猛”的论述更表明德政在社会中的优先地位。“郑子产有疾，谓子太叔曰。我死子必为政。唯有德者能以宽服民，其次莫如猛，夫火烈，民望而生畏之，故鲜死焉，水懦弱，民甲而玩之，则多死焉，故宽难。”子产认为，上策是有德行的人用宽和的方法来使民众服从，次一等的才用严厉的方法：前者很难，它如水一样柔弱，老百姓容易轻视它，便有很多人死在水里；后者如火一样猛烈，老百姓一看见就害怕，所以很少有人死在火里。

《荀子·王制》：“故有良法而乱者，有之矣；有君子而乱者，自古及今，未尝闻也。传曰：‘治生乎君子，乱生乎小人’。此之谓也。”有良法而乱者，有之矣；有君子而乱者，自古及今，未尝闻也。有法而治和有德而治的区别在此非常明显，后者是彻底打消了乱政存在的可能性。《论语·为政》的一段话更是表现出德政优先于刑罚的重要意义。“道之以政。齐之以刑。民免而无耻。道之以德。齐之以礼。有耻且格。”如果用政令来引导，用刑罚来规范，老百姓可以避免犯罪，但没有自觉的羞耻心；如果用道德来引导，用礼义来规范，老百姓就会有自觉的羞耻心，又容易顺从统治。换言之，孔子把道德放在更为重要的地位：用政和刑不能培养人们的道德；靠“道之以德，齐之以礼”才是正途。

在西方文化中，法律被看做是理想社会的统治方式。在青年苏格拉底与异邦人对话的最后，异邦人说：“去寻找那些实际上可能存在的政府的形式，就可以按照有法律和没有法律的原则把它们一分为二了。”“一人专政的政府，如果是根据好的成文法律来统治，就是六种政府中最好的；可是，如果他不根据法律，那就是最无情的，对他的国民的压迫也是最厉害的。”[60]不论是一人专制的君主制和暴君制政府，还是少数人统治的贵族政府和寡头政府，或者是多数人统治的民主（或平民）政府，按照法律统治还是不按法律统治是区分“正确政府”的原则。

再次，在中国文化中，没有产生像西方文化那样对各种法律的终极目标和共同根源的强烈关注。《论语·颜渊》有一段话：“听讼吾犹人也。必也使无讼乎。”在孔子看来，最好的方式还是德政，最美好的目标是没有刑法。下面这段话表现出孔子对过度相信法律的厌恶。《论语·颜渊》：“片言可以折讼狱者。其由也兴。子路无宿诺。”大家都相信法律，大家都去诡辩，巧言令色可以脱离牢狱之灾，那么，兴旺的只可能是巧言令色。孔子认为，刑罚只是德政的辅助手段，“德主刑辅”。《孔子家语·刑政》：“化之弗变，导之弗从，伤义以败俗，于是乎用刑矣。”只有伤义败俗，而且并不听从别人的教诲的情况下，才能用刑。由此可见，在孔子看来，德政还是第一位的，刑法是第二位的。

在西方文化中，对法则的目标的诉求，对法则的根源的追寻，是法理学讨论

---

[60] 西方法律思想史资料选编. 北京大学出版社，1983：19.

中的重要主题。在对法理的寻求中，正义、自由、平等观念得到发展。亚里士多德明确地认为，正义并不应当与习俗和惯例一致，否则，将漠视和违犯法律。“然而，如果正义与成文法和民族惯例互相一致，并且根据同一民族成员的要求，每件事物都以功利作为检验的标准，于是认为正义会对他的意志有利的任何一个人，而且他是有力量的话，就会漠视和违犯法律。”[61]西塞罗认为，应当根据行为的内在性质来判定事物，“因为正像真理和谬误，符合逻辑和不合逻辑，是根据他们本身来判断的，而不是根据任何其他的东西一样，所以我们在日常生活行为中坚定的和不断的运用理性来分辨哪种事情是美德、哪种事情是恶习，当然有时也是反复无常的，但都是根据他们自身的性质来进行判断的。”[62]

从对法理根源的正义、自由、平等观念的探讨中，发展出将正义看做是自然所具有的特性。亚里士多德认为：“最愚蠢的看法乃是竟然相信凡是按照民族的风俗和法律所做的事情都是正当的。难道连僭主颁布的法律也是正确的吗？”“如果正义不是存在于自然之中，而且那种建立在功利基础上的形式能被极端的功利本身所推翻的话，随之正义就根本不存在了。如果不把自然看做是正义的基础，那将意味着人类社会所依赖的美德的毁灭。”[63]

从上面可以看到，中国文化中没有发展出西方意义上的对法则（法律）的理解。在中国文化中，法则（法律）的意义是相对的，而不是万民都遵守的普遍法则。并且，德主刑辅的思想支配着儒家文化，法则（法律）没有看做是理想的统治形式之列。不仅如此，中国文化中没有产生像西方文化那样对各种法律的终极目标和共同根源的强烈关注。

儒家文化没有发展出西方意义上的法则（法律）的理解，法家亦然。法家重视“法”的作用，以“法”作为其特征的标志，它只是将其作为统治方式，作为优先于德政的统治方式。从本质上讲，它的法律不是普遍的：所有的法律都是为帝王服务的，帝王是脱离于法律之外的。从法理的意义上讲，它也没有发展出正义、自由、平等观念，也不可能将这些特性看做是自然所具有的特性。

四、东方语境中的天命与西方语境中的自然法则

中国文化中是否存在西方意义上的自然法则。不论是“天命”还是“天道”的内涵，与自然法则有关的界定中都涉及荀子的“天命”和“天道”。在中国哲

[61] 亚里士多德. 伦理学//西方法律思想史资料选编. 北京大学出版社，1983：71.
[62] 西塞罗. 法律篇//西方法律思想史资料选编. 北京大学出版社，1983：71.
[63] 西塞罗. 法律篇//西方法律思想史资料选编. 北京大学出版社，1983：71-72.

学的历史上，荀子是系统表述天人相分观点的哲学家。在此之前，郑国子产认为："天道远，人道迩，非所及也。"（《春秋左传·昭公十八年》）天道与人道是相互没有关联的。此后，荀子改造了孔子的天命观，提出"制天命而用之"，这不仅是被看做是天人相分思想的重要标志，也是把天命看做是"自然规律"（自然法则）的重要特征。

"天命"与"自然规律"的关联，与持有"天人相分"思想的荀子联系起来，不是偶然的。在中国哲学上，"天人合一"思想有两种不同的解释，一种认为人与天相似，另一种则认为人与天相通。董仲舒的天人合一与天人同类联系在一起。"天亦有喜怒之气，哀乐之心，与人相副。以类合之，天人一也。"（《春秋繁露·阴阳义》）同类的事物可以互相感应，比如牛鸣牛应、马鸣马应。天人也是同类的，天是一个有喜怒哀乐的天，人也是有着喜怒哀乐的人，天人之间可以感应，天能够给人吉凶祸福。如果天人同类，并且能够天人感应，那么即便"天"主宰人间事务，它也不是一个完全不以人意志为转移的天。这与自然规律或者自然法则所强调的"不以人的意志为转移"的特征是不符合的。另一方面，发端于孟子的天人相通的思想实为道德伦理辩护。"天理只是仁义礼智之总名"。（《朱子语类》卷十三）这便是天人相通的要点，人性中的道德意识皆来自天理。关注的重点放到了伦理道德，"自然法则"不再成为考虑的核心，而是为论证伦理道德服务。

将"天人相分"中的"天命"与"自然法则"联系起来，这是一件自然的事情。按照《中国大百科全书·哲学卷》对天命的阐释[64]，"天行有常，不为尧存，不为桀亡"，则是把天看做是无意志的自然；"节遇谓之命"，有时将"节然"、"适然"为作命，则是指这里的命没有任何天意的成分；"从天而颂之，孰与制天命而用之？望时而待之，孰与应时而使之？"则是指把天命看做自然规律，主张人们掌握它，利用它。由此，荀子"明于天人之分"、"制天命而用之"，荀子把大自然看做是"没有意志，没有目的，也不以人们的意志为转移，它只按照自己的规律独立运行"看做是天命具有"自然规律"的依据，把"孰与制天命而用之"看做是利用自然规律。

冯契先生也认为："荀子把'天命'了解为自然规律，提出了著名的'制天命而用之'的论点，即'人定胜天'的思想。他正确地阐明了天和人、自然和人为的相互作用。一方面，只有遵循自然规律，才能事在人为；另一方面，只有通过人的作为，才能了解万物的真实情况。"[65]

需要指出的是，在荀子对天的理解中，到底"天"是指自然界还是自然法则，

[64] 中国大百科全书·哲学卷. 中国大百科全书出版社，1992：875.
[65] 冯契. 中国古代哲学的逻辑发展上册. 上海人民出版社，1983：270.

在很多时候都是模糊的，这使得用“自然法则”来理解这些文本经常遇到麻烦和问题。先来看看《荀子·天论》的这段话：“列星随旋，日月递照，四时代御，阴阳大化，风雨博施，万物各得其和以生，各得其养以成，不见其事而见其功，夫是之谓神。皆知其所以成，莫知其无形，夫是之谓天。”星辰的旋转变化，日月的交替出现，四时的季节更替，阴阳的相互作用以及万物在这一过程中得以出生、成长。这些自然现象的发展呈现出周期性的特征，“天”到底是自然规律还是指的是自然呢？一方面星辰、日月、一年四季都是自然界发生的现象，另一方面，它们的周期性运行又是自然运行的规律。它既可以指前者，又可以指后者。不以人的意志为转移的自然运行的法则、大自然都可以指称它。

二者的模糊性，使得在理解“孰与制天命而用之”的时候发生了困难，产生了重大的分歧。天命如果指的是前者，那么“制”则应当理解为“法制”、“法”，意为“按照天命而利用自然”；如果指的是后者，那么“制”应当理解为“利用”。如果前者是正确的话，意味着“制天命”并不一定导引出人类改造自然的意思，而有可能是利用自然规律的意思。这样的话，“人定顺天”与“人定制天”，一个是顺，一个是制，看起来似乎是矛盾的二者并非矛盾。前者的“天”是指的自然规律和法则，后者的天指的是大自然，由于天的理解不同，“人定顺天”与“人定制天”当然也就无所谓矛盾。

应当承认，荀子所说的“天命”并没有把“天”看做是主宰，也把天看作是不以人意志为转移的内容。“天行有常，不为尧存，不为桀亡。” 尧存、桀亡，这些人事的变化起伏与天是没有关联的，人道与天道没有直接联系，天不是人道的主宰因素。并且，天的变化是不以人的意志为转移，也不依据人的行为而有所变化（这不同于天人感应的说法）。“天不为人之恶寒也，辍冬；地不为人之恶辽远也，辍广；君子不为小人之匈匈也，掇行。”人之恶寒、人之恶辽远，都不能使得天发生变化，人事不能影响天的运行。但是，东西方语境中对“自然规律”（自然法则）的理解是不同的，荀子的“天命”不能等同于西方意义上的“自然法则”。

首先，在中国文化中，对自然法则和自然规律的寻求不具有根本的意义，它不是圣人的最终目标。纵使是提出天人之分的荀子，对“天命”的理解也是有限度的。“不为而成，不求而得，夫是之谓天职。如是者，虽深，其人不加虑焉；虽大，不加能焉；虽精，不加察焉；夫是之谓不与天争职。”在荀子看来，“天”充满深奥，不过，“不加虑”、“不加能”、“不加察”才是正路。荀子的“不为而成，不求而得”的思想与春秋时期对“天”的认识有着一致性。“天地有大美而不言，四时有明法而不议，万物有成理而不说。”（《庄子》第 22 篇）天具有不以人的意志为转移的特征，以它独特的方式运行，人没有必要认真探究天的运行，否则便是“与天争职”。

荀子还认为，即使“天命”存在，也没有必要一味“知天”。“列星随旋，日月递照，四时代御，阴阳大化，风雨博施，万物各得其和以生，各得其养以成，不见其事而见其功，夫是之谓神。皆知其所以成，莫知其无形，夫是之谓天。唯圣人为不求知天。”《荀子·天论》荀子“唯圣人为不求知天”的观念出于对“天”的认识并不占有最高的位置和意义。“明于天人之分，则可谓至人矣。”《荀子·天论》懂得天和人的区别，就可以叫做“圣人”了，但是，“列星”、“日月”、“四时”、“阴阳”、“风雨”、“万物”的认识都是对自然现象的认识，它们在圣人的心目中不应当具有最高的位置，应当是“不加虑”、“不加能”、“不加察”，“唯圣人为不求知天”。“所志于天者，已其见象之可以期者矣；所志于地者，已其见宜之可以息者矣；所志于四时者，已其见数之可以事者矣；所志于阴阳者，已其见知之可以治者矣。官人守天而自为守道也。”对“天”的认识是适可而止，有了一个基本的了解就可以了，“已其见象”、“已其见宜”、“已其见数”、“已其见知”就算作是“知天”，“官人守天而自为守道也”，对于大多数人来说，“守道”而行就可以了。

与此对照的是，从古代希腊以来，对自然的认识一直是哲学家关注的重点之一。以泰勒斯为首的米利都学派首先提出了一个哲学问题，即万物的始基是什么？所谓“始基”，按照亚里士多德的解释，即指“一个东西，如果一切存在物都是由它构成，最初都从其中产生，最后又都复归为它（实体常驻不变而只是变换它的性状），在他们看来，那就是存在物的原素和始基。因此他们便认为并没有什么东西产生和消灭，因为这种本体是常驻不变的。”[66]

这种对“自然”的探求贯穿于前苏格拉底哲学家。从泰勒斯、阿纳克西米尼到毕达哥拉斯、赫拉克利特，以及柏拉图都以各种途径思索这一问题，创造性地寻求这一问题的答案。在古代希腊人那里，对“自然”的认识已经取代神话时代的思想。比如，赫拉克利特向埃及人说：“如果有神灵，你们为什么向他们哭？你们要是向他们哭，就是不再把他们当作神灵了。”[67]赫拉克利特看见希腊人向神灵献祭，于是说道：“他们向听不见的神像祈祷，好像它们听得见似的；它们是不会回报，而且也不能提出任何要求的。”[68]正如策勒尔所说：“希腊哲学在公元前 6 世纪就大胆地并几乎是猛烈地踩出了由神话通向理性（逻各斯 Logos）的

---

[66] 亚里士多德. 形而上学. 第一卷第三章//古希腊罗马哲学. 商务印书馆，1961：4.
[67] 赫拉克利特残篇//古希腊罗马哲学. 商务印书馆，1961：30.
[68] 赫拉克利特残篇//古希腊罗马哲学. 商务印书馆，1961：31.

道路。由于深信人类心灵的力量，伟大的前苏格拉底的伊奥尼亚哲学家、柏拉图和亚里士多德在一种科学的基础上建立他们的体系，取代了那些神话时代的思想。”[69]

其次，在中国文化中，对自然法则和自然规律的探求主要是围绕着天人关系，不论荀子的天论还是柳宗元的天说、刘禹锡的天论，对天的解释都是缘起于把人间的祸福归于“天”的批判，认为天是不以人意志为转移的，人间的祸福也不是依据天的意志为转移。这也是“天道”的解释在《中国大百科全书》中放在“天道与人道”这一辞条的原因。与此对照的是，古代希腊文化中已经开始对自然的追求，对自然规律本身的寻求。

《荀子·天论》的开篇就是“天行有常，不为尧存，不为桀亡。应之以治则吉，应之以乱则凶。”人间的吉凶不是依照天命，而是人间的治乱来判定。人间治理得好，则吉；反之，则凶。类似的是，柳宗元《天说》的开篇便是针对韩愈，韩愈谓柳子曰：“若知天之说乎？吾为子言天之说。今夫人有疾痛、倦辱、饥寒者，因仰而呼天曰：‘残民者昌，佑民者殃！’又仰而呼天曰：‘何为使至此极戾也！’”（《柳宗元·天说》）柳宗元批判的对象是韩愈，批判的是把人的疾痛、倦辱、饥寒归于天，把“民昌”、“民殃”归于天的观点。刘禹锡《天论》的开头同样如此，世之言天者二道焉。拘于昭昭者则曰：“天与人实影响：祸必以罪降，福必以善来，穷厄而呼必可闻，隐痛而祈必可答，如有物的然以宰者。”（《刘禹锡·天论》）刘禹锡是进一步阐发柳宗元关于“天”的观点，也针对人事有天来影响，“如有物的然以宰者”的观点。

从这一出发点引申出来的对“天命”的理解，不可避免地是与人相联系，而且是以“人”作为最后的落脚点。最熟悉的有关“天命”的一段话是：“大天而思之，孰与物畜而制之！从天而颂之，孰与制天命而用之！望时而待之，孰与应时而使之！因物而多之，孰与骋能而化之！思物而物之，孰与理物而勿失之也！愿于物之所以生，孰与有物之所以成！故错人而思天，则失万物之情。”

如何理解“故错人而思天，则失万物之情”？要“制天命而用之”，就需要“思天”，既然是对天的探求，如何能够“失万物之情”？事实上，前一句话——“愿于物之所以生，孰与有物之所以成”已经将“天”的讨论仅仅限于“物之所以生”。“天职既立，天功既成，形具而神生，好恶喜怒哀乐臧焉，夫是之谓天情。耳目鼻口形能各有接而不相能也，夫是之谓天官。心居中虚，以治五官，夫是之谓天君。”对天的讨论只要认识到人是自然的一部分，“好恶喜怒哀乐”、“耳目鼻口形能”、“心居中虚”都是自然形成的结果，是“天情”、“天官”、“天君”。但

---

[69] 策勒尔. 古希腊哲学史纲. 翁绍军，译. 山东人民出版社，1992：336.

是，要强调的是，在人与天二者的探求和研究中，“人”处于优先的地位。此后的最后两段——“百王之无变，足以为道贯……”主要是讨论治理国家。

在刘禹锡的天论中，也能够找到人是天命讨论的落脚点的论述。刘禹锡天人相分的一段话：“人能胜乎天者，法也。”这里的“胜”是何意呢？如下也是刘禹锡的一段著名的话：“大凡入形器者，皆有能有不能。天，有形之大者也；人，动物之尤者也。天之能，人固不能也；人之能，天亦有所不能也。故余曰：天与人交相胜耳。其说曰：天之道在生植，其用在强弱；人之道在法制，其用在是非。”（《刘禹锡集·天论上》）按照刘禹锡的理解，天人是不同的，“天之道在生植”，在于生长万物；“人之道在法制”，在于治理国家。“法大行，则是为公是，非为公非，天下之人蹈道必赏，违之必罚。当其赏，虽三旌之贵，万锺之禄，处之咸曰宜。”将天与人相比较，人在“法”，也就是治理国家的方面有强于（胜的解释）“天”的地方，这是“天”无法做到的事情，是人胜于天的地方。

能否将人间治理得好，依照法律把世间管理得好，是人能胜乎天的关键。刘禹锡认为，“天之所能者，生万物也；人之所能者，治万物也”。法大行，则其人曰：“天何预人耶？我蹈道而已。”法大弛，则其人曰：“道竟何为邪？任人而已。”法小弛，则天人之论驳焉。今以一己之穷通，而欲质天之有无，惑矣！”（《刘禹锡集·天论中》）“法大行”、“法大弛”、“法小弛”是管理世间的三种境界，如果法律松弛，那么也就不可能人能胜乎天。“天非务胜乎人者也，何哉？人不宰则归乎天也。人诚务胜乎天者也，何哉？天无私，故人可务乎胜也。”

与此对照的是，希腊哲学家，尤其从赫拉克利特开始，已经尝试寻求普遍的自然规律。赫拉克利特说“‘这个逻各斯’，虽然永恒地存在着，但是人们在听见人说到它以前，以及在初次听见人说到它以后，都不能了解它。虽然万物都根据这个‘逻各斯’而产生，但是我在分别每一事物的本性并表明其实质时所说出的那些话语和事实，人们在加以体会时却显得毫无经验。另外一些人则不知道他们醒时所做的事，就像忘了自己睡梦中所做的事一样。”[70] 这一段话放在著作残篇的开头，已经表述出逻各斯的普遍性，“万物都根据这个逻各斯而产生”。接下来的第二句，进一步强化了逻各斯的普遍性。“因此应当遵从那人人共有的东西。可是“逻各斯”虽是人人共有的，多数人却不加理会地生活着，好像他们有一种独特的智慧似的。”

叶秀山认为：“我们看到，赫拉克利特的‘逻各斯’实际上具有‘规律性’的意义，虽然它还保留许多过渡的痕迹。‘逻各斯’是宇宙变化的规律，宇宙的变是按比例、有秩序地进行的，是有尺度的，这个尺度存在于宇宙本身之中，不

[70] 赫拉克利特残篇//古希腊罗马哲学. 商务印书馆，1961：18.

在个别人的心目中。因此，赫拉克利特的‘逻各斯’实质上是自然变化的一种客观规律，这种规律在包括赫拉克利特在内的古代希腊人看来，是可以用数学的方法计算出来的。”[71]

再次，在荀子等哲学家那里，没有发展出西方意义上对自然规律“普遍性”的本质探讨。

《荀子·天论》：“列星随旋，日月递照，四时代御，阴阳大化，风雨博施，万物各得其和以生，各得其养以成，不见其事而见其功，夫是之谓神。皆知其所以成，莫知其无形，夫是之谓天。”星辰的旋转变化，日月的交替出现，四时的季节更替，阴阳的相互作用以及万物在这一过程中得以出生、成长。这些自然现象的发展呈现出周期性的特征，并且普遍存在，这些难道不是普遍的自然规律的存在的证据吗？

在古代社会，人们发现经常出现的周期性现象，这是常见的事情。这是否意味着发展出对规律普遍性的认识呢？怀特海对此有着非常精彩的论述。在他看来，这些是非常常见的，即使是没有理智的人，甚至理性还没有出现之前就已经存在了。“显然，生活中的主要重现事物是极常见的，纵使是最没有理智的人也不能不注意到。甚至于在理性还没有出现以前，它们就已存在于动物的本能上了。从大体上说来，某些自然现象是重复产生的，我们的本性也适应了这些重复现象，这一点是无须多加讨论的。”[72]

人们发现周期性现象的认识，并非意味着他们能够寻找出自然规律的普遍性原则。尽管他们能够看到一年四季的变化，太阳东升西落，但是，“没有任何东西会把一切细节完全重现出来。任何两天或两个冬季都不会完全相同。已成过去的事物是永远消逝了”。更重要的是，人们预见大体上的重复现象，比如太阳东升西落，但是，对于风为什么随心所欲地刮却没有形成普遍性的认识。“人们可以预期太阳东升，但风却可以随心所欲地刮。”在风随心所欲刮的背后，是否也隐含着普遍性的规律呢？人们往往注意到自然现象重复产生的事实，经常忽视两个冬季都不会完全相同、风随心所欲刮的事实。

正是在这层意义上，我们认为，真正致力于自然规律的普遍性探讨的，是希腊文明的重要成果。从古代希腊开始，一些天才的哲学家不接受只承认自然界重复现象，而忽视所有现象背后所存在的普遍规律。他们不接受这种极端的非理性现象，所以，“他们力图把所有的现象都解释成是无微不至的事物秩序所产生的结果。天才人物像亚里士多德、阿基米德和罗吉尔·培根等人必然都具有完全科

---

[71] 叶秀山. 前苏格拉底哲学研究. 三联书店，1982：111.

[72] 怀特海. 科学与近代世界. 何钦，译. 商务印书馆，1989：5.

学的头脑。他们本能地认为事无大小，全都可以看做是支配全部自然秩序的普遍原则的体现。”[73]

在古希腊哲学中，赫拉克利特有关普遍性问题的提出，是哲学史上发展的重要里程碑。普遍性规律，正是自然规律所具有的重要内涵。我们先来看一看赫拉克利特的λογος。据格思里的意见，赫拉克利特的“逻各斯”有三方面的含意：一是常识意义下人们认识得到的；二是规整万物变化的普遍规律；三是独立于叙述它的人的，因此他的看法是赫拉克利特的“逻各斯”主要是指‘共同的’、‘普遍的’‘规律’，而思维活动方面的含义是次要的、补充方面的意义。[74]“规整万物”、“普遍”是规律的两条具体特征，这个概括正确而重要。

赫拉克利特：“这个世界对一切存在物都是同一的，它不是任何神所创造的，也不是任何人所创造的；它过去、现在和未来永远是一团永恒的活火，在一定的分寸上燃烧，在一定的分寸上熄灭。”[75]所谓的规律，不是单指某个事物，比如太阳、月亮等，而是寻求对整个世界万物的认识，对万物运动规律的认识，它的研究对象是“这个世界”、“一切存在物”，规律则是“一切存在物”的规律。“太阳不越出它的限度；否则那些爱林尼神——正义之神的女使就会把它找出来。”[76]不仅世间的事物，即便是太阳，也必须按照规律运行。由此可见，规律是针对整个万物的运动规律，而不是单指某个事物。在这层意义上，荀子的天论中没有发展出这样的针对万物规律的“普遍性”的本质的理解。

更为重要的是，对自然的认识与规律本身并不能够划等号。赫拉克利特已经意识到，认识事物变化应当遵循共同的普遍性，它不是依据个人的尺度，不是依据个人的感官，而是共同的尺度。“逻各斯”具有普遍的尺度，是人人共有的，不是个别人所遵守的尺度。“如果你不听从我本人而听从我的‘逻各斯’，承认一切是一，那就是智慧的。”[77]

从赫拉克利特的论述中，已经认识到不依据个人的感官而存在的“逻各斯”。这个普遍性的“一”既不是依据你的意见，也可以不依据我的意见，但是必须要听从“逻各斯”，换言之，对自然的感官的意见并不一定等同于规律。对于规律，必须要对普遍性的“一”进行探究。赫拉克利特表述的这一观点在古希腊以后的时代中得到进一步发展。亚里士多德说：“似乎，巴门尼德说得更有洞见。离开存在的非存在等于零，存在必然是“一”……但必须符合现象，他认为“一”是

[73] 怀特海. 科学与近代世界. 何钦，译. 商务印书馆，1989：5.
[74] 叶秀山. 前苏格拉底哲学研究. 三联书店，1982：105.
[75] 赫拉克利特残篇//古希腊罗马哲学. 商务印书馆，1961：21.
[76] 赫拉克利特残篇//古希腊罗马哲学. 商务印书馆，1961：28.
[77] 赫拉克利特残篇//古希腊罗马哲学. 商务印书馆，1961：23.

按照理性，而“多”是按照感觉的，他提出两个原因、两个始基（规则）：热和冷，又叫做火和土。[78]

如果说在早期，无论毕达哥拉斯的“数”或赫拉克利特的“逻各斯”，都朴素地认为是孕育于宇宙万物之中，因而“尺度”也就是在朴素意义上的万物的“规律”。但是，巴门尼德把万物与“尺度”分离开来了。万物之现象被贬为“意见”，“逻各斯”成为“真理”。巴门尼德认为在经验现象之外有一个“存在”的本质领域，这就是真正事物的本质，这就是一，就是“逻各斯”。从这一点可以看到，自然的规律性认识不等同于自然的认识。这是哲学思维发展的一个重要里程碑。

从这层意义上，对一年四季的周期性、普遍性的认识只是经验认识，是感官的认识，这只是“意见”。如何将其上升到普遍的，规律性的认识？它必须依据“逻各斯”，而不是单纯的个人意见。“如果你不听从我本人而听从我的‘逻各斯’，承认一切是一，那就是智慧的。”[79]并且，“逻各斯”必须加以理解和把握，而不是仅仅遵循“逻各斯”。“这个逻各斯，虽然永恒地存在着，但是人们在听见人说到它以前，以及在初次听见人说到它之后，都不能了解它。”对一年四季的认识，不仅要从感官上把握，更是要对其依照“逻各斯”原则进行解释，为什么它有一年四季的变化，有哪些因素导致这些变化，而不是“理在其中”，仅仅遵循它而运行而已。

五、自然法与自然法则观念的关联

在中国文化中缺乏对自然规律的普遍性本质的深刻认识，这一点是否与法律意义上缺乏法律的普遍性相连呢？在英文中，由于规律与法律都是同一个英文单词，这不免使得人们开始产生这样的疑问。事实上，在中国的法律意义上，也没有发展出法律所具有的至高无上的，普遍的含意。这是否意味着，中国文化中自然规律与自然法则之间没有像西方那样平行发展呢？

20 世纪 40 年代，历史学家齐尔塞尔讨论了人间法律与自然法则之间的关联。[80]20 世纪 50 年代，科学史家李约瑟先生更是在讨论西方二者的关联的基础上，从中国文明与自然法则的关系的视角开始了探索。[81]在《中国科学技术史》第二卷——

[78] 叶秀山. 前苏格拉底哲学研究. 三联书店，1982：194-195.

[79] 赫拉克利特残篇//古希腊罗马哲学. 商务印书馆，1961：23.

[80] Zilsel，Edgar. The genesis of the Concept of Scientific Progress. Journal of the History of Ideas，1945，6（3）：325-349.

[81] Needham，Joseph. Human Laws and Laws of Nature in China and the West：Chinese Civilization and the Laws of Nature. Journal of the History of Ideas，1951，12（1，2）：3-30，194-230.

科学思想史，李约瑟进一步详尽提出和讨论了上述问题：“无疑地，西方文明中最古老的观念之一就是，正如人间帝王的立法者们制定了成文法为人们所遵守那样，天上至高的、有理性的造物主这位神明也制定了一系列为矿物、晶体、植物、动物和在自己轨道上运行的星辰所必须遵守的法则……在西方文明中，（法理意义上的）自然法的观念和（自然科学意义上的）自然法则的观念，可以追溯到一个共同的起源。我们可以问，中国人的思想有什么发展是与此相平行的呢？中国人要达到宇宙万物都服从的那种自然法则的观念，是否更加困难呢？”[82]

中国学者卢翼翔认为：“希腊几何学的证明思想导源于法律文化，论证几何发凡于梭伦立法时代。”[83]他的依据主要来自两点，第一，希腊法律所要解决的一系列问题必须诉诸理性思考。希腊法学称为“正义学”，希腊立法中首先必须解决的问题是：“什么是正义？为什么有罪？”这些法理问题引发了包括“公理、公设、前提、条件”等法学基础问题，以及审判过程中的“事实、理由、证据、推理”等法学逻辑问题。只有理性的思考，并且存在严格意义上的推理，才能理清这些法理意义上的问题。这些理性的思考与几何学的证明思想是直接相关的。第二，希腊立法和司法中必须遵循的原则是：法律是规则的、普遍的，并对一切人都是相同的。希腊法律是“正义之法”，它的核心是公平、诚实与有用。“他们欲求为一普遍的规律对于一切人都是一样，因为种种理由所有的人都要服从法律。”证明思想具有普遍含意，在任何条件下都是适用的。

齐尔塞尔也认为，物理法则在近代自然科学中的意义起源于法律意义上的暗喻。[84]很显然，在一个统治得当的国家，法律最大限度地服务于公民，违法的行为非常少见，一旦发觉将得到惩处。政府越是有力，警察越是聪明，违法的行为越为罕见。现在，假定政府是万能的，警察是万能的。在这种理想状态下，不是法律支配国家和公民，迫使公民服从，而是公民行为将完全遵从立法者的要求，法律将始终得到遵守。可以相信，在 17 世纪，哲学家开始对可观察的物理现象和性质的周期性联系发生兴趣，法律的特征使得它成为“自然”比喻的对象，自然世界类似于法律的这种特征被称之为神圣的自然“法则”。不过，齐尔塞尔更为关注的是自然法则观念对近代新兴自然科学的影响，关注近代为一切人所共有的自然概念和为一切非人类事物所共有的一套自然法则的概念如何在近代何以分化的过程，而对于“自然法则”的早期起源和更早时期的发展没有进行更深入的研究。

---

[82] 李约瑟. 中国科学技术史第二卷科学思想史. 科学出版社，上海古籍出版社，1990：551.

[83] 卢翼翔. 希腊几何学的社会文化根源. 自然辩证法通讯，2002（1）：58-62，95.

[84] Zilsel，Edgar. The genesis of the Concept of Scientific Progress. Journal of the History of Ideas，1945，6（3）：346-347.

相对而言，李约瑟的观点更为保守和稳妥一些。它不是将自然法则观念看做是源自于法理意义上的自然法观念，而是将自然法则观念看做是与法理意义上的自然法观念平行发展。他发现，对于古代希腊人来说，更为确凿的结论是，人类和非人类自然界的法则是共同的。比如，赫拉克利特提到过一种“培育了”一切人间法律的“神律”（theios nomos）。这个“神律”可能包括非人类的自然界以及人类社会，因为它“对万物是共同的”、全能的和全足的。[85]以后，斯多葛学派也对罗马产生了巨大影响。不论罗马时代文化和地方风俗如何不同，一切人是共同的自然法观念的发展，这是不可避免的事。在西塞罗的著作中，他说：“芝诺把自然法看做是神圣的，它命令人们做正当的事情，又以同样的力量禁止他们做相反的事情。”在另外一处，他又说：“宇宙服从上帝，海洋和陆地服从宇宙，而人的生命则服从最高律法的命令。”（同上，第 568 页）

不论是断言古希腊自然科学意义上的自然法则观念源自于法理意义上的自然法观念，还是强调二者的平行发展，都把自然科学意义上与法理意义上的“法则”观念看做是直接相关的，不论是人类社会还是自然世界，都服从于“法则”的统治。在中国文化中，“自然法则”的观念没有可能像西方那样得到发展，缺乏二者的平行联系。

六、天人合一与天人相分——从自然法则的观点看

清楚“自然法则”的观念，为运用“自然法则”概念分析天人合一和天人相分提供了概念框架。就当前研究现状而言，认为中国哲学主要发展起来的是“天人合一”，而不是“天人相分”，这是没有能够发展出主客两分的重要原因。不论是蔡尚思先生还是张世英先生，他们都是从“主客两分”的视角出发。比如，蔡尚思坚持认为“人异于天”，而非“天人合一”。他反对陈国谦先生的观点，后者认为：“主客二分（人类与自然对立）是西方文化的特色；主客混沌（或天人合一）是中国文化的特色。”前者导致人与自然关系的恶化，后者的“生命直觉都能使中国文化摆正人在宇宙中的地位，使精于器（科技）而疏于道（天理人伦）的西方文化得以拯救西方文明之‘器’与中国文化之‘道’相结合，是人类文明健康发展的必由之道”。蔡先生明确提出，“天人合一”命题掩盖了中国的道（即天理人伦）去拯救西方文化的器（即科技）。这样的结合（马马虎虎，也算它是一种结合吧）仍然是清末‘中体西用’的中西文化旧结合说。”[86]张世英认为，“中

[85] 李约瑟. 中国科学技术史第二卷科学思想史. 科学出版社，上海古籍出版社，1990：567.

[86] 蔡尚思. 我的四点看法：关于“天人合一”及其他. 瞭望，1995-2-27.

国哲学讲‘人’，一般是主张人与自然的融合，旨在提高人的境界，它并不是把‘自然’当作客体和被征服的对象来看待。所以，我们说它不是‘人类中心论’，如孟子、陆王的‘天人合一’观点。当然，在中国哲学的思想中，也有‘天人相分’的思想，如荀子的‘以人制天’的思想，但这并不占主导地位。”[87]

另一方面，从严格意义上的“自然法则”概念来看，张世英先生的观点也是值得讨论的。在张世英先生的解释中，似乎天人相分的观点得到充分发展，并且占据主导地位，中国文化就能够达到“主客两分”的层次。像西方文化那样注重天人相分，强调在大人相分的基础上的合一，真的就能够建立“主客两分”的哲学体系吗？张志伟认为，“中国哲学与西方哲学的确是两种具有明显差别的不同的哲学形态，这是事实。不过这一差异既不能简单地归结为‘天人合一’与‘天人相分’，也不能笼统地看做——重‘和合’——重‘分离’的两种思维方式。”[88]

从上述分析可以看到，天人相分的观点没有导引出对普遍性的寻求：在荀子这些哲学家的心目中，第一位的依旧是人，而不是天，也不是自然。仅仅以中国文化中所具有的因素，或者说占据主导地位的因素，来解释中国文化在近代的落后，这是值得商榷的。在中国哲学中关于天人关系的观点中，天人合一与天人相分是相对立的学说。在历史的发展中，儒家天人合一的观念在中国文化中有着长久的影响，不论是政治实践伦理学说，还是中国科学思想的发展，都受到天人合一观念的影响。以此就把近代落后的原因归结于天人合一，这不免显得有些简单。在中国文化中，天人相分的观点始终都没有占据核心位置。仅仅由于天人相分没有在中国文化中占据主导地位，就把它的地位抬高，这也是不恰当的。

不论是天人合一还是天人相分，不论它们如何在中国哲学历史发展过程中引发了争论，展现出巨大的差别，但是，在很多方面，它们是类似的。不论是天人合一说还是天人相分说，都能够在它们的学说中找到“天”暗含着一种不以人的意志为转移的力量，比如，《论语·宪问》：“道之将行也兴。命也。道之将废也兴。命也。公伯寮其如命何。子曰。贤者，辟世。其次，辟地。其次，辟色。其次，辟言。子曰。作者七人矣。”这里的“命”带有必然性，不以人的意志为转移的含意。另一方面，它们都是把人作为思考的重心。在“天”与“人”之间，思考的中心在人，而不是天（自然界）。《宪问》中的命主要是“贤者”治理的国家，命解释的是人间事务。以孔子为代表的儒家学说强调处理人际关系，强调人生境界，致力于仁学的思路，一直左右着中国文化的发展。

中国人在进行世界认识的时候，却没有把“命”的本质作为关注的核心，缺

---

[87] 哲学的问题与方向探讨——访张世英教授. 哲学动态. 1999（7）：11-15.

[88] 张志伟. “天人合一”与“天人相分”. 哲学动态，1995（7）：30-32.

乏对普遍性的本质进行进一步追寻。与中国人将人道与天道相联系形成对照的是，在古希腊人那里，自然法则表现出另外一个特征，它是根源于自然本身。赫拉克利特说："自然喜欢躲藏起来。"[89]因此，哲学家们寻求躲藏在其后的奥秘。

第四节　促进人与自然的和谐："天人合一"观念对循环经济的启示价值

冯友兰先生认为："大概说起来，人对于自然的态度有两种。一种是'顺'，一种是'逆'。前者以宗教为代表，后者以科技为代表。这是人和自然的关系的问题，其中有矛盾也有统一。"[90]冯先生的观点反映出人类对于自然的复杂关系。事实上，这二者都必须同时倚重。从上述对"天人合一"观念的分析可见，在人与自然的关系上，两个方面必须同时倚重：一方面谋求人与自然的和谐，另一方面应当是尊重自然规律，寻求自然规律。循环经济的发展同样如此。它不单从观念和实践上谋求人与自然的和谐，而且，它的和谐的实现是在对自然规律的认识的基础上实现的。

就谋求人与自然的和谐而言，天人合一对人类的未来是有启发的，对循环经济的发展是有启示意义的。张岱年先生认为："中国传统文化的主要特点是：在人与自然的关系的问题上重视人与自然的统一，在人与人的关系的问题上重视人与人的和谐。用传统名词来说，前者谓之'天人合一'；后者谓之'以和为贵'。"

中国哲学向来不认为人与自然是敌对的关系，而认为人与自然是相辅相成的关系；人与人之间更应互相合作。天人合一对人与和谐的理解在当代社会有着重要的启示价值。《中庸》说："唯天下至诚，为能尽其性；能尽其性，则能尽人之性；能尽人之性，则能尽物之性；能尽物之性，则可以赞天地之化育；可赞天地之化育，则可以与天地参矣。"尽人之诚，尽人之性，能"赞天地之化育"，与"天地参"，实现人与天地的和谐，这是把个人的道德修养与天地万物的培育联系起来，从而达到人与自然的协调发展。宋代张载的"民吾同胞，物吾与也"，这表达了中国古代哲学的基本观点。这种思想的长处是看到人是自然的一部分，以及保持生态平衡的必要。

以往的生产方式，提倡改造自然的能力，致使人类自己作为自然的主人，以主宰者的身份凌驾于自然之上，对自然的"征伐"与"改造"超出了自然的承受

---

[89] 赫拉克利特著作残篇//古希腊罗马哲学. 商务印书馆，1961：30.

[90] 冯友兰. 中国哲学史新编第一册. 人民出版社，1982：170.

范围。这是生态环境问题的重要原因。人与自然的和谐相处是人类文明发展的前提。中国文化提倡“天人合一”的思想。所谓天人合一，包含着人与自然界相统一的意思。它意味着，人类文明的发展从来就是依附于自然的。人可以认识自然，在与自然的和谐相处中谋生存、求发展，而不能破坏自然。有的古文明由兴盛走向衰败的一个重要原因就是对自然界肆意开发和掠夺，最终导致自然对人类的惩罚，酿成了文明的悲剧。因此，关爱自然，善待自然，是全人类的共同利益。参照中国文化思想中的天人合一思想，对于摆正人与自然关系，有着重要的参照价值。

在这层意义上，三位哲学界大师晚年的最后立场，关注的是相同的主题——天人关系绝非偶然。这些大师没有越出他们各自的哲学风格，只是使用儒家的观念来阐明自己的最后立场。但是，这些大师表明了他们思索的是中国儒家文化的未来命运、人类历史的未来命运，“天人合一”观念是上述思索的一个共同焦点。它是时代的产物，是儒家在当代发展的逻辑必然，是当今生态问题发展的产物。正如杜维明先生所说，“通过把天人合一解释为儒学对现代世界的重大贡献，新儒学的这三位重要学者的出现标志着一个回归儒家并重估儒家思想的运动。”[91]

就应当尊重自然规律而言，中国文化中，天人合一思想没有把自然规律放在第一位的位置，也没有对自然规律的“普遍性”本质进行探求。这是在现时代必须加以注意的问题。它不单是天人合一思想中的现象，从更广的范围上看，在天人相分等其他中国思想中，在中国文化中普遍存在这一现象。

谋求人与自然的和谐，发展循环经济的实践，必须建立在普遍科学规律的基础上。中国的循环经济实践同样不能离开普遍科学规律。在这层意义上，中国的循环经济实践不能停留在单纯注重人与自然和谐的观念转变，单纯注重和强调天人合一的价值，更是要在观念转变的基础上，进一步强化对绿色技术的创新，提示科学技术创新在循环经济发展中的支撑性作用。新的循环经济的实践，是建立在绿色技术的基础上。寻求绿色科学技术的创新，是全球循环经济实践的重要内容（参见李建珊的绿色技术一章的内容）。

当今社会，改变人与自然的紧张关系，最重要的是观念的改变。发展循环经济，谋求人与自然的和谐。我们应当扬长避短，学习天人合一中注重“和谐”的有益成分，摆正人与自然的位置。同时，也要对天人合一思想的时代性、历史性、局限性有所认识。当前，我们发展循环经济，不仅要在实践和观念上摆正人与自然的位置，更是要在绿色科学技术创新的基础上，发展循环经济。只有这样，才能真正把循环经济的发展落在实处。

---

[91] 杜维明. 新儒家人文主义的生态转向：对中国和世界的启发. 中国哲学史，2002（2）：5.

思考人与自然永恒的话题——和谐，从儒家思想中领悟天人合一，对于保护好我们居住的星球，创造出一个绿色、和谐的 21 世纪，无疑是有启示意义的。建立在科学规律基础上的人与自然和谐的实践，更是向着实践这一目标迈进的坚实一步。在这一方向上，循环经济作出了表率，并将继续发挥其先导性的作用。

参考文献

[1] 董仲舒，凌曙注. 春秋繁露. 中华书局，1975.
[2] 王寿鱼点校. 二程集. 中华书局，1981.
[3] 二十四史. 中华书局，1997.
[4] 黎翔凤. 管子校注. 中华书局，2004.
[5] 国语. 上海古籍出版社，1978.
[6] 黄侃手批白文十三经. 上海古籍出版社，1983.
[7] 任继愈, 老子新译. 上海古籍出版社，1978.
[8] 陈鼓应. 老子注释及译介. 中华书局，1984.
[9] 卞孝萱校订. 刘禹锡集. 中华书局，1990.
[10] 钟哲点校. 陆九渊集. 中华书局，1980.
[11] 许维适. 吕氏春秋集释. 中国书店，1985. 据 1935 年清华大学版影印.
[12] 王阳明全集. 上海古籍出版社，1992.
[13] 梁启雄. 荀子简释. 中华书局，1983.
[14] 章锡琛点校. 张载集. 中华书局，1978.
[15] 王星贤点校. 朱子语类. 中华书局，1983.
[16] 陈鼓应. 庄子今注今释. 中华书局，1983.

第三章 循环经济的伦理反思

循环经济本质上是一种生态经济，它要求用生态学规律来指导人类的经济活动，倡导一种与环境和谐，实现人与自然共同可持续发展的全新经济运行模式，这对于解决当前日益突出的环境问题具有重要的实践价值。但是，发展循环经济需要与之相适应的伦理观念，这是循环经济取得成功的重要理论基础之一，没有恰当的伦理观念，生态环境和资源价值的计量，尤其是交易和管理制度的建设将失去道德基础。因此，从循环经济与生态伦理、循环经济与经济伦理、循环经济与社会伦理互动关系的视角，对循环经济进行伦理反思，不仅对循环经济的深入研究具有重要的理论意义，而且对更好地实现循环经济发展战略，促进人的全面发展，实现社会公正，构建和谐社会具有重要的实践意义。

第一节 循环经济与生态伦理

循环经济与生态伦理有着密切的联系，可以说生态伦理是循环经济的伦理基础，而循环经济是生态伦理的一种实践形式。

生态伦理学研究人类与自然环境之间的道德关系或伦理责任，它是人类对待自然所持有的道德观念、道德态度、道德原则和行为规范。由于生态伦理学提出了人对其他生命和自然界的恰当尊重和责任，因此，实现了伦理学由人际道德向自然道德的拓展，把道德关怀的对象，在时间上，从现在扩展到未来，强调代际发展的公平性和世界发展的可持续性和永续性；在空间上，从区域扩展到全球，从人际关系扩展到自然界，强调国家不分强弱、区域资源不分优劣，都有保证地球物种多样性的伦理义务与责任，强调人类要善待自然，尊重自然的内在价值。

正是生态伦理的研究和发展，使我们能够在反思人与自然关系的漫长历史中，总结出适合于可持续发展的一种新的经济范式——循环经济。循环经济作为生态伦理的一种实践形式，为我们走出传统的人类中心主义、实现人与自然的和谐、可持续发展，探索了一条切实可行的道路。

一、人与自然关系的历史演变

大自然是一个进化的生态系统。在距今400万年以前，人类诞生在地球上。那时作为人类祖先的猿，还是与自然直接统一的。正是在进化的过程中，人类通过不同于生物本能的行为，即改变自然来达到自己目的的劳动，摒弃了单纯的生物性，脱离了动物界，实现了由自然史向社会史的转变。正像罗尔斯顿所说的："在自然的演化过程中，人类的出现也许是一个最有价值的事件"。[92]因为，当人类出现之后，自然界就分化出了具有意识性、能动性的主体，从而在地球上建立了不同于一般生物的人与自然的关系。这种基于实践基础上的人与自然的关系，已经不同于人和自然的原始同一性，而是在自然界的人化、改造意义上的统一，即人与自然的统一性是在劳动过程中、在人与自然的物质变换过程中实现的。在人类进化和自然界人化所构成的统一过程中，人类社会经历了由原始文明、农业文明向工业文明的历史演进，与之相应的人与自然的关系也经历了由崇拜自然、改造自然到征服自然的不同发展阶段。

（一）原始文明：崇拜自然，对自然依附性利用阶段

远古时代，由于生产力极其低下，原始先民认识自然和改造自然的能力十分有限，那时，他们的生活必需品直接依赖于自然界，主要是靠采集、渔猎为生。当特定的自然环境满足不了人类的需要时，他们也只是通过迁徙来解决，人类的生活资料很少有自己的创造。人类与自然处于原始的依附性统一之中。

随着实践的发展，经验知识的积累，人类开始学会制造简单的工具，种植作物和驯养牲畜，来弥补天然的不足。尽管人类具有一定程度的能动性，学会并在逐渐强化改造自然的活动能力，但从根本上讲，人类活动还是一种极其简单的劳动，自然界虽然已经打上了人类活动的痕迹，但自然状态并没有因此而改变多少，人化自然的范围还相当狭小。从总体上看，人类更多的则是受制于、依附于自然，在很大程度上仍然处在自然界的束缚之中。

在原始文明下，由于人类的弱小，自然力的强大，外在的自然界成为一种难以理解和制约的异己性的存在。人类把自然视为威力无穷的主宰，视为某种神秘的超自然力量的化身，产生了对自然的崇拜。他们匍匐在自然的脚下，通过各种原始宗教仪式对其表示顺从、敬畏，祈求它们的恩赐和庇护，如：图腾崇拜。图

---

[92] 罗尔斯顿. 环境伦理学. 北京：中国社会科学出版社，2000，5.

腾是一种印第安语的译音。在印第安人那里，图腾就是氏族的意思。19 世纪中期，美国民族学家摩尔根考察了北美印第安人的风俗习惯。他发现那里的氏族绝大部分是用动物的名称命名的，如鹤氏族、狼氏族、熊氏族、麋氏族、鹿氏族、兔氏族、羚羊氏族等。在他们看来自己就是这些动物的子孙。正如马克思所说："一切神话都是在想象中和通过想象以征服自然力，支配自然力，把自然力形象化。"[93]

远古的人类不仅崇拜动物，对大自然的许多现象，如日月星辰、风雨雷电、土地山河等，无不加以神化并对它们加以崇拜。他们祈祷日神、月神、雷公、电母、河伯等神灵保佑平安，希望它们帮助人类战胜无法预料又无力抵御的灾祸，其实质是对大自然的恐惧和依赖。马克思在谈到古代人类与自然的关系时指出："自然界起初是作为一种完全异己的、有无限威力的和不可制服的力量与人们对立的，人们同它的关系完全像动物同它的关系一样，人们就像牲畜一样服从它的权力，因而，这是对自然界的一种纯粹动物式的意识。"[94]

从以上我们可以看到，原始社会人对自然的崇拜以及人与自然的统一关系，并不是当时人类的自觉意识，而是由于原始人类改造自然能力的微弱，生命时刻受到"自然界"的威胁，只有顺从与顺应自然才能维持自己的生存和发展所致。因此，原始人类与自然的关系是一种动物式受动性的依附关系。人与自然之间是以自然对人类的统领和人对自然的绝对服从而实现了原始的统一。

（二）农业文明：改造自然，对自然支配性利用阶段

随着社会历史的发展和人口的增多，自然的恩赐已经逐渐难以满足人类的需要，迫使人类扩大生产，而新的技术工具的发明为此提供了物质基础。当人类先后发明了青铜器和铁器，制作了犁、锄和各种器械，生产力水平有了质的飞跃，人类从单纯的狩猎、采集为主的生产生活方式向饲养与耕作转变，从依赖自然向改造自然转变时，人类的文明便由原始文明进入到农业文明。

农业文明的出现，是人类发展史上的重大转折，它标志着人类历史进入了一个新纪元。率先在江河流域一带定居下来的民族，依靠自己的智慧和辛勤的劳动，开展了大规模的改造自然的活动，创造了华夏文明、古印度文明、古埃及文明、巴比伦文明、玛雅文明等。但是，人类改造自然的活动，一方面带来了较丰裕的物质财富和精神财富，另一方面也对人类的进一步发展造成了困境。为了满足不断增加的人口对粮食的需求，人类大规模地开垦土地，填湖造田，砍伐森林，这

---

[93] 马克思恩格斯全集（第 12 卷）.北京：人民出版社，1965：761.

[94] 马克思恩格斯全集（第 3 卷）.北京：人民出版社，1979：35.

不仅造成了水土流失、土质下降、土地沙化，而且还导致生态环境失去平衡。例如，美索不达米亚、希腊、小亚细亚等地的居民，为了获得耕地，把森林都砍光了，使他们料想不到的是这些地方竟因此成为不毛之地。正如美国学者弗·卡特和汤姆·戴尔在《表土与人类文明》一书中所说："文明之所以会在孕育了这些文明的故乡衰落，主要是由于人们糟蹋和毁坏了帮助人类发展文明的环境。"[95]

总之，农业文明时期，人对自然资源改造、支配性的利用，破坏了原始人对自然依赖基础上的人与自然关系的和谐统一，开始出现了人与自然关系的对立。

（三）工业文明：征服自然，对自然掠夺性利用阶段

当人类历史进入16世纪后，随着资本主义的发展和第一次工业革命的出现，人类从农业文明转向工业文明，进入到大规模征服自然、掠夺自然的阶段。

工业文明是人类运用科学技术为武器，控制、改造、征服自然取得空前胜利的时代。近400年来，人类依靠科学技术的力量，不断发展生产力，从蒸汽机时代进入电气化时代，继而又步入以电子计算机、核能开发、空间技术、生物技术为标志的高科技时代。在这短短的四五百年中，人类社会发生了迅速而巨大的变化。据法国学者的估计：今天社会在3年内所发生的变化相当于20世纪初30年内的变化，也相当于石器时代的3 000年内的变化。之所以如此，靠的就是科学技术的力量。

然而，把科学技术作为征服自然利器的人类在此时恰恰缺乏对自然的深刻认识，人们把自然当做可以任意摆布的机器，把自然界当做取之不尽并可肆意挥霍的材料库和硕大无比可以无限容纳工业废弃物的垃圾桶。这种巧取豪夺，竭泽而渔的大规模征服自然的做法，违背了自然的规律，超出了自然界能够承受的窥限，终于导致了自然大规模的报复：环境污染、生态失调、资源枯竭、城市臃肿、交通紊乱、人口膨胀和粮食不足等一系列问题，日益严重地困扰着人类。"人类好像一夜之间突然发现自己正面临着史无前例的大量危机：人口危机、环境危机、粮食危机、能源危机、原料危机等，这场全球性危机程度之深、克服之困难，对迄今为止指引人类社会进步的若干基本观念提出了挑战。"[96]

工业文明使人类与自然的关系发生了根本性的改变。自然界不再具有以往的神秘与威力，人类只需凭借知识和理性就可以征服自然，成为自然的主人。但是，人类在高扬主体性和能动性时，忽视了自己还有受动性的一面，忽视了自然界对人类的独立性、根源性和制约性，忽视了马克思所说的："人作为自然存在物，

---

[95] 弗·卡特和汤姆·戴尔. 表土与人类文明. 北京：中国环境科学出版社，1987：4-5.

[96] M·梅萨洛维克，等. 人类处在转折点上. 北京：中国和平出版社，1979：167.

而且作为有生命的自然存在物，一方面，具有自然力、生命力，是能动的自然存在物；这些力量作为天赋和才能、作为欲望存在于人身上；另一方面，人作为自然的、肉体的、感性的、对象性的存在物，和动植物一样，是受动的、受制约的和受限制的存在物。”[97]

严酷的事实，迫使人类对自己对待自然界的态度，作了一次全面的反省。大自然给人类敲响了警钟，警告人们，把自然界看做是人类的对立物或被统治的观点是错误的，只有与自然和谐相处，才能维持和发展人类所创造的文明。正像马克思、恩格斯曾经告诫我们的：“我们统治自然界，决不像征服者统治异族人那样，决不是像站在自然界之外的人似的，——相反地，我们连同我们的肉、血和头脑都是属于自然界和存在于自然之中的；我们对自然界的全部统治力量，就在于我们比其他一切生物强，能够认识和正确运用自然规律。”[98]

人类的科技和经济发展的目标，应当向协调人与自然界关系作战略转移。人类应该进入新的文明——后工业文明或生态文明，即人与自然协调发展的新阶段。在这个阶段要求人们根本转变人与自然关系的思维模式，转变人在自然中的行为模式，实现人类与自然协调和谐，共生共荣。生态伦理学的诞生与兴起，正是对人与自然关系反思的必然结果。生态伦理对人与自然关系界定上的根本性转变，为循环经济的产生奠定了伦理基础。

二、生态伦理：对人与自然关系的伦理思考

生存与发展是人类社会所面临的永恒的主题。传统的发展观往往片面地追求经济的增长，以牺牲自然环境为代价去换取经济和社会的繁荣。特别是近代以牛顿力学为基础、建立在机械论思维模式之上的形而上学自然观，割裂了主体和客体、局部与整体之间的有机联系，形成了人与自然的疏离和对立。再加之 20 世纪以来，工业化进程所造成的对自然资源的掠夺性开采和环境污染日趋严重，极大地破坏了自然的生态平衡，从而使人类生存陷入深重的危机之中。

产生于 20 世纪 40 年代，学科定位于 70 年代的生态伦理学，正是基于对全球环境问题的关注，基于对人类生存危机和濒临失衡的地球的关注而形成的一种新型伦理。生态伦理学正是通过对人与自然环境之间道德关系的研究和探索，把人类的道德关怀扩展到整个生态环境领域，从而为人类保护地球家园，解决环境危机，提供了新的价值导向和科学的理论指导。

---

[97] 马克思恩格斯全集（第 42 卷）. 北京：人民出版社，1979：167.

[98] 马克思恩格斯选集（第 4 卷）. 北京：人民出版社，1976：383-384.

生态伦理对人与自然关系的伦理思考经历了由人类中心主义向生命中心主义、生态中心主义的演化，而人类经济发展模式也经历了从传统经济模式向末端治理模式、循环经济模式的转变。这不是历史的偶合，它说明了生态伦理与经济发展的密切联系，可以说不同生态伦理学之间所表现出的哲理性对立，深刻地影响着人类的价值观、发展观、决策行为，以及经济发展模式的选择。

（一）从传统人类中心主义向现代人类中心主义的转变

生态伦理学中的人类中心主义指的是这样一种观点，即认为人是大自然中惟一具有内在价值的存在物，是道德关怀的惟一对象，因此，人只对人类负有直接的道德义务，人对大自然的义务只是对人的一种间接义务。人类中心主义经历了从传统人类中心主义向现代人类中心主义的转变。

1．传统人类中心主义

在西方，人类中心主义的观念源远流长，远在两千多年前，古希腊的思想家普罗塔戈拉明确提出人是万物的尺度的思想。

在传统人类中心主义中，自然目的论是一种最古老的人类中心主义。其核心观念是：人天生就是其他存在物的目的。如亚里士多德就明确指出："植物的存在就是为了动物的降生，其他一些动物又是为了人类而生存，驯养动物是为了便于使用和作为人们的食物，野生动物，虽非全部，但其绝大部分都是作为人的美味，为人们提供衣服以及各类器具而存在。如若自然不造残缺不全之物，不做徒劳无益之事，那么它是为着人类而生了所有动物。"[99]基督教进一步从宗教神学目的论的角度强化了上述思想。《圣经·创世记》宣称，在上帝所创造的所有存在物中，他最喜欢人类，并指示人类说："你们要生养许多儿女，使你们后代遍满全世界，控制大地。也要管理海里的鱼、空中的鸟和地上各种行动的活物。"圣经中的这一指示，为人类统治和操纵自然提供了依据。中世纪的哲学家和神学家阿奎纳也明确宣称，在自然存在物中，人是最完美的存在物，上帝为了人本身的缘故而给人提供神恩；它给其他存在物提供神恩，仅仅是为了人类，因此地球上所有上帝的创造物，必须接受具有卓越性的人类所支配。基督教神学为人类与自然的关系创设了一种委托代管的世界图景。在这种图景中，上帝是人和自然的全智全能的主人，上帝创世后把管理尘世活动的权利委托于人；人是上帝与自然的中介，并根据上帝的旨意来管理与照料万事万物。严格地说，此时人不是自然的主人，而是自然的代管者。另外，由于超自然的上帝取代了自然神，神力取代

[99] 苗力田. 亚里士多德全集. 第九卷. 北京：中国人民大学出版社，1994：17.

了自然力，因此人类把对自然的崇拜转变为对神的崇拜，将人和自然统一于神，神的意志高于一切，这就进一步助长了人类对自然的不负责的态度。

随着人类生产的发展和思维能力的提高，人类逐渐从最初的对自然和神灵的盲目崇拜以及非理性的敬畏之中走出。人类不再甘心俯首听命于神和自然，而是敢于正视自然，挑战神灵。他们开始运用自身的理性反思、探索人和神、人和自然之间的关系。始于公元 14 世纪的文艺复兴运动，是一场伟大的文化运动，其锋芒直指中世纪占统治地位的神学，要求彻底改变人对神和自然的屈辱地位，高唱人之赞歌，呼唤人类理性的普遍觉醒。

作为近代经验主义和理性主义两大流派的代表人物——培根和笛卡儿，都强调人类依靠理性和科学，就能够认识自然、改造自然和征服自然，这就为后来主客两分及主体主义的盛行开辟了道路。培根从经验主义出发明确地提出了人类中心主义的论断，他说："如果我们考虑终极因的话，人可以被视为世界的中心；如果这个世界没有人类，剩下的一切将茫然无措，既没有目的，也没有目标，如寓言所说，像是没有捆绑的扫把，会导向虚无。因为整个世界一起为人服务；没有任何东西人不能拿来使用并结出果实。"[100]培根的名言"知识就是力量"，表明了他对人类征服自然的信心。而笛卡儿则高扬理性主义旗帜，认为只有人的理性是真实的，人的理性认识能力具有无限的可能性。他的名言是"我思故我在"，"给我物质和运动，我将为你们构造出世界来。"[101]在笛卡儿看来，人类具有优越特权，能超越自然万物，是自然的主人和所有者，是一切价值的来源，大自然对人类只具有工具性价值。

康德是传统人类中心主义达到在理论上完成的思想家，他直接提出"人是目的"、"人是自然界的最高立法者"的思想。在康德看来，只有理性的人才应得到道德的关怀，因为，理性本身就具有内在价值。他指出："有一个东西，本身就具有绝对价值，那么，它就是目的自身。""人，或者更广泛地说，每一个有理性者，都是作为目的自身而存在着。"而"大自然中的无理性者，它们不依靠人的意志而独立存在，所以它们至多具有作为工具或手段用的价值。"[102]康德还明确宣称：只有理性的人值得人类的道德关怀，动物不具有自我意识，仅仅是实现一个目的的工具，"就动物而言，我们不负有任何直接的义务。"我们之所以倡导对动物的情感，是由于这有助于培养出对他人的人道情感。"我们对动物的义务，只是我们对人的一种间接义务。"[103]

---

[100] 何怀宏. 生态伦理学——精神资源与哲学基础. 河北大学出版社，2002：275.

[101] 冒从虎，等. 欧洲哲学通史. 上册. 南开大学出版社，1985：405.

[102] 周辅成. 西方伦理学名著选辑下卷. 北京：商务印书馆，1996：371.

[103] 何怀宏. 生态伦理学——精神资源与哲学基础. 河北大学出版社，2002：343.

人类中心主义是人对自然界胜利的思想总结，表示人类对自己利益的自觉认识，对自身价值和能力的充分肯定。然而，人类正是在传统人类中心主义的导引下走上了一条与自然相对抗的道路。当人类把自己看做主人，自然界被当做被改造、利用的对象时，人类就把自然界当做了可以随意索取和享用的公共物品，人类可以肆无忌惮地掠夺性地从自然中无偿地获取资源，又不加任何处理地向环境排放废弃物。在早期阶段，由于人类对自然的开发能力有限，以及环境本身的自净能力还较强，所以人类活动对环境的影响并不凸显。但是，后来随着工业的发展、生产规模的扩大和人口的增长，环境的自净能力削弱乃至丧失，最终导致了环境问题日益严重，资源短缺危机愈发突出。这正是传统经济增长模式不考虑环境代价的必然结果。

2. 现代人类中心主义

考虑到生态环境危机的现实和人们的种种批评，有一些明智的思想家，试图用一种比较温和的弱人类中心主义取代传统的强人类中心主义，我们把它称为现代人类中心主义。现代人类中心主义并不一味排斥把内在价值分配给非人类存在，他们或承认非人类的内在价值，或通过消解内在价值来坚持人类中心主义立场。其代表人物主要有美国环境伦理学家诺顿和植物学家墨迪。

诺顿主张把非人类的生命和自然界纳入道德中考虑。他区分了两种类型的人类中心主义：一种是强人类中心主义，即一切价值仅以个体感性意愿的满足为参照；另一种是弱人类中心主义，即一切价值以理性意愿的满足为参照。他反对强人类中心主义，认为这是个人中心主义，而不是真正的人类中心主义；他主张弱人类中心主义，认为一个真正的人不应该以个人的感性偏好所驱动，而是应该具有充分理性观念的人。面对环境的破坏、资源滥用及其给人类带来的痛苦，我们需要一种环境伦理学，它的伦理规范将要求人类在对自然资源进行利用时三思而后行，有长远、周全的考虑。在审慎的思考过程中，只有被人的理性思考肯定了的偏好才是应该给予满足的，而某些过于直接、纯粹感性的偏好应受到约束或节制。这样，环境才可能得到保护，人类种系的延续与幸福才能与生态系统的平衡即能源供应的稳定相辅相成。[104]

与诺顿不同，墨迪从生物进化论、文化人类学、哲学认识论和本体论角度展开他的现代人类中心主义观点。他从历史的角度区分了三种人类中心主义：① 前达尔文式的人类中心主义。认为自然乃为人类福利而被创造出来。② 达尔文式的人类中心主义。认为任何物种的存在都以其自身为目的，不会仅仅为了

---

[104] 徐嵩龄. 环境伦理学进展：评论与阐释. 北京. 社会科学出版社，1999：123-155.

什么别的物种的福利而存在。③ 现代的人类中心主义。墨迪认为："这种人类中心主义的基础，在于个人的健康既取决于社会组织，也取决于生态支持系统健康的认识。"要建立一门有效的人类中心主义伦理，就应当承认自然存在的内在价值，"一种对自然界的人类中心主义态度，并不需要把人看成是价值的源泉，更不排除自然存在的内在价值。"[105]他从进化论的角度进一步指出，人类是一个处在"进化浪潮新的最高峰"的实体。人不仅是他这个物种的延续的关键因素，也是宇宙价值得以延续和推进的关键因素。因此，人类需要更明智、更负责地影响进化过程，更充分理解我们与自然整体之间的关系。他说："我们并非是在一个毫无意义的舞台上进行荒诞表演的一个个戏子，从根本上说我们是一个有意义的整体的组成因素，我们每一个人的行为对于人类进化过程本身的自我实现，以及世界价值的增长具有举足轻重的意义。"[106]因此，在墨迪看来，这种人类中心主义是人类考虑到他在自然中的位置以后可以采取的一种合理与必要的观点。这种人类中心主义的哲学，肯定事物之间的普遍联系，肯定自然界所有事物的价值，它对于推动人类参与进化，对其未来的延续以及文化价值是不可缺少的东西。

现代人类中心主义与传统意义上的人类中心主义已有所不同，它一直在为适应现代生态环境保护而不断地改变自己的形态，将人类道德关怀延伸到非人类，甚至整个自然界。它在弱化人类的利益主体作用的同时，还强调人类的其他两种主体作用：第一，人类是保护环境的行为主体，因为一切计划、法规、工程等都需要人类制定、组织与实施。第二，从代际功利的角度提倡人类的代际平等权利，并以此规范当代人类对环境资源的开发、利用与保护。现代人类中心主义虽然是功利型的，但依据的已不是传统的狭义的价值概念（市场价值），而是一种广义的价值概念。它主张，环境与生态保护方案及行动的选择，取决于环境资源的直接使用价值、间接使用价值、选择价值和存在价值。这种以一种现代形态出现的人类中心主义，赢得了自然资源经济学家和环境经济学家的欢迎。[107]

（二）从生命中心主义向生态中心主义的转变

人类的道德观念是一个不断发展的过程。威廉姆·勒基在《欧洲道德史》中写道："曾几何时，慈爱情感只限于家庭，它的范围很快就扩大到了首先包括一个阶级、然后一个民族、再后是民族联盟、再后是全人类，最终，人与动物的关系也将受到它的影响。"[108]把道德关怀的对象从人类扩大到非人类的自然界，有

[105] 墨迪. 一种现代的人类中心主义. 哲学译丛，1999（2）：12-18.
[106] 雷毅. 生态伦理学. 西安：陕西人民教育出版社，2000：72.
[107] 徐嵩龄. 环境伦理学进展：评论与阐释. 北京：社会科学文献出版社，1999：414.
[108] 雷毅. 生态伦理学. 西安：陕西人民教育出版社，2000：3-36.

人认为，这是一场伦理学的革命，它的意义不亚于当年的废奴运动。

现代人类中心主义虽然不像传统人类中心主义那样拒绝承认非自然存在的内在价值，拒绝对非自然存在的道德义务，但他们的立场仍然是基于人在自然界中的权利和生物学上的最高地位。人类中心主义的价值观导致了在人的实践活动中容易把自然存在物仅仅当做对人有利的资源加以保护，保护环境的基础在于人类自身的利益和价值，一旦离开了这一目的，生态环境的保护便会失去动力。

20 世纪 70 年代以后，随着全球性生态危机的进一步加剧，越来越多的人开始对人类中心主义的信念产生怀疑，从而导致了生态伦理学领域中生命中心主义和生态中心主义等理论学派的产生。

1．生命中心主义

生命中心主义的生态伦理学，主张把人类道德关怀的对象扩大到所有有生命的自然存在物，承认生命个体具有道德价值，但不将物种和生态系统涵盖在道德价值之内，此类学说通称为生命中心主义。它包括动物解放论和动物权利论以及生物中心主义等学派。

动物解放论的主要代表人物是澳大利亚哲学家彼得·辛格。他从功利主义伦理学出发，认为道德关怀的惟一必要条件便是感受苦乐的感觉能力。动物能感受痛苦与愉快，因此，它们应该获得人类的道德关怀，并给予生存权利。他指出："如果一个存在物能够感受苦乐，那么拒绝关心它的苦乐就没有道德上的合理性。不管一个存在物的本性如何，平等原则都要求我们把它的苦乐看得和其他存在物的苦乐同样（就目前所能做到的初步对比而言）重要。如果一个存在物不能感受苦乐，那么它就没有什么需要我们加以考虑的了。这就是为什么感觉能力（用这个词是为了简便地表述感受痛苦、体验愉快或幸福的能力，尽管不太准确）是关心其他生存物的利益的惟一可靠界限的原因。"[109]他认为将动物排除在道德考虑之外，正似早期种族主义和性别主义将黑人与妇女排除在道德考虑之外，剥夺他们的权利是不道德的一样，违反了利益平等的原则。

动物权利论的主要代表人物是美国哲学家汤姆·雷根。他指出我们对待动物所犯的根本性错误是允许我们把动物当做资源的制度。他认为我们保护动物，是因为动物与人一样，具有天赋权利。他指出，所有的人都拥有天赋价值，而且都拥有获得尊重的平等权利，即不把对方降到物品的层次，作为资源来对待。"我的作为个体的价值，是独立于我对你的有用性的。你的价值也不依赖于你对我的有用性。对我们中的任意一方来说，以一种对对方的独立的天赋价值缺乏尊重的

---

[109] 辛格.所有的动物都是平等的. 哲学译丛，1994（5）.

方式对待对方，这就是作出了不符合道德的行为，是侵犯了一个人的权利。”[110]具有天赋价值的存在物应获得恰当的尊重。动物作为生命体和人一样具有天赋价值，具有“不遭受不应遭受的痛苦的权利”。因此人类应善待动物。

生物中心论又进一步把道德关怀的对象从动物扩展到自然界中所有的生物。法国著名的人道主义学者阿尔贝特·史怀泽提出了“敬畏生命”的伦理学。他在其著作《敬畏生命》中指出，到目前为止，所有伦理学的最大缺陷，就是相信它们只需处理人与人的关系，即人际关系的伦理学。这种伦理学是不完整的。“实际上，伦理与人对所有存在于他的范围之内的生命有关，只有当人认为所有生命，包括人的生命和一切生物的生命都是神圣的时候，他才是道德的”。[111]他认为，这种敬畏生命的完整的伦理学，使“我们与宇宙建立了一种精神联系。我们由此而体验到的内心生活，给予我们创造一种精神的、伦理的、文化的意志和能力，这种文化将使我们以一种比过去更高的方式生存和活动于世。”[112]史怀泽正是以自己的实际行动实践着敬畏生命的伦理学，他也因此成为“行动的人道主义”的代表，并获得诺贝尔奖。

保尔·泰勒继承和发展了“敬畏生命”的伦理思想，构建了一个比较完整的“尊重自然”的生物中心论伦理学体系。他在其重要的著作《尊重自然》中，明确指出：“尊重自然”是一种对待自然的终极道德态度，“一种行为是否正确，一种品质在道德上是否善良，将取决于它们是否展现或体现了尊重自然这一终极性的道德态度。”他认为尊重自然的态度取决于我们如何理解和看待自然，以及我们与它的关系。他提出了生物中心主义自然观的四个信念：① 人是生物共同体的成员。人的生命只是地球生物圈自然秩序的一个有机部分，人和其他生物都是一个共同的进化过程的产物。② 自然界是一个相互依赖的系统。人类和其他物种一样，都是一个相互依赖的系统的有机构成要素，在这个系统中，每一个生命的生存及其生存的质量，都不仅依赖于它所生存的环境的物质条件，还依赖于它与其他生命之间的关系。③ 每个有机个体都是生命的目的中心，都以自己特殊的方式实现自身的“善”。④ 人并非天生就比其他生物优越。每一个物种拥有同等的天赋价值和内在价值，都应当受到道德关怀和平等的对待。泰勒指出，生活于现代工业社会中的每一个人的福利都是以牺牲地球上的其他生命的“善”为代价换来的，因此所有的人都对自然界及其中的生命负有补偿正义的义务，都应承担保护和恢复生态平衡的责任。[113]

---

[110] 雷根. 关于动物权利的激进的平等主义观点. 哲学译丛，1999（4）：23-31.

[111] 史怀泽. 敬畏生命.上海：上海社会科学院出版社，1996.

[112] 史怀泽. 敬畏生命.上海：上海社会科学院出版社，1996：7-8.

[113] 雷毅. 生态伦理学. 西安： 陕西人民教育出版社，2000：106-121.

生物中心主义把所有的生命当做道德关怀的对象，实现了对西方主流人际伦理学的超越。但是，作为生态伦理新发展的生态中心主义则批评了生物中心主义道德扩展的不彻底性，主张一种恰当的环境伦理学不仅要从道德上关心有生命的存在物，而且必须从道德上关心整个生态系统、自然过程以及无生命的自然存在物。

2. 生态中心主义

生态中心主义作为比较激进的环境伦理学派，通常被称为深层生态主义。他们有如下特征：第一，主张所有自然存在物都具有内在价值。第二，主张人不仅对生命负有道德义务，而且对整个生态系统也负有直接的道德义务。第三，反对个体主义，强调整体主义的环境伦理思想。

生态中心主义的先驱奥尔多·利奥波德创立了大地伦理学。他在其著作《沙乡年鉴》里的“大地伦理”一章中，全面阐述了他的大地伦理思想。他指出，伦理学的发展已经走完前两步，即由最初的研究人与人之间的关系到后来扩展到研究人与社会之间的关系，可是伦理学还没有涉及人与自然（大地）的关系，大地像人类的奴隶一样，还是人的财产，文明的进步还没有使地球奴隶解放出来。因此，现在伦理学发展的第三步，是把它的研究扩展到人与大地之间的关系，帮助大地“从技术化了的现代人的控制下求得生存”。所以，大地伦理学的任务就是“扩展道德共同体的边界，使之包括土壤、水、植物和动物，或由它们组成的整体：大地。”利奥波德进一步指出，长期以来我们滥用大地，这是因为我们把大地视为一种属于我们的物品，当我们把大地看做一个我们属于它的共同体时，我们也许就会开始带着热爱和尊重来使用它。利奥波德认为，大地是一个共同体，这是生态学的概念。大地是可爱的且应受到尊重。这则是伦理学的一种扩展。大地伦理的目的就是“要把人类的角色从大地共同体的征服者改造成大地共同体的普通成员与公民。它不仅暗含着对每一个成员的尊重，还暗含着对这个共同体本身的尊重。”在利奥波德看来， 当前自然保护的一个最基本的弱点，就是完全以经济价值为基础。这种“孤立的以经济的个人利益为基础的保护主义体系，是绝对片面的。它趋向于忽视，从而也就最终要灭绝很多在土地共同体中缺乏商业价值，但却是（就如我们所能知道的程度）它得以运转的基础成分”。[114]如果单以经济价值为目标，那就会毁掉大地系统的完整性，毁掉大地维持生命的完善功能。因此，他提出了判断人们行为善恶的生态伦理标准，这就是，一个人的行为，“当有助于保护生命共同体的和谐、稳定和美丽时，它就是正确的；反之，就是错误

[114] 雷毅. 生态伦理学. 西安：陕西人民教育出版社，2000：135.

的。”[115]可见，大地伦理主张一个真实的环境伦理，就是自然本身具有内在价值，而不是由于它对人类的生存和福祉具有意义，而且人类对自然界负有直接的伦理责任。

霍尔姆斯·罗尔斯顿发展了大地伦理思想，他写下《环境伦理学》一书，创立了一个以生态系统价值为核心的完整的生态伦理学体系。罗尔斯顿把自己创立的环境伦理学称为原发型的环境伦理学。他强调指出：“从终极的意义上说，环境伦理学既不是关于资源使用的伦理学，也不是关于利益和代价以及它们的公正分配的伦理学，更不是关于危险、污染程度、权利与侵权、后代的需要以及其他问题的伦理学。孤立地看，这些问题都属于一种使环境从属于人的利益的伦理学。在这种伦理学看来，环境是工具性和辅助性的，尽管它同时也是根本的必要的。只有当人们不只是提出对自然的审慎利用，而是提出对它的恰当的尊重和义务问题时，人们才接近自然主义意义上的原发型的环境伦理学。”[116]正是从这一点出发，罗尔斯顿把自然价值论作为其原发型环境伦理学的理论基础，并从自然价值中推导出人类对大自然的义务，创立了系统价值论。

罗尔斯顿的系统价值观并不否认大自然的工具价值，只是认为大自然除了工具价值之外，还有内在价值。他认为工具价值指某些被用来当做实现某一目的的手段的事物；内在价值指那些能在自身中发现价值而无须借助其他参照物的事物。[117]他指出大自然的工具价值是极其常见和重要的，资源利用在生态系统中是一个无所不在的现象，生态系统中的有机体也都是从工具利用的角度来评价周围的资源和环境的。但是，除了工具价值外，自然还有丰富的内在价值，而这种内在价值是被人们长期忽略和否定的。

罗尔斯顿主要从以下几点对自然的内在价值进行了阐述：

（1）生命系统的内在价值是目的定向而不是手段定向。所谓目的定向，就是生命系统维持自身生存与繁殖这个最高目的是价值本身，而不是为了别的什么目的，不是成为其他目的的手段价值。“没有一个鸣禽是为了成为猎鹰的食物而吞食昆虫；鸣禽把它自己的生命作为一个目的来加以保护，并尽其所能繁殖出更多的鸣禽。”[118]

（2）生命系统的内在价值是客观的而不是主观的。这就是说，内在价值是自身固有的，不依靠任何外部观察者、评价者和行动者的需要、愿望和利益。“自然的内在价值是指某些自然情景中所固有的价值，不需要以人类作为参照。潜鸟

---

[115] 雷毅. 生态伦理学. 西安：陕西人民教育出版社，2000：135.

[116] 罗尔斯顿. 环境伦理学. 北京： 中国社会科学出版社，2000：1.

[117] [118] 罗尔斯顿. 环境伦理学. 北京： 中国社会科学出版社，2000：254.

不管有没有人在听它，都应继续啼叫下去。潜鸟虽然不是人，但它也是自然的一种主体。”[119]

（3）内在价值有一个从低级向高级发展的过程。在罗尔斯顿看来，自然有计划地朝向价值进化，价值在自然演替的等级中增加。自然系统在进化过程中维护着它产生出来的价值，并不断地促进这些价值的进一步发展。人类的出现，就是自然进化的强大能力产生的结果。

（4）内在价值是一种“共同体中的善”。罗尔斯顿认为自然的价值实际上是要从物种主体与周围环境的联系中来确定的。在一个整体主义的环境网络中，“自在自为”的个体价值，都与那个它从中产生以及作为其发展目标的整体价值之间有着千丝万缕的联系，个体的价值依赖于自然系统。因此，内在价值作为“共同体中的善”，不是任何形式的“生物利己主义”。

罗尔斯顿认为，工具价值和内在价值都是客观存在于生态系统中的，两者之间没有绝对的界限，是可以相互转化的。每一个有机个体都从内在价值的角度评价自身，而本身却被它者当做工具价值来利用。生态系统是价值的转换器。在那里，“样式与存在、过程与实在、个体与环境、事实与价值密不可分地交织在一起。内在价值和工具价值彼此交换，他们是整体中的部分和部分中的整体，各种各样的价值都镶嵌在地球的结构中”。[120]生态系统让各种价值在其怀抱中争奇斗艳，它自己也因此而变得更加美丽。

在罗尔斯顿看来，生态系统是一个网状组织，在其中，内在价值之结和工具价值之网是相互交织在一起的。“在生态系统层面，我们面对的不再是工具价值，尽管作为生命之源，生态系统具有工具价值的属性。我们面对的也不是内在价值，尽管生态系统为了它自身的缘故而护卫某些完整的生命形式，我们已经接触到了某些需要用第三个术语——系统价值（systemic value）——来描述的事物。”[121]罗尔斯顿认为，系统价值是某种充满创造性的过程。这个过程的产物就是那被编织进工具利用关系网中的内在价值。生物个体、物种都是生态系统产生的内在价值的放置点，其中，人类是迄今为止生态系统进化的强大能力所产生的内在价值的最高放置点。生态系统是生命的发源地，是各种价值的创造者，其中个体和物种的价值只有处在生态系统的网状结构中并参与进化才有意义。系统价值就是创生万物的大自然，而创造性是系统价值的最重要的特性。

罗尔斯顿一方面强调人是自然进化的产物，人的生存、发展，内在价值的实

---

[119] 罗尔斯顿. 哲学走向荒野.长春：吉林人民出版社，2000：189.

[120] 罗尔斯顿. 环境伦理学. 北京： 中国社会科学出版社，2000：296-297.

[121] 罗尔斯顿. 环境伦理学. 北京： 中国社会科学出版社，2000：255.

现必须依赖于自然生态系统，受制于自然环境，只能在既定环境的基础上建造文化、求得发展。但另一方面他也强调人是自然进化的最高产物，是不同于一般动物的物种。在进化过程中，人形成了思考、语言和推理能力。人能够体验，能够带着认识和评判意识存在于大自然中，能够道德地处理人与自然的关系。他明确指出："人类与非人类存在物的一个真正具有意义的区别是，动物和植物只关心（维护）自己的生命、后代及其同类，而人却能以更宽广的胸怀关注（维护）所有的生命和非人类存在物。"在地球上，只有人类，通过他们的理性、道德、世界观，才能够客观地评价非人类存在物。人的价值和优越性并不仅仅表现为人拥有表达自己、发挥自己潜力的能力，还包括人观察其他存在物、理解这个世界的能力和自我超越的能力。在罗尔斯顿看来，人应当是完美的监督者，他们运用完美的理性和道德，欣赏他们所在的地球环境，实现一种与环境和谐相处，且对环境有益的有价值的层创进化，不仅捍卫人的高级价值，还负责看护地球。可见，罗尔斯顿的系统价值观不仅没有降低人的地位，而是特别阐明了人作为道德主体，作为自然界中唯一有智慧的存在者，对大自然所负有道德的义务与责任。

奈斯于 1974 年创立深层生态学。认为现今人们所采取解决环境危机的方法是基于浅层生态学（shallow ecology）的，即以人类中心伦理的肤浅方法解决污染和资源问题，这是无济于事的。深层生态学者认为环境危机的解除唯有藉改变现代人的哲学观点、改变个人和文化的意识形态结构，培养生态良知，以及遵循下列行动纲领：① 地球上的人类和非人类的健康和繁荣有其自身的价值（内在价值、固有价值）。就人类的目的而言，这些价值与非人类世界对人类的有用性无关。② 生命形式的丰富性和多样性有助于这些价值的实现，并且它们自身也是有价值的。③ 除非满足基本需要，人类无权减少生命形态的丰富性和多样性。④ 人类生命与文化的繁荣与人口的不断减少不矛盾，而非人类生命的繁荣要求人口减少。⑤ 当代人过分干涉非人类世界，这种情况正在迅速恶化。⑥ 因此我们必须改变政策，这些政策影响着经济、技术和意识形态的基本结构，其结果将会与目前大有不同。⑦ 意识形态的改变主要是在评价生命平等（即生命的平等价值）方面，而不是坚持日益提高的生活标准方面。⑧ 赞同上述观点的人都有直接或间接的义务来实现上述必要改变。[122]

长期以来一种根深蒂固的观念，就是认为，自然资源是没有内在价值的，只是因为它对人有用，才具有了工具价值。因此，生态环境成为参与分享人员最多，而获得关心最少的公共物品，长期被束之高阁，资本、劳动、技术进步甚至制度都逐步成为经济增长的内在变量，而生态环境却仍被拒之门外，被视为经济发展

---

[122] 雷毅. 生态伦理学. 陕西人民教育出版社，2000：172.

的外生变量，这就必然导致人类对自然资源掠夺性的利用，导致人与自然关系的对立，并把自然排除于道德关怀之外。生态中心主义的生态伦理将人与自然的关系赋予伦理的色彩，恰恰是充分意识到了，自然不仅具有工具价值，而且具有内在价值，人类只是地球生态系统的一部分，地球生态系统是人类生存所必要的栖居地，失去它就失去了人类生存的根基。所以，人类必须担当起保护自然家园的重任，给自然以道德关怀。这是人类伦理观念的进步，也是人类可持续发展的需要。

三、循环经济：生态伦理实践的一种必然选择

罗尔斯顿指出："伦理是用来生存的"，"脱离现实的伦理就什么都不是"。因此，"我们要把自然哲学和生存哲学结合起来，把环境伦理学理解为某种关心自我、关心生存的伦理学。"[123]

生态伦理学作为生存伦理是为实践服务的。生态伦理的实践就是要把人类的发展与自然的完整性结合起来，寻找人类在他们环境中对资源使用技术的最佳模式。以生态学为科学依据、以可持续发展观为核心的循环经济就是生态伦理理念实践的一种最佳模式的选择。

（一）循环经济对传统经济发展模式的变革

就人与自然环境的关系而言，人类社会经历了三种不同的经济发展模式：

第一种是传统经济发展模式。它对人类与自然环境关系的处理方式是，人类从自然中获取资源，又不加任何处理地向环境排放废弃物，是一种"资源—产品—废弃物"的单向线性物能交换过程。在这样的经济发展中，人类需要大量的自然资源才能保证生产和生活的继续运行，并随之产生大量的废弃物，直接污染了环境。这种发展模式使环境问题日益严重，资源短缺的危机愈发突出。

第二种是"生产过程末端治理"模式。它开始注意环境问题，但其具体做法是"先污染，后治理"，强调在生产过程的末端采取措施治理污染。在现阶段，许多国家和地区的经济发展模式是以生产过程末端治理为主。这一模式的理论依据，前期主要是庇古的"外部效应内部化"理论，通过征收"庇古税"来达到减少污染排放的目的。后期主要是"科斯定理"，指出只要产权明晰，就可以通过谈判的方式解决环境污染问题，并且可以达到帕累托最优。再后来，又兴起了"环境库兹涅茨曲线理论"，认为环境污染与人均国民收入之间存在着倒"U"关系，

---

[123] 罗尔斯顿. 环境伦理学. 北京：中国社会科学出版社，2000：448-449.

随着人均 GDP 达到某个程度，环境问题会迎刃而解等。这些理论为早期的环境经济学研究提供了理论分析的基础，即“污染者付费原则”的确定。但是，这种方法并不能从根本上遏止环境恶化、资源枯竭。

第三种是循环经济模式。20 世纪 60 年代前后，发达国家相继进入后工业化社会。生产和消费的大规模扩张，消耗了大量资源，排放了大量污染，引起了国际社会的广泛关注。美国经济学家鲍尔丁提出了“宇宙飞船理论”，他指出，地球就像一艘在太空中飞翔的宇宙飞船，要靠不断消耗和再生自身有限的资源而生存，如果不合理地开发自然资源，当超过地球承载能力就会走向毁灭，只有循环利用资源，才能持续发展下去。这是循环经济思想的早期萌芽。随着可持续发展成为世界的潮流，循环经济逐步成为一个系统的概念。

所谓循环经济，就是要求遵循生态学规律，合理利用自然资源和环境容量，在物质不断循环利用的基础上发展经济，使经济系统和谐地纳入到自然生态系统的物质循环过程中，实现经济活动的生态化。因此，循环经济实质上是一种生态经济，它是按照自然生态物质循环方式运行的经济模式，是用生态学规律来指导人类社会的经济活动，倡导人类与自然环境的和谐发展。循环经济以资源节约和循环利用为特征；以“减量化、再利用、资源化”为原则，采用全过程处理模式，以达到减少进入生产流程的物质量、以不同方式多次反复使用某种物品和废弃物、达到资源化目的。循环经济是一个“资源—产品—再生资源”的闭环反馈式循环过程，在实现从“排除废物”到“净化废物”到“利用废物”的过程中，达到“最佳生产，最适消费，最少废弃”，从而实现了对“大量生产、大量消费、大量废弃”的传统增长模式的根本性变革。这一变革，冯之浚先生把它称为“范式革命”，是一种质变，并把它概括为四个方面：

第一，生态伦理观实现了由“人类中心主义”转向“生命中心伦理”和“生态中心伦理”的探索。人类中心主义生态伦理观认为，人类是世界存在的最高目标，人类的价值是最崇高的且是惟一的，其他物种的价值只有在人类使用它们的时候才表现出来。生态中心伦理观认为，天下万物，甚至包括无生命的岩石等，都是有价值的生态系统整体的一个组成部分，它们休戚与共，对局部或个体的破坏就是对整体的伤害，不能够为了局部的利益伤害整体。循环经济范式摒弃传统人类中心主义生态伦理观，强调“生态价值”的全面回归，主张在生产和消费领域向生态化转向，承认“生态位”的存在和尊重自然权利。在这个范式里，人类不应该是自然的征服者和主宰者，而应是自然生态系统的一部分，既要维护人类的利益，又要维护整个生态系统的平衡。维护和管理自然是人类的神圣使命，人类必须在道德规范、政府管理、社会生活等方面转变原有的观念、做法和组织方式，倡导人类福利的代内公平和代际公正，实施减量化、再利用和资源化生产，开展无害环境管理和环境友好消费。

第二，生态阈值问题受到了广泛关注。认为生态阈值的客观存在是循环经济范式的基本前提之一。环境的净化能力和承载力是有限的，一旦社会经济发展超越了生态阈值，就可能发生波及整个人类的灾难性后果，并且这个后果是不可逆的。循环经济范式强调在生态阈值的范围内，合理利用自然资本，从原来的仅对人力生产率的重视转向在根本上提高资源生产率，使“财富翻一番，资源使用减少一半”，在尊重自然的基础上切实有力地保护生态系统的自组织能力，达到经济发展和环境保护的“双赢”目的。

第三，重新认识自然资本的作用。循环经济范式强调，任何一种经济都需要四种类型的资本来维持其运转：即以劳动、智力、文化和组织形式出现的人力资本；由现金、投资和货币手段构成的金融资本；包括基础设施、机器、工具和工厂在内的加工资本；由资源、生命系统和生态系统构成的自然资本。在末端治理范式中，是用前三种资本来开发自然资本，自然资本始终处于被动的、从属的地位。而循环经济范式中将自然资本列为最重要的资本形式，认为自然资本是人类社会最大的资本储备，提高资源生产率是解决环境问题的关键。要发挥自然资本的作用，一是通过向自然资本投资来恢复和扩大自然资本存量；二是运用生态学模式重新设计工业；三是开展服务和流通经济，改变原来的生产和消费方式。

第四，从浅生态论向深生态论的转变。末端治理模式是基于一种浅生态论，它关注环境问题，但只是就环境论环境，过分地依赖技术，认为技术万能。可是，一旦技术不能解救生态阈值，则束手束脚，拿不出解决的办法，甚至产生反对经济增长的消极想法。而循环经济模式是一种深生态论，它不仅强调技术进步，而且将制度、体制、管理、文化等因素通盘考虑，注意观念创新和生产、消费方式的变革。它防微杜渐，标本兼治，从源头上防止破坏环境因素的出现。所以，循环经济模式是积极、和谐的，是可持续的稳定发展模式。[124]

总之，循环经济的提出，是人类对难以为继的传统经济发展模式反思后的创新，是对于人与自然关系在认识上的升华，是生态伦理理念实践的必然选择。由于循环经济倡导的是与资源环境和谐的经济发展模式，因此，发展循环经济就成为我们构建资源节约型、环境友好型社会的重要途径。

（二）循环经济与生态伦理的整合

循环经济作为一种新型的生态经济，是以生态学、经济学作为自己的科学基

---

[124] 冯之浚. 循环经济导论. 北京：人民出版社，2004：11-12.

础，以生态伦理学作为自己的伦理基础，通过将经济、生态智慧和伦理关怀融为一体，形成了一种集经济、生态和伦理于一体的新经济生态伦理观。但循环经济的生态伦理，并不简单地等于生态中心主义的生态伦理，它必须接纳、包容、超越和整合现代人类中心论、生命中心论和生态中心论的环境伦理学；必须兼容平衡与发展两种取向，既要符合人类利益，又要符合生态规律的要求。也就是说，人类行为既要有益于维护生态平衡，维护地球基本生态过程，保护生物多样性；又要益于维护人类利益，益于人类生存，改善人类生活质量。因此，循环经济生态伦理应该是一种开放的、综合的、创新的生态伦理，是现代各种生态伦理的扬弃和整合。

现代生态伦理学有各种不同的理论派别，他们从不同的视角思考生态环境问题，提出了不同的道德原则，表达了不同的道德态度，虽然各派理论有这样或那样不足的方面，但也有许多合理的因素，为我们保护生态环境提供了有益的借鉴。

现代人类中心主义的生态伦理，以人类利益为标准，并把利益平等的原则延伸到子孙后代。他们高扬人类理性和智慧，强调发挥人的主动性和创造性，从人的利益出发，保护环境承担责任，这是正确的。因为，环境是所有人，包括现代人和后人的共同生存基础，如果人不存在了，一切环保问题就变得毫无意义。因此，保护生态环境，理应包含有保护人的生存的内涵，人对自然关系问题的解决离不开也最终要落实到人与人关系问题的解决。任何人与人的关系与任何人与自然的关系是彼此互为中介的，人与人的关系问题是生态伦理学不能回避也回避不了的问题。如果我们不能在人际内部实现权利和义务的公平配置，那么人与自然之间就不可能建立起一种和谐的关系。从这个角度看，人类中心主义把环境问题与现实的人际利益分配问题紧密联系起来，是有其合理性的。但是他们大多只承认人类价值，否认自然价值，在生态伦理理论上有不完善之处。

生命中心主义的生态伦理，扩展了伦理学的思维视野，使伦理学第一次突破了对人的“固恋”，要求人们从道德上关心动物，以及所有的生命，并把是否伤害生物，作为判断人的行为善恶的标准。他们推崇尊重生命，信奉生物平等主义，主张每一个生物都拥有同等的价值，都应得到道德主体的平等关心和关怀。这是一种高尚的道德境界。它不仅有助于人们克服那种对其他存在物的痛苦麻木不仁，甚至残酷的人格倾向，而且还为人们的自我完善和道德修养提供了一种新的可能性和“道德维度”，为那些超越了利己主义且履行了基本人际义务的人提供了一种更高的值得追求的道德境界。但是，这种生命中心主义的生态伦理观带有情感性和理想性，缺乏可操作性。

生态中心主义的生态伦理，把人们对大自然所负有的道德义务建立在大自然所具有的客观价值的基础之上，提出了非常重要的价值观念体系。认为价值是进化的生态系统所具有的内在属性，大自然不仅创造出了各种各样的价值，而且创造出了具有评价能力的人。整体性是生态系统最重要的特征，在整体性的生态系统中，各种构成要素普遍联系和相互作用，体现出和谐的有机性。人类不过是生态系统的一部分，与自然密不可分。因此，人类应该成为地球的守护者而不是占有者，在护卫地球的事业中起到重要的带头作用。生态中心主义的生态伦理观，不仅为人类正确处理人与自然环境之间的关系提供了科学的整体论的思维方法，还为人类调整自己行为的价值取向和摆脱日益严重的生存危机提供了基本的道德原则。但是，它的自然价值论的思想带有泛主体性、泛价值论的色彩。

生态伦理不是平面化单向度的，而是立体化多向度的。尽管各种学派理论观点不尽相同，但有一点是共同的，这就是保护生态环境，维护生物的多样性，促进人与自然的和谐共生和可持续发展。这是不同生态伦理观整合的基础，也是他们共同的道德目标。

循环经济的生态伦理就是在这样的基础上，对各种理论学派进行整合与超越，形成自己的理论特色，为人们制定新的生态伦理行为原则和规范，为可持续发展提供理论支持。

1．循环经济的生态伦理主张整体主义的生态利益观

生态整体主义强调要科学地把握个体和整体的关系，把生态系统的整体利益放在首要地位。我们知道，在人与自然的关系中，自然界是系统的整体，而人不过是系统整体中的一个局部的要素；自然界整体是决定者，作为局部要素的人则是被决定者，自然界整体的规律性和动态结构的阈限构成了人类实践活动的绝对限度。因此，人类的活动不能逾越生态承受力，更不能违背整个生态系统的发展规律。但是，生态整体主义并不否认人类的生存权、人类的利益，甚至不否定人类对自然的控制和改造。它只是主张把人类的物质欲望、社会经济增长、对自然的改造利用限制在能被生态系统所承受的范围内。历史的实践证明：只要坚持人类利益至上，生态危机就难以避免；只有坚持生态系统的整体利益，生态平衡才能达到，全人类的利益才能真正实现。循环经济所倡导的与资源环境和谐的经济发展模式，就是坚持了生态系统的整体利益，按照生态规律合理地利用资源和确保生态平衡，从而实现了环境保护和社会经济发展的双赢。

2．循环经济的生态伦理主张整体主义的生态价值观

近代工业文明的发展价值观，把经济增长看成是发展的终极目的和根本的价

值取向，同时把人看做绝对的主体，而外部自然界则仅仅被看做是一种供人“占有”、“消费”、“使用”的对象，是一种满足人类需要的“工具性价值”，或者说是一种“消费价值”。这种价值观完全否认了自然界的“自然价值”，由此推出了“资源无价”和“环境无价”，从而理直气壮地掠夺和挥霍自然资源，导致生态危机和环境危机。循环经济的生态伦理提出了生态价值的新思想，认为，地球上的任何物种和生物个体，在生存竞争当中都既实现着自身的生存利益，同时也创造着其他物种和生命个体的生存条件，在这个意义上说，物种和生命个体对其他物种和生命个体具有价值，对生态系统整体功能的完善也具有价值。在地球生物圈的生态系统中，整体系统具有自我维持、自我调控、自我组织的机能，它使整个生态系统呈现出稳定、平衡与协调。这种生物机能本身也具有价值，是生态价值。由于循环经济承认生态价值的内在性和固有性，因此，提出在生态系统中人类要考虑整个系统的生态效益，在经济发展中必须考虑资源的耗竭和生态环境的恶化成本以及资源再生速度，改进经济系统使之能与生物圈兼容，以系统的可持续发展为最终目标，建立理想的经济生态系统。同时，进一步强调了自然资本的作用，提出将在经济发展中所消耗的资源成本和生态环境成本计算在内的绿色 GDP 的核算方法。可见，循环经济生态伦理所确立的整体主义的生态价值观，对于克服传统价值观对人与自然关系的片面理解，为立足于人与自然之间全面关系的可持续发展的价值观的形成，提供了理论基础；同时也为我们克服环境危机，保护自然环境，维护生态平衡提供了实践上的支持。

3. 循环经济的生态伦理主张整体主义的和谐发展观

循环经济的生态伦理观反对绝对的主客二分，把人与自然分离和对立起来的机械论的思维方式，认为我们生存的现实世界是一个“自然—人—社会”的复合生态系统，世界既不是纯客观的自然，也不是脱离自然的人，而是“自然—人—社会”三位一体的有机整体。在这个整体中，离开人与社会的关系，无法说明人与自然的矛盾运动；同样，离开人与自然的关系，也无法说明人与社会的矛盾运动，我们只有在这些矛盾的相互连接上，才能求得对包括道德现象在内的整个社会和自然现象的解答。特别是在环境危机日益严重的今天，人类利益与其他物种乃至地球的利益已休戚与共、密不可分地相互交织在一起，要维护人的生存，就内在地包含了维护作为人的生存根基的生态系统的生存，而保护了生态系统，人的生存也就自然有了保证。正像马克思所说：“历史可以从两方面来考察，可以把它划分为自然史和人类史。但这两方面是密切相连的；只要有人存在，自然史和人类史就彼此相制约。”[125]因此，循环经济的生态伦理要求我们在人与自然的关系问题上，破除对立、斗争、征服、占有的思维方式，以相容、共生、协调、平衡的思维方式促进人与自然的和谐统一，共同发展，构建环境友好型社会。

4. 循环经济的生态伦理主张整体主义的全球伦理观

循环经济的生态伦理观，不强调以什么为中心，认为事物的相互联系和相互作用，比它们之间的相互区别更重要，所有生态因素都是相互作用、相互补充的。正如美国学者麦茜特指出的：“生态学的前提是自然界所有的东西联系在一起的。它强调自然界相互作用过程是第一位的。所有的部分都与其他部分及整体相互依赖、相互作用。生态共同体的每一部分、每一小环境都与周围生态系统处于动态联系之中。”[126]世界就是多元的相互作用的世界。因此，人类必须站在一个新的角度看环境问题，彻底抛弃传统的“对抗模式”，必须在思想上将地球看做人类共同的家园，树立全球环境伦理观，把社会公正和人的尊严与自由考量进去，破除环境霸权主义，坚持环境权的平等，坚持人与人、人与自然的共生、共荣。长期以来，人类已经习惯于用一方受益、一方受损的思维方式来实现某些目标，而生态伦理学则吸收了现代生态学的最新研究成果，肯定异种生物个体间的相互作用原理，从根本上否定了现代社会发展长期存在的“非赢即输”的基本模式，倡导“相互收益性”和“共生”、“共存”、“共赢”，这正是循环经济追求的环境与经济双赢的理想模式。

在全球化的时代，走循环经济之路，已经成为世界各国的共识。中国未来的可持续发展取决于循环经济能否成功。坚持以循环经济的生态伦理观为指导，才能促进循环经济健康和持久的发展。

第二节 循环经济与经济伦理

循环经济不仅是一种经济增长方式，也体现了一种价值取向或一种新型的经济伦理观念。作为一种新型的经济伦理观，它是以生态伦理为基础，并改造传统经济伦理而形成的。研究循环经济与经济伦理的关系，对于我们深入认识循环经济的本质，以及它在经济和伦理两个领域所实现的变革，具有重要的现实意义。

---

125 马克思恩格斯选集（第1卷）. 北京：人民出版社，1972：21.

126 卡洛琳·麦茜特. 自然之死. 长春：吉林人民出版社，1999：110.

一、经济与伦理关系的历史思考

经济与伦理有着密切的联系。从“经济”一词的词源学意义上讲，“经济”一词是从伦理文化中发展而来的。在中国古代“经济”一词就有经邦济国、经世济民，合理理财等道德意义。在西方文化中，“经济”一词原指家庭管理。可见，都与道德有关。但在历史上，经济与伦理的关系却经历了由统一到分离再到统一的发展过程。

（一）经济与伦理的统一时期

经济学与伦理学的关系可以上溯到古希腊罗马时代。“经济”一词最早见于古希腊著名学者色诺芬所著的《经济论》。在这部著作中，他第一次使用了“经济”（古希腊文为 oikonomia）一词，指的是“家政管理和持家之道，即是古希腊奴隶主家庭管理的合理原则”。在古希腊，家庭是伦理主体之一，对于家庭的管理实际上是属于伦理的范畴。可见，“经济”一词最早的意义是从伦理的角度体现的。后来，在亚里士多德那里，伦理学被首次创造出来并成为一门独立的学科。他将“经济”更为精确地划分为两个方面的内容：“一是研究家庭成员之间的关系，即主奴、夫妇、父子之间的关系；二是研究致富的技术。”近现代的“经济”观就是从这一传统伦理观中逐渐萌生的。[127]这个时期，在经济与伦理二者相统一的关系中，是以伦理为主导，财富被认为是幸福的外在条件和必要条件。正如亚里士多德所说：“我们所说的幸福就是那些或那一种最好的活动。不过如所说过的，幸福也显然需要外在的善。因为，没有那些外在的手段就不可能或很难做到高尚（高贵）的事。许多高尚（高贵）的活动都需要有朋友、财富或权力这些手段。还有些东西，如高贵的出身、可爱的子女和健美，缺少了它们福祉就会暗淡无光。”[128]但财富并不等于幸福，它受到德性的制约，德性高于财富，不受德性制约的财富，会损毁德性。亚里士多德认为，挥霍与吝啬是财务方面的过度与不及，挥霍是浪费财物的恶，吝啬则是对于财富在给予上的不及和在索取上的过度。同样是处理财富的方式，但它们却不是善的。慷慨是人处理财富所具备的最好的德性，相对于挥霍和吝啬，它是财富方面的适度。

经院哲学时期，在天主教会的影响下，神学哲学的伦理思想成为当时西方社

[127] 薛为昶．伦理学与经济学的离分与复归：斯密体系及斯密以来经济学伦理意蕴的研究．徐州：中国矿业大学出版社，2004：10-13.

[128] 亚里士多德．尼各马可伦理学．北京：商务印书馆，2003：24.

会的主流伦理思想，并延续了伦理道德对经济的主导地位。托马斯·阿奎那在《神学大全》中曾写道："把所有经济问题加在一起，还不如神学或哲学理论中最微末的问题重要，只是当经济现象提出道德神学方面的问题时，他才对其有所论述。"[129]同时他又认为经商本无善恶之分，关键是如何对其进行道德的引导。在《神学大全》中，他对买卖行为和高利贷现象进行了伦理分析。对于买卖，他认为物品交换应该以均等为基础，实现公平买卖。如果明知物品有缺陷还以次充好，或给买主带来损失和危险，那么这就是违法的，卖主有补偿或退赔的义务。他还认为以满足自然需求为目的的交换和以谋取利润进行的交换都是合理的，后者不必然违反道德。托马斯·阿奎那认为高利贷现象是违法的、不道德的。因为货币的目的就是消费，在交换中获取差额利润是合理的，因为它最终交换了商品。但通过贷出金钱而获取高额利息只是借出了货币的使用权，没有交换任何商品，因而是违法的。

从以上我们可以看到，在这个时期，经济与伦理的关系是以伦理为导向的经济与伦理的统一。

（二）经济与伦理的分离时期

经济学与伦理学的这种"亲密"关系一直延续到启蒙时代。欧洲的近代是经济与伦理开始分离的时期。由于机械化大生产的产生、自然科学的极大发展以及实证主义哲学思潮的影响，出现了经济的数学化、伦理的功利化以及事实领域和价值领域的割裂，最终导致了经济学与伦理学的分离。

人们普遍认为经济学与伦理学的分离是从亚当·斯密的"理性经济人"理论开始的。"经济人"的概念是帕累托首先提出来的，而斯密则给了它最好的诠释。"经济人"的第一个特性就是自利性。斯密在《国富论》中写道："我们每天所需要的食物和饮料，不是出自屠户、酿酒家和面包师的恩惠，而是出于他们自利的打算。"[130]自利就是关心自己的利益，追求自身利益的极大化。个人为了自身的利益自觉地进行经济活动，这是由人的利己本性决定的。同时，斯密认为"人们不应该把自己看做某一离群索居的、孤立的个人，而应该把自己看成是世界中的一个公民，是自然界巨大国民总体中的一员。""为了这个大团体的利益，人人应当随时随地心甘情愿地牺牲自己的微小利益。"斯密在这一斯多葛式的叙述中又说明了同情心和利他主义的重要性。这在某些学者看来是前后矛盾的，人们针对被称为"斯密问题"的这个"矛盾"开始了广泛而持久的争论。实际上，所谓的

---

129 熊彼德．经济分析史（第1卷）．北京：商务印书馆，1991：131.

130 亚当·斯密．国民财富的性质和原因的研究．北京：商务印书馆，2005：14.

“斯密问题”是对亚当·斯密思想的一种误解。斯密认为利己是人类的天性，但在《道德情操论》中斯密也指出，人类这种“热爱自己远胜于热爱别人”的天性是一种“自爱”的表现，它与同情心等人类其他的道德感情是始终相伴的，我们在爱自己的同时也要爱别人，这才是斯密所要表达的内在含义。[131]但是，近现代经济学在理论发展过程中，却只是将“经济人”的“自利性”孤立地拿了出来，作为经济理论的预设，而忽略了其背后重要的伦理意义，造成了“经济人”与“道德人”的分离。

“经济人”的第二个特性是具有理性，个人理性地追求自身利益的最大化。在理性的指引下，人类能够对世界做出正确的认识和判断，并且保持自己的行为符合理性的正确的判断。对于世界的理性认识，斯密提出了“看不见的手”的理论。自利的人“通常既不打算促进公共的利益，也不知道自己是在什么程度上促进那种利益……他受一只看不见的手的指导，去尽力达到一个并非他本意所要达到的目的……他追求自己的利益，往往使他能比真正处于本意的情况下更有效地促进社会的利益。”[132]这一理论的意义在于，一方面，将个人自利与公共利益联系到了一起，在这只“看不见的手”的引导下，个人在追求自身利益的同时，能够更有效地促进社会的利益，说明了自生自发秩序的可能性，从“经济人”自觉上升为“道德人”的可能性。另一方面，“看不见的手”作为一种“自然秩序”，它不受任何主观因素的影响，所以要求一种完全自由的市场经济环境。这种“自然秩序”类似于某种潜在的经济规律，而对于这种经济规律，当然只有理性才能把握。众多经济学家开始致力于对这只“看不见的手”的理性把握，而将伦理道德作为“看不见的手”的必然结果放在了次要的地位，从而造成了经济学事实领域与价值领域的分离。

经济学事实领域与价值领域的分离同时也受到了实证主义思潮的影响。以孔德为代表的哲学家在 19 世纪掀起了一场实证主义思潮。实证主义又可以解释为证实主义，他们认为，经验是知识的唯一来源和基础，一切科学知识都是建立在经验事实的基础上的。一个命题只有能被经验证实才是科学命题，如果无法被经验证实，那么就不是科学命题。科学的任务就是从经验中去寻找不变的法则和普遍的规律。随后实证主义逐渐演变为逻辑实证主义，在强调经验证实的同时，还重视知识内部的逻辑贯容性和一致性。而相对于科学知识而言，伦理学、文学、艺术等无法用经验事实证明或证伪，无所谓真假的命题，在逻辑实证主义看来是

---

131 薛为昶．伦理学与经济学的离分与复归：斯密体系及斯密以来经济学伦理意蕴的研究．徐州：中国矿业大学出版社，2004：78-87.

132 亚当•斯密．国民财富的性质和原因的研究. 北京：商务印书馆，2005：27.

完全没有意义的命题。

其实，休谟早就曾在《人性论》中提出了事实与价值分离的问题。他指出："理性的作用在于发现真或伪。真或伪在于对观念的实在关系或对实际存在和事实的符合或不符合。因此，凡不能有这种符合或不符合关系的东西，也就不能成为真的或伪的，并且永不能成为我们理性的对象。但是显而易见，我们的情感、意志和行为是不能有那种符合或不符合关系的；它们都是原始的事实或实在，本身圆满自足，并不参照其他的情感、意志和行为。因此，它们就不可能被断定为真的或伪的，违反理性或符合于理性……行为可以是可夸奖的或是可责备的，但不能是合理的或不合理的：因此，可夸奖的或可责备的同合理的或不合理的并不是一回事"[133]休谟认为理性可以评价事实是与不是、符合还是不符合，但不能用来评价情感、意志和行为。从"是"与"不是"的命题不能推出"应该"与"不应该"的命题，从而将事实领域同价值领域区分开来，这也就是著名的"休谟铡刀"。

事实领域与价值领域分离和实证主义影响了经济学理论的发展，产生了规范经济学与实证经济学的分野。莱昂内尔·罗宾斯认为经济学是"唯物主义"性质的，"经济学研究的是用稀缺的手段达到既定目的所引发的行为。因此，经济学对于各种目的而言完全是中立的；只要达到某一目的需要借助于稀缺手段，这种行为便是经济学家关注的对象。经济学并不讨论目的本身。"[134]罗宾斯认为经济学研究的真正对象是"稀缺"这一客观事实，而对于"为什么人类这种动物赋予某些东西以这种意义上的价值，我们不讨论这一问题。严格地说，这是心理学家甚或生理学家要讨论的问题。我们作为经济学家所要假设的仅仅是这样一个显而易见的事实，即不同的可能性提供不同的动机，这些动机可以按其强度加以排列。无疑，根据这一基本概念推演出来的各种定理，可以解释许许多多的社会活动，而这些活动却不能用其他方法加以解释。"[135]对于经济学与伦理学，罗宾斯是这样论述的："不幸的是，这两个学科从逻辑上说似乎只能以并列的形式联系在一起。经济学设计的是可以确定的事实；伦理学涉及的是估价和义务。这两个研究领域风马牛不相及……含有动词'应该'的命题，在性质上不同于含有动词'是'的命题。不把它们区分开，或看不出它们的本质区别，很难理解会有什么好处。"[136]他认为，经济学应该是精确的、客观的、普遍的，并且是价值无涉的。

自亚当·斯密之后，经济学成为一门独立的学科以来，把伦理学的考虑从经

---

[133] 休谟．人性论．北京：商务印书馆，1997：498.

[134] 莱昂内尔·罗宾斯．经济科学的性质和意义．北京：商务印书馆，2000：26.

[135] 莱昂内尔·罗宾斯．经济科学的性质和意义．北京：商务印书馆，2000：72.

[136] 阿马蒂亚·森．伦理学与经济学．北京：商务印书馆，2000：120.

济学中剔除的逻辑实证主义倾向和做法逐渐时髦起来。西方主流经济学总是排斥价值判断，排斥规范经济学，主张实证经济学，企图把经济学变成一门像自然科学那样的纯粹的科学。伴随着近代欧洲自然科学的长足进步，科学方法的广泛运用，特别是数学等工程方法的发展，经济学对数学等工程学方法的应用范围在不断扩大，从威廉·配第的《政治算术》（1676 年），到魁奈的《经济表》（1758 年）、考纳德的《财富理论的数学研究》（1838 年）、瓦尔拉的均衡交易理论（1874 年）、哈罗德的经济增长模型（1948 年）、托宾的中值-变量模型（1958 年）以及 20 世纪 70 年代至 90 年代索洛和罗曼的经济增长模型，开创了经济数学化的时代。从此，伦理的思考被彻底排除于经济学之外，经济学成了一系列的数学运算和逻辑推理，经济学与伦理学逐渐相互远离。

（三）经济与伦理的重新结合时期

20 世纪后半期，实证主义逐渐衰落。波普尔提出科学命题是无法通过经验得到证实的。因为所有科学命题基本都是普遍规律，而所有的经验都是具体的个别的事实。逻辑上，单称命题无法推出全称命题，即使通过再多的个别事实也无法归纳出普遍规律。即我们看到再多白色的天鹅也只能说我们所看到的天鹅是白色的，但却不能证明所有的天鹅都是白色的。除非该科学命题只针对某一经验事实，如地球是椭圆的。但这样一来，大部分科学命题就没有意义了。波普尔提出了“证伪”的原则，认为只有能够被经验证伪的命题，才是科学命题。波普尔的理论给实证主义带来了巨大冲击，人们逐渐意识到对于事实领域和价值领域的切割太过武断。而伴随着经济学的实证化追求受到了质疑，以及经济学的这种纯数学化发展，忽视了经济学的人文价值取向，带来了诸如环境污染、贫富差距等严重的社会和伦理问题，使很多经济学理论逐渐走入困境。

英国经济学家庇古在边沁“最大多数人的最大幸福”的功利主义理论基础上提出了国民收入最大化原则和国民收入均等化原则，开创了福利经济学。但由于快乐是不可比较的和实证主义的缺陷，导致了福利经济学从效用基数论向效用序数论的转变，由旧福利经济学向新福利经济学的转变。在转变过程中，新福利经济学逐渐纯粹化、数学化，宣扬价值中立和伦理无涉。新福利经济学社会福利函数理论提出，必须根据社会每个人对于全社会福利的各种情形的评价，以及根据个人的偏好次序，才能推导出全社会所有人的一致的偏好次序。即由个人偏好次序获得社会偏好次序。但是，美国经济学家阿罗指出试图在任何情况下从个人偏好次序推出社会偏好次序的想法是不可实现的，这就是著名的阿罗不可能定理。假设有 A、B、C 三人，他们对 x、y、z 这三种事物有不同的偏好次序。A 的偏好次序是：x、y、z；B 的偏好次序是：y、z、x；C 的偏好次序是：z、x、y。A 和 B 都是偏好 y 胜于 z，而 C 却偏好 z 胜于 y；B 和 C 都是偏好 z 胜于 x，而 A 却偏好 x 胜于 z；A 和 C 都是偏好 x 胜于 y，而 B 却偏好 y 胜于 x。其中任意两人的偏好都无法与第三人的偏好达成一致，所以在这种情况下只有强制方法或独裁方法，否则从个人偏好次序无法推出社会的偏好次序，而社会选择是建立在非独裁的基础之上的，这就造成了理论上的矛盾。这说明仅靠效率原则对每个人进行效用分析比较是有可能无法进行社会偏好排序的，因此必须在个人效用排序的基础之上加入外部的限定条件。由于缺少了这个外部限定条件，社会福利函数的经济理论陷入了“不可能”的困境。这个外部限定条件实际上指的就是统一的价值取向，是伦理学价值领域所要研究解决的问题。其他经济学理论也不同程度地遇到了同样的问题，由于回避价值判断，经济学的预测能力被大大减弱了，经济理论与现实生活严重背离。

对于经济与伦理的这一分离，1998 年诺贝尔经济学奖得主印度的阿马蒂亚·森深感忧虑。他认为经济学有两个根源，其一为“经济学与伦理学、政治学中有关伦理观念的联系”，其二为“经济学与‘工程学’方法论的联系”，后一根源无疑为近现代经济学的发展作出了巨大的贡献，但是经济学与前一根源的割裂，即与伦理的割裂，却使现代经济学“出现了严重的贫困化现象”，[137]因为忽视了“伦理相关的动机观”、“伦理相关的社会成就观”，严重淡化了伦理学的方法。尽管他同时也指出，这并非惟一的主要原因。因为完全依据工程学的方法，就无法解释在食物供给能力如此之高的情况下，为什么会有饥饿和饥荒的现象存在。相反，如果我们运用强调社会相互依赖性的一般均衡理论则可以解决这一问题。因此，他指出：“经济学，正如它已经表现出的那样，可以通过更多、更明确地关注影响人类行为的伦理学思考而变得更有说服力。”[138]另外，从伦理学来说，它也需要经济学方面的支持。一方面，经济学为伦理学提供了研究的对象，另一方面，“伦理学完全可以从经济学所使用的推理方法中获得一些有用的东西”。[139]以阿马蒂亚·森为代表的一些经济学家，由于看到了经济学与伦理学的分离所造成的理论困境，认识到了经济学只有重新与伦理学相结合才能为经济学理论带来出路，同时也有利于伦理学自身的发展。因此，他们倡导经济学与伦理学、事实领域与价值领域的重新对话，经济学向伦理学复归。20 世纪初，经济伦理学终于应运而生。

---

[137] 阿马蒂亚·森. 伦理学与经济学. 北京：商务印书馆，2003：13.
[138] 阿马蒂亚·森. 伦理学与经济学. 北京：商务印书馆，2003：15.
[139] 阿马蒂亚·森. 伦理学与经济学. 北京：商务印书馆，2003：16.

二、经济伦理思想的形成及其存在的主要问题

经济与伦理在经历了一段时间的分离之后又开始走向融合，这本身就说明经济与伦理是不可分离的。伦理学研究的是道德与利益的关系问题，如果它丧失经济这一阵地，将是很大的损失；经济学研究的经济行为、经济现象和经济规律总是涉及人的方面，而人并不是仅仅有理性的方面，而且有非理性的方面，不仅有自利的方面，而且有利他的方面，故经济学必须引入人文关怀。如果我们公正地看待经济与伦理在近代以来的分离，那么，我们也可以看到，正是经过这一时期经济与伦理的独立发展，经济与伦理都形成了新的研究方法，这也就为经济与伦理在更高层次上的结合创造了条件。

（一）经济伦理理论的形成

在理论定位上，经济伦理学属于应用伦理学范畴，是以伦理学和经济学为主干学科构建而成的。一般认为，“经济伦理学是研究社会经济中的道德现象和道德关系，并对经济进行道德评价的学科。”[140]其实，对社会经济中的道德现象的研究在很早就出现了。

早在古希腊时期，亚里士多德在关于交换价值、货币职能和经济过程的论述中，就具有伦理的形态。在《尼各马可伦理学》中亚里士多德就开始探讨经济活动中的伦理问题。亚当·斯密开创了古典经济学派，被称为“经济学之父”，但斯密是以道德哲学家的身份登上学术舞台的。在斯密那里，经济学、哲学、伦理学始终是统一的，经济学不只是研究经济运行这一纯经济领域问题，而时刻对哲学、伦理和价值给予关怀。正像埃里克·罗尔所指出的：“我们不能忘记《国富论》的作者就是《道德情操论》的作者。如果我们不了解后者的一些哲学知识，就不可能理解前者的经济思想。”[141]马克思也非常关心经济学的价值论前提，并将其作为其经济学说的中心和归宿。马克思的经济学是紧紧围绕以“人”为中心展开的，在马克思那里，经济学探讨的不光是经济过程，而是通过对经济过程的探讨研究，为实现人的自由个性和全面发展寻求可行的经济制度及运行机制。因此，马克思的经济学是“一种将经济分析、政治哲学和政策综合为一体的体系。”[142]总之，自经济学产生以来，许多经济学家、伦理学家都对经济过程中的伦理问题进

[140] 宋惠昌. 应用伦理学. 北京：中共中央党校出版社，2001：101-102.

[141] 埃里克·罗尔. 经济思想史. 北京：商务印书馆，1981：11.

[142] 埃里克·罗尔. 经济思想史. 北京：商务印书馆，1981：281.

行过研究，形成了一些经济伦理思想。

但经济伦理作为一门新兴的应用伦理学科，产生于 20 世纪初期，它最早是由德国著名学者马克斯・韦伯提出的。韦伯注意到了伦理精神对于资本主义经济发展的促进作用，在其著作《新教伦理与资本主义精神》中，首次提出了“经济伦理观”的概念，并阐述了关于伦理对经济发展的影响和作用的经济伦理理论。他指出：“虽然经济理性主义的发展部分地依赖理性的技术和理性的法律，但与此同时，采取某些类型的实际的理性行为却要取决于人的能力和气质。如果这些理性行为的类型受到精神障碍的妨害，那么，理性的经济行为的发展势必会遭到严重的、内在的阻滞。各种神秘的和宗教的力量，以及以它们为基础的关于责任的伦理观念，在以往一直都对行为发生着至关重要的和决定性的影响”。[143]在书中，韦伯论述了路德将神圣的宗教信仰同世俗的职业活动相联系的“天职”观念，以及加尔文教提出的“预定论”的思想和禁欲主义对人们的影响。在韦伯看来，现代资本主义的发展得益于基督教中的“天职”思想和禁欲主义。“天职”思想使加尔文教徒辛勤地劳动或工作，并认为由此而获得的金钱或财富是上帝对他的奖赏，是获得上帝的恩宠的一种表现。“在现代经济制度下能挣钱，只要挣得合法，就是长于、精于某种天职的结果和表现，”是一种“美德和能力”。[144]这样，韦伯就为资本家的逐利行为找到了伦理精神的辩护。在加尔文教徒辛勤工作的同时，他们也提倡节俭的消费观，即“尽其所能获得他们所能获得的一切，节省下他们所能节省的一切”。“当消费的限制与这种获利活动的自由结合在一起的时候，这样一种不可避免的实际效果也就是显而易见了：禁欲主义的节俭必然要导致资本的累积。强加在财富消费上的种种限制使资本用于生产性投资成为可能，从而也就自然而然地增加了财富。”[145]正是“天职”思想和禁欲主义为资本主义经济的发展提供了伦理精神动力，使资本主义经济获得了空前的发展。

如果说韦伯最早提出了经济伦理理论，那么阿马蒂亚・森则将经济伦理发展成了一场思想潮流。在《伦理学与经济学》中，森阐述了他的经济伦理思想。第一，森首先论证了经济学与伦理学的严重分离，以及这一分离如何铸就了现代经济学的一大缺陷，不仅导致了现代经济学出现了“严重贫困化现象”，而且对于伦理学也是一件“非常不幸的事情”。明确指出“经济学的研究最终必须与伦理学研究和政治学研究结合起来”。[146]第二，森强调经济伦理学研究经济行为动机的重要性。他一方面指出了“理性行为”假设在现代经济学中所具有的重要作用，

---

143 马克思・韦伯. 新教伦理与资本主义精神. 北京：商务印书馆，1995：15-16.

144 马克思・韦伯. 新教伦理与资本主义精神. 北京：商务印书馆，1995：38.

145 马克思・韦伯. 新教伦理与资本主义精神. 北京：商务印书馆，1995：135.

146 阿马蒂亚・森. 伦理学与经济学. 北京：商务印书馆，2003：9.

另一方面也批评了理性自利最大化的观点。他指出，自利理性观意味着对“伦理相关”动机观的断然拒绝，正是“经济学中极为狭隘的自利行为假设，阻碍了它对一些非常有意义的经济关系的关注”。[147]以日本的经验为例，事实上，“责任、荣誉和信誉”这些偏离自利行为的伦理考虑，都是取得个人和集体成就的极为重要的因素，在其工业成功中发挥了十分重要的作用。第三，森的研究为我们目前关于经济伦理学的研究纬度提供了重要的启示：首先，伦理对经济来说，它不是一种外部的力量，而是经济增长的内生变量。因此，经济伦理研究应该注重经济运行过程的分析，经济增长各变量及各变量之间的关系研究，尤其应该注意道德这一变量与因素在其中的地位、作用与影响。其次，经济伦理研究，应当合理地将认知层面与规范层面相结合。一方面要认识、理解经济活动、经济关系以及企业实践等“是什么”的问题，另一方面要科学合理地规范伦理方向，解决“应当怎样”的问题，这两者同样重要。最后，经济与伦理的交会点或结合点之一，是“伦理相关的动机观”和“伦理相关的社会成就观”的价值分析与价值判断问题。自利是人行为中的重要动机，但不是惟一动机；对社会成就的判断，除了效用、利益等之外，还与善、责任和正义这样的伦理问题分不开，与人应当怎样生活以及什么是正义的社会分不开。显然，这些道德价值问题，同样是经济伦理的终极关怀问题。森对经济伦理学的研究作出了重要的贡献。约翰·勒蒂奇对阿马蒂亚·森的《伦理学与经济学》一书给予了这样的评价：“对于那些关心当代经济学与道德哲学之间关系的经济学家、哲学家和政治科学家来说，这本书可谓是一个思想‘宝库’。”“在全新的意义上，他阐述了一般均衡经济学能够对道德哲学分析所作出的贡献，道德哲学和福利经济学能够对主流经济学所作的贡献。”[148]在阿马蒂亚·森思想的影响下，经济伦理研究得到了迅速的发展。

经济伦理发展可以说是沿着两个路向进行的。一为注重理论研究，这一传统主要是在欧洲。如德国的科斯洛夫斯基，他著有《伦理经济学原理》和《资本主义的伦理学》。在其著作中，他对经济制度如资本主义制度的道德性进行了考察。而且，他也开始运用经济学的一些概念、方法如“帕雷托最优”、“博弈”论等研究伦理问题。另一路向为注重经济生活中个案的研究，这类研究以企业伦理为主，主要是研究企业行为中的两难或道德冲突，为企业制定生产经营政策提供指导。这类研究主要集中在美国。在伦理学开始研究经济问题的同时，经济学理论也开始引入对影响人的行为的伦理观念的分析，并开始注意到经济学的伦理维度。在理论上表现为人们在经济学中引入了合理性、福利、正义、权利和义务等观点，

---

[147] 阿马蒂亚·森. 伦理学与经济学. 北京：商务印书馆，2003：3.
[148] 阿马蒂亚·森. 伦理学与经济学. 北京：商务印书馆，2003：2.

而在一定程度上摆脱了“理性经济人”的假设。特别是在环境危机与经济发展产生严重冲突的今天，可持续发展已成为人们的共识，一些有识之士提出了“生态经济人”的观点，并开始对循环经济，以及循环经济的伦理问题进行研究。

循环经济伦理作为一种新型的应用伦理形态，与传统的经济伦理有所不同，它是对传统经济伦理的超越。要认识这一点，就有必要对传统经济伦理存在的一些问题进行分析。

（二）传统经济伦理存在的主要问题

传统经济伦理理论中，经济伦理一般包含两方面含义，即“伦理的经济”和“经济的伦理”。“伦理的经济”是指从伦理角度对经济活动进行价值规范或价值导向，通过伦理的规范和导向，进而提高经济效率。例如，关于经济活动的伦理规范的研究。“经济的伦理”一方面是指用经济学的理论和方法进行伦理学研究，另一方面是指研究经济活动中所具有的伦理价值。这些研究是从经济的角度对伦理道德重新阐释，加深经济与伦理的内在联系，使伦理学理论多样化。

经济伦理是经济学与伦理学相互借鉴、互相影响的产物，由于这种特殊性，经济伦理的形成和发展同时受到经济学与伦理学这两门学科发展状况的影响，因此，传统经济学与伦理学的缺陷同时也就造成了经济伦理的缺陷。

1. 传统经济理论的缺陷

稀缺和效率是经济学研究的两大主题。

罗宾斯认为：“经济学是把人类行为当做目的与具有各种不同用途的稀有手段之间的一种关系来进行研究的科学。”[149]稀缺性不是事物的绝对属性，它是相对于我们的需要而言的。再稀少的东西，如果我们不需要，也不能提升它的价值；即使是随处可见的东西也会由于我们的需要而身价倍增。稀缺性是调节市场的重要手段。价格会对商品的稀缺程度做出灵敏的反应，一种商品愈稀缺这种商品的价格就会愈高，市场规律就会起作用。价格上涨，会刺激生产，促使生产更多的这种商品投放市场。随着该商品进入市场愈来愈多，其稀缺性也就愈来愈低，价格就会下降，相应生产也就会降下来。伴随商品稀缺性的变化，整个市场处于一种动态平衡之中。

然而，传统经济学理论在积极研究人口、技术、资本这些重要的经济要素时，市场经济和工业文明的迅速发展，却将自然资源和环境要素放在了十分次要的地位。早在工业革命时代，伦敦曾以“雾都”之名闻名于世。那时，伦敦五天中就

---

[149] 莱昂内尔·罗宾斯．经济科学的性质和意义．北京：商务印书馆，2000：20.

有一天是雾天。这里的雾常常弥漫不散，连续好几天，空中都是充满白茫茫的小水滴。1952 年 12 月 5 日发生的一次大雾，延续了 4 天多，家庭取暖中排出的煤烟，被浓雾笼罩着，久久不散。白天犹如黑夜，要点灯照明。市区交通停顿，居民感到胸闷，呼吸困难。谁能想到伦敦的大雾和当地的地理环境和大气污染有关。英国是大西洋中的一个岛国，而伦敦又处于英国东南部的一块盆地上。秋冬季节，当西风把大西洋的水汽吹向陆地时，白天和晚上的温差比较大，盆地空气相对稳定，流动不畅，下层空气受冷以后，往往会形成漫天大雾，并且循环往复，久不消散。再加上伦敦的工业和交通迅速发展，工矿企业和汽车排出的大量烟尘漂浮在空气中，变成了雾的凝结核，这也是促成大雾的一个重要原因。随着经济的迅速发展，人类生存的环境状况也在不断地恶化，逐渐从地区问题变成全球问题。大量生物物种灭亡、臭氧层空洞、全球气温升高等环境问题的出现降低了我们的生活质量、威胁着我们的生存和生命安全。同时，资源危机也逐渐引起了人们的重视。乱砍滥伐造成了大量森林资源的减少；水污染和过度使用让原本就分布不均、相对紧张的水资源更为短缺；能源资源问题也很紧迫，虽然有学者认为阿联酋、科威特和伊拉克三国还可以继续开采石油和供应国际市场 100 年以上，但是从 1973 年开始世界已经经历了三次石油危机，石油资源的分布不均性和不可再生性潜埋了人类生存、发展的危机。随着环境遭到严重破坏，资源被大量消耗与浪费，环境与资源从供给不稀缺发展到开发能力稀缺，又发展到潜在供给稀缺。这时，它的有限性与稀缺性才在世界范围内被广泛关注与重视。而传统经济理论所倡导的稀缺手段、市场规律在面对自然资源和环境问题时却作用失灵。“传统经济观点认为价格会对资源的稀缺程度做出灵敏的反应，一种资源愈稀缺这种资源的价格就会愈高，从而增加了使用该种资源的成本，市场规律就会起作用。价格上涨，会促使人们寻找这种稀缺资源的替代品。”[150]这就需要人类的技术进步和科学创新，然而技术进步和科学创新的速度能否赶上自然资源的消耗速度，这还是一个未知问题。如果无法找到或发明出稀缺资源的相应替代品，那么人类将不得不面对资源枯竭所带来的危机。

传统的经济发展模式关注的是“原料—产品—资本—原料—产品……”这样一个发展过程。传统经济理论研究的是如何通过改变技术手段、管理手段等方式让原料更快地变成商品，并更快地销售出去换取资本，然后资本投入进行再生产，重复这一过程。在这里资本运转的速度越快，证明资本的使用效率就越高，在同一时间段内可使用的资本就越多，相应地从资本运转中获得的利润就越大，经济效率就越高。例如，一个工厂用 2 万元的资本进行生产，可以获得 2 000 元的利

---

[150] 闫敏，高辉清. 从循环经济看传统经济学的缺陷. 现代经济探讨，2006（1）.

润，从生产到销售需要一个月的资本运行周期。而另一个工厂进行同样的生产销售只需要一周的资本运行周期。在同样一个月内，前一个工厂实际操作的资本为2万元，利润2 000元；后一工厂实际操作的资本有8万元，利润8 000元。后一工厂的经济效率要远远高于前一工厂。但如果从资源环境因素考虑，那么传统经济发展模式又可以表现为“资源—产品—废弃物”的单向线性的经济发展模式。而传统的经济效率的提升就是对这一线性过程的加速重复，即将更多的资源更快地变成废弃品。我们现在面临的状况是自然资源日趋匮乏，自然环境污染严重。在传统的经济效率模式下，只能加速对自然资源的消耗，加快自然环境的恶化，这无疑是将整个人类引向更危险的处境。

另外，从传统经济角度讲资源和环境属于公共财产，它们具有公共性。对公共财产的消费使用是无偿的，例如，每个人都可以自由地享受阳光和空气，而不必付出任何代价。这就造成了为了保证经济的发展速度而肆意地、无节制地去抢占和开发自然资源，这一行为造成了对自然资源的过度开发和浪费。由于过度捕捞，我国江河湖海的渔业资源已经严重退化；由于过度砍伐，我国的森林覆盖面积大大减小，土地荒漠化严重，沙尘暴普遍困扰着包括首都北京在内的很多北方城市；由于过度开采地下水，泉城济南著名的趵突泉好几年不能喷出水来。而资源与环境的外部性特征又造成了其成本与收益的不均衡。“所谓外部性是指私人边际成本和社会边际成本之间或私人边际效益和社会边际效益之间的非一致性，即某些个人或企业的经济行为影响了其他个人或企业，但都没有为之承担应有的成本费用或没有获得应有的报酬。”[151]例如，工厂在进行生产的同时将废气排入大气，将废水排进河流，而同时它又不需要对造成的这些环境问题付出任何代价。又如部分发达国家可以利用自己强大的经济实力或高高在上的国际地位攫取世界自然资源，而自己由于经济发展造成的环境问题却要其他不发达国家来共同承担。

从以上我们可以看到，传统的经济理论已经不适合可持续发展的需要，其本身不仅违背人际道德，而且也从根本上违背了生态伦理的价值追求。

2. 传统伦理理论的缺陷

西方伦理学经历了从规范伦理学到元伦理学，然后再到规范伦理学的发展过程。规范伦理学中包括古希腊时代亚里士多德提出的德性论伦理学。亚里士多德认为人的“每种技艺与研究，同样的，人的每种实践与选择，都以某种善为目的。”[152]而善有不同的等级，较低级的善服从较高级的善，并以较高级的善为目的。幸福是最

[151] 闫敏，高辉清．从循环经济看传统经济学的缺陷．现代经济探讨，2006（1）．

[152] 亚里士多德．尼各马可伦理学．北京：商务印书馆，2003：3.

高的善，它以自身为目的，又是其他一切目的的目的。幸福是灵魂的一种合于完满德性的实现活动，它是通过德性或某种学习或训练而获得的。亚里士多德认为德性是一种选择的品质[153]，过度和不及都是不符合德性的，都是恶的。德性的选择标准应该是适度，也被称作"中道"。而人类具体的德性包括勇敢、节制、公正、慷慨、温和、诚实、机智、友爱等方面。

以功利主义为代表的目的论伦理学也是一种规范伦理学。功利主义创始人边沁认为"自然把人类置于两位主公——快乐和痛苦——的主宰之下。只有它们才指示我们应当干什么，决定我们将要干什么。"[154]人们总是追求快乐和幸福，逃避痛苦与不幸，所以快乐和痛苦决定了我们将要做什么和不做什么，而人类受快乐和痛苦所"主宰"。追求快乐和幸福是人类生活的目的，所以边沁提出了追求"最大多数人的最大幸福"的功利主义原则。

规范伦理学的另一种理论是康德提出的义务论伦理学。善良意志是康德道德哲学的核心概念。"除了善良意志之外，世界上甚或世界外有资格叫做善的东西是不可想象的。"[155]善良意志是最高的善。"善良意志的善不是因为它所完成或实现的，不是因为它容易达到想达到的目的，而仅仅是由于意志的善，即它是善的在于它本身，它自认为无比高贵，应得到比因它赞同任一倾向甚至全部倾向的总和而引起的一切都更高的尊重。"[156]善良意志是理性依照道德法则所决定的意志。善良意志的自律被康德称为"绝对命令"。绝对命令就是指依照能够作为道德法则的道德准则去行动。绝对命令具有普遍规律性，一切有理性的存在物有服从绝对命令的义务。[157]康德认为，绝对命令是以人作为理性的存在者为前提的，因此真正的道德行为必须以人为目的，而不能拿人当手段。人是目的的普遍法则表明了意志自律的原则。由于人是目的，作为理性存在物的人希望道德准则能够成为道德法则，人为意志立法。人为自己的意志选择具有普遍适用性的道德法则，所以是人自我要求遵守绝对命令，主动地进行道德规范和约束。

1903 年摩尔发表《伦理学原理》一书，标志着现代西方元伦理学的兴起。它包括直觉主义伦理学、情感主义伦理学和语言逻辑分析伦理学等。元伦理学又叫做分析伦理学。与规范伦理学不同，它主要凭借逻辑语言分析的方法，从分析到的语言的意义和逻辑功能入手来研究道德，反映道德的语言特点和逻辑特征。

从上文的论述，我们可以获知，传统伦理学尤其是规范伦理学，基本上都属

---

[153] 亚里士多德. 尼各马可伦理学. 北京：商务印书馆，2003：47.
[154] 边沁. 道德立法原理导论. 北京：商务印书馆，2000：11.
[155] 康德. 道德形而上学的基本原则//郑保华主编. 康德文集. 北京：改革出版社，1997：59.
[156] 康德 .道德形而上学的基本原则//郑保华主编. 康德文集. 北京：改革出版社，1997：60.
[157] 康德 .实践理性批判//郑保华主编. 康德文集. 北京：改革出版社，1997：232.

于人际伦理范畴。他们的道德主体都是人，无论是善、恶、德性等道德观念以及功利主义等道德原则，还是义务、良心等道德范畴，都主要是针对人与人之间的关系而言的。而元伦理学则是严重脱离了现实生活，放弃了伦理学的社会功能。传统伦理学没有注意到或者没有重视自然环境与人的伦理关系，只是将自然作为人类道德生活的外部环境，没有将自然价值纳入到人类的价值体系之中。人类价值体系中自然价值的缺失直接导致了人类对于自然资源和环境的“粗暴”态度。这种征服者和统治者的身份造成了人类与自然的对立，导致了人与自然关系的失衡，是造成现在自然资源和环境危机的重要的内在原因。

综合传统经济理论的缺陷和传统伦理学理论的缺陷，我们可以看到传统经济伦理的缺陷在于对自然资源和环境的忽视。经济伦理学研究的是经济与伦理之间关系，但是传统经济学理论无法通过市场机制实现对自然资源的合理分配，按照传统效率理论只能加速自然资源的耗竭和自然环境的恶化；而传统伦理学理论只专心于人际关系的探讨，忽略了自然资源和环境的价值，导致了人类与自然关系的危机，所以以传统经济学和伦理学相结合而产生的传统经济伦理忽视自然资源和自然环境的内在价值是不可避免的。

三、循环经济的经济伦理

循环经济是在现代生态伦理思想影响下产生的，是生态伦理思想与现代经济、现代科学技术相结合的产物。它既克服了传统经济学的缺陷，又克服了传统伦理学的缺陷，因此，循环经济的经济伦理不同于传统的经济伦理，它有以下几个方面的特点。

（一）重视自然资源和环境的价值性

不同于传统经济，循环经济是在生态伦理影响下产生的新的经济发展模式。它与生俱来的具备对生态价值、环境价值、自然价值的伦理关怀。

循环经济提出了不同于传统经济学的稀缺理论，将市场经济中的稀缺性要素向自然资源转移，要求关注自然资源的稀缺性。传统经济的稀缺理论过分强调市场的自我调节能力，认为通过市场的价格机制和供需平衡就可以自动调节市场中的每一个要素。这样就忽视了自然资源的有限性，无法进行自然资源的合理有效配置。循环经济将自然资源和环境的稀缺性纳入到整个经济发展运作之中，有计划地合乎理性地开发使用有限的自然资源，并通过清洁生产和废弃物的循环、综合利用，有效地保护自然环境。

同时，循环经济又提出经济效率目标应包括生态效率。传统经济的经济发展模式是“资源—产品—废弃物”的线性经济发展模式，在这一模式下提高经济效率就意味着加速资源浪费和环境污染。循环经济提出“减量化、再利用、资源化”的“3R”原则。将传统经济“资源—产品—废弃物”的线性经济发展模式转变为“资源—产品—废弃物—再生资源”的循环性发展模式。用生态效率观念更新传统的经济效率观念，并通过对不可利用的废弃物的无公害处理达到保护环境的目的，体现了对自然资源和环境的价值性的重视。

循环经济还主张改变原有的产权制度。传统产权制度下，自然资源和环境作为公共财产，具有公共性和外部性，不能被公平地分配和有效地保护。造成了自然资源的过度开发和浪费，以及自然环境的严重破坏。循环经济提出了新的关于自然资源的产权思想，把自然资源纳入到资本核算之中，成为最重要的自然资本，并要求建立自然资源的代际产权和国际产权，进行合理的自然资源的国际分配。循环经济的产权思想使自然资源能得到合理的分配，使自然环境能够得到有效的保护。

（二）强调人与自然的和谐发展

如上所述，传统伦理一般只研究人与人之间的道德价值和伦理关系，忽略了人与自然之间的道德关系。这样导致了人类价值体系中自然价值的缺失，进一步导致了人类以错误的态度“粗暴”地对待自然环境和自然资源，使得自然环境遭到破坏，自然资源被过度浪费。

环境伦理不同于传统伦理，它将人与自然之间的道德关系作为自己的研究对象。“它实现了伦理学由人际道德向自然道德的拓展，即把人类道德关怀拓展到整个自然界，把一切自然物和生物都视为人类道德的对象，认为人类有义务尊重它们作为自然生态过程持续存在和繁衍生息的权力，这正是人类道德观念的一大步。”[158]这也是伦理学发展的一大步。

循环经济在环境伦理思想的影响下，把人与自然的和谐、可持续发展作为自己的价值追求。一方面，循环经济提倡对自然资源的合理开发，反对盲目、过度地开发使用有限的自然资源。提出运用“减量化、再利用、资源化”的经济发展模式，节约使用和循环使用自然资源，从而提高自然资源的利用效率。另一方面，循环经济提倡对自然环境的有效保护和改善。主张将生产过程中产生的不可再利用的废弃物进行无害化处理，倡导人对环境“零排放”。在消费领域，倡导适度消费、绿色消费和对环境的友好性，从而减轻对自然的索取程度，从根本上减少

[158] 朱坦，等．环境伦理学理论与实践．北京：中国环境科学出版社，2001：29.

对自然环境的压力。通过对自然资源的合理开发和对自然环境的有效保护，循环经济实现了人与自然和谐发展的理念。

（三）坚持生态价值、经济价值和道德价值的统一

通过经济与伦理关系的发展历史，我们看到经济与伦理经过了一个由统一到分裂，到再度统一的发展历程。现代经济学由于其纯粹化、数学化、价值中立化的发展方向，在脱离了伦理学的同时，也背离了现实生活，从而陷入了理论困境。经济伦理学的诞生标志了经济与伦理的重新整合、经济价值与道德价值的相互统一。然而，人类除了生活在人类社会之中，还生活在自然之中，人类与整个自然生态体系的每一个组成部分都有着密切的联系。“因此，经济行为正当与否的标准既不能是一个纯粹的‘道德标准’，也不能是纯粹的‘经济自身标准’，而应当是一个生态标准。”[159]

循环经济将生态伦理观念融入整个经济过程的每一个环节，整个社会经济生活的每一个方面。它使得原本只关注人与人关系的经济伦理理论的理论视野得到了扩展，使得原本孤立、片面的经济伦理理论变得全面和完善。循环经济的经济伦理思想是将生态价值、经济价值和道德价值相结合的全新的经济伦理思想。

第三节 循环经济与社会伦理

循环经济与社会伦理有密切的联系。社会伦理是人们之间社会交往关系的价值规范和行为准则，它涉及人们以何种方式对待别人，又希望受到何种方式的对待。社会伦理的中心问题是个人权利与社会公正。社会伦理的实质和目标是个人与社会的共生，实现人类社会的和谐发展。虽然社会伦理涉及的是人与社会的关系问题，但是它内含人与自然的关系。因为自然环境是人类社会发展的载体，离开自然环境人类社会的发展也无从谈起。当今人类在现代化的过程中，由于片面追求经济的增长，只注重经济效益，忽视了人和环境的协调，造成了发展的不可持续性，导致了社会公平的矛盾，引发了诸多社会问题。因此，转变思路，寻求新的指导思想和社会经济发展模式，成为我们的当务之急。而循环经济正是人类解决生态环境危机，使社会可持续发展的必然选择，它本身就体现了社会伦理的价值追求，对于实现社会公正和人的全面发展，促进社会和谐具有重要的现实意义。

---

[159] 崔胜辉，洪华生，黄云凤．关于循环经济的哲学思考．科技进步与对策. 2003.10 月号（下半月）．

一、循环经济与社会公正

在社会伦理的框架内，公正问题的核心就是协调各种不同利益关系的合理性，而在经济发展中，公正问题的重要性也日益凸现出来。但是，由于历史与现实的诸多原因，世界经济的发展是在一种不公正的环境中进行的，这种不公正主要是由市场对资源的配置方式造成的。由于市场的公共性、外部性、信息不对称等因素的影响，使得市场机制在配置自然资源与环境时往往会失灵，造成了一系列的不公正问题。如为了满足当代人贪婪的消费欲望而置后代人的发展于不顾是不公正的；发达国家在以全球的资源与环境为代价实现自身的工业化后，通过国际贸易向发展中国家转嫁环境污染，保护自身的资源与环境是不公正的；企业利用环境的负外部性，自己获取利益而将污染转嫁给社会是不公正的；在机制失灵的情况下，相对富有的社会群体消费大量的廉价资源，使其他人无资源可消费或必须付出更多代价也是不公正的；江河的上游为了自己的发展，大量砍伐森林、向河流中排放畜禽粪便与工业废弃物，从而影响下游的生产与生活是不公正的；上游不仅节制自身的资源与环境消费，而且进行大规模的生态建设，为下游的发展与人民的生活提供良好的生态屏障，下游对此毫无补偿更是不公正的，等等。

统计显示：占世界总人口 20%的最贫穷人的收入已由占全球总额的 2.3%下降到目前的 1.4%；而占世界总人口 20%的最富有人的收入则由占全球总额的 70%上升到 85%。在资本主义国家，既有依靠剥削致富的资本家，还有辛苦劳动仍然穷困的劳动者。在全球范围内，发展中国家与发达国家在利用自然资源上是不公正的，当今发达国家人口仅占世界总人口的 1/5，却消耗着世界资源总量的 2/3；而不发达国家人口占世界总人口的 4/5，只消耗资源总量的 1/3。据有关资料显示，日本 60%以上的高污染产业已经转移到东南亚和拉丁美洲；美国 39%的“肮脏产业”也已经转移到第三世界，而且自 20 世纪 70 年代开始，美国法律就规定涕灭威等有毒杀虫剂在国内禁止使用，但同时又规定其企业出口这些有毒产品是合法的。1991—1994 年间，美国向 10 个国家（主要是发展中国家）出口了 2 600 万吨有毒杀虫剂。另据联合国环境署的统计，工业发达国家产生的有害废弃物占全球产生量的 95%，1986—1988 年间，共有 350 万吨有害废物被运往非洲、亚洲和拉丁美洲。近年来，我国也频繁地受到“洋垃圾”的侵害，自 1983 年以来，我国海关在相继查获以加工废塑料名义进口的洋垃圾，仅 1995 年 6 月到 8 月，海关就查处洋垃圾 9 起，共计 1 850 吨。

在资源与环境日益稀缺的今天，资源与环境问题上的社会公正问题尤其突出，作为社会公共品的资源与环境，在社会公平中占据越来越重要的地位。面对资源和环境利用的不公正问题，我们只有大力发展循环经济，才能使资源得到有效利用，从而有效地解决地区之间、国家之间、地域之间的公平问题。这里的社会公正涉及代际公正、国际公正以及国内不同区域、不同群体、不同阶层之间的公正。循环经济将废弃物当作资源，在企业、区域或国家内部对此进行最大化的循环利用或通过市场交换的形式将其转换为有价值的资源，并为此给出对价来平衡权利与责任，这样就有效地将环境的外部性内部化了，使得在资源与环境的开发方面实现了权责对等。而资源的循环利用也使资源本身内在的价值得到充分体现，减少了浪费，使得被利用资源的价格在不同利用层次进行细分，增强了价格的合理性，增进了公正。特别是循环利用大大降低了同样社会产出的资源与环境消耗，使得在增加当代社会产出和社会福利的同时，也为后代人留下了相对平等的发展机会。

发展循环经济还有利于实现代际间的公正和代内间的公正。所谓代际间的公正就是既要满足当代人的需要，也要满足子孙后代的需要。当代人在实现自己需要的过程中不能损害后代人满足其生存和发展需要的根本条件。发展经济不能对子孙后代的发展构成威胁。每一代人都应该享有公平的发展机会。过去，由于人们对自然资源进行竭泽而渔式的掠夺性开发，使人类付出了沉重的代价：地球上再生性资源的更新能力下降，非再生性资源遭到极大破坏，导致地球支持生命的能力大大降低，损害了持续发展的自然基础。这就不仅使当代人的生存发生危机，而且威胁到子孙后代的生存发展。为了维护人类的长远利益，使人类能够世代相传，生生不息，当代人必须建立起强烈的道德责任感，平等地对待代际间的人际关系，并通过发展循环经济，使生态环境既能满足当代人的需要，又能使子孙后代满足其需要。所谓代内间的公正就是公平地、平等地对待代内间的人际关系，必须反对当今通过资源掠夺或转嫁生态危机对广大发展中国家生存发展权利的侵害和践踏。这就要求所有的国家和地区都要走协同发展、共同富裕的道路，任何国家和地区的发展，都不能以损害别的国家和地区的发展为代价，换取自己的发展。当代人在利用自然资源、满足自己的需要方面具有平等的权利，循环经济从人类的整体利益出发，谋求人类共同的、普遍的发展。因此，要实现代内公正，首先就是要求发达国家在消除贫富差距、挽救生态危机上承担主要的责任，发挥主导作用。这既可以看成是对广大发展中国家的一种补偿行为，还可以看成是对他们自身过度消耗资源导致环境恶化的一种补偿；同时发展中国家也必须在协调人与自然的关系问题上作出自己的努力，要努力克服生存与发展的双重压力，控制人口的增长，避免走“先污染，后治理”的老路，只有大力发展循环经济才能使资源和环境得到有效利用，从而实现代内的公平。

公正既是循环经济发展的社会目标，也是发展循环经济的前提和基础。离开了公正的环境，循环经济将难以发展。一个公正的环境必须具备六个基本条件。第一，要素配置市场化，即必须是市场经济国家。第二，资源开发全球化，即追求与发展资源利用和开发的国际合作。第三，商品交易国际化，即重视商品与生产要素在国际市场上的交易，与各国各地区建立起密切的经济贸易科技文化的合作关系。第四，要素组合效率化，即尊重市场规律，并给予适当的国家干预。第五，发展模式集约化，即是一个追求经济行为科技化、内涵化和效益化，促进经济的发展、社会的进步和环境的保护及生态的平衡。第六，运行监管法制化，这是公平竞争环境的根本保障，也是循环经济得以持续发展的坚实基础。循环经济应在公平的环境中逐步形成并发展，而循环经济的发展反过来又促进这种公平的环境，使之更加完备、成熟。

发展循环经济有利于树立适度消费的观念。这种消费观认为，消费者在消费时不仅要考虑自身效用的最大化，而且要考虑他人利益乃至社会的利益；不仅要考虑当代人的利益而且要考虑子孙后代的利益，体现了人类的理性精神和道德自律，符合现代社会经济发展的要求。

发展循环经济还有利于树立可持续消费观，可持续消费观是一种环保理念，也是一种新的经济概念和文化概念，其着眼点是为一个民族、社会保护其自然资本和文化资本，而创造一个生态安全的环境则是保证社会和谐稳定的重要前提。可持续消费方式立足的原则是：承认地球资源的有限性和后代人的消费权益，当代人的消费不以破坏后代人的生存条件为前提。英国著名经济学家舒马赫指出，人的需要无穷尽，而无穷尽只能在精神王国里实现，在物质王国里永远不能实现。因此要彻底解决人类面临的生存危机，唯一的出路是实现人的价值观念的转变，发展循环经济有利于人们实现价值观的转变，从而促进公平理念的实现和公平环境的成熟。

二、循环经济与人的全面发展

人的全面发展的思想在马克思主义理论体系中占有重要位置。马克思主义把实现人的全面发展作为共产主义社会的重要特征和基本标志，作为无产阶级奋斗的目标。能否促进和实现人的全面发展是马克思主义评价社会制度是否先进的主要标准之一。人的全面发展包括两个层面的含义：对于整个人类社会来说，人的全面发展实质上就是人类社会从必然王国向自由王国的过渡；对于个体的人来说，全面发展强调的是人的个性化程度。马克思根据社会发展和人的发展的内在联系，把人的发展过程分为三个基本历史阶段：第一阶段是人的依赖关系占统治地位的阶段，在这一阶段中，个人没有独立性，直接依附于一定的社会共同体；第二阶段是以物的依赖关系为基础的独立性阶段；第三阶段则是建立在个人的全面发展和他们共同的社会生产能力成为他们的社会财富这一基础上的自由个性的阶段。而循环经济所提倡的人与自然的协调则可以使我们摆脱传统经济模式中人对资源的依赖，使人类从第二个阶段向第三个阶段迈进。

循环经济以对自然资源最小化损害取得最大化收益为目标，在实现人类社会发展的同时达到人与自然的和谐相处。其落脚点必然是人类社会以及人自身的发展，它的经济目标同其社会、生态目标在根本上是统一的。循环经济在考虑人自身发展时，不仅考虑人对自然的征服能力，而且更重视人与自然和谐相处的能力，促进人的全面发展，在这一过程中，与自然的和谐相处仍然服务于人的全面发展这一目标。人的全面发展不是一个孤立的过程，而只能是在各种关系中完成的，主要表现为人的社会关系的和谐和人与自然关系的和谐，只有在这种双重的和谐中，人的全面发展才是现实的。所以只有在社会—人—自然的结构框架中才能够获得对人的存在和发展的全面性的完整解读。

循环经济对于促进人的全面发展表现在六个方面：第一，它能有效更新人的观念，提高人的综合素质。循环经济要求人与自然和谐发展，这就要求人类必须正确处理自身同自然界的相互关系，纠正和克服那种对自然界一味索取的错误做法，从而采取改造和保护相结合的原则，以人与自然的和谐为核心提升人的素质。第二，它能有效推动全社会的科技事业，提高人们的科技素质水平，并对科技发展提供人文价值的导向。就技术层面而言，循环经济依赖于资源节约和替代技术、能量的梯级利用技术、延长产业链技术、相关企业链接技术、零排放技术、有害材料替代技术、回收处理技术、绿色再制造技术等相关技术，这些都具有相当高的科技含量。因此循环经济必将激发人们的科学研究和技术攻关能力，提高社会的整体科技水平。同时，由于循环经济是以人与自然和谐发展的生态伦理作为自己的价值导向，这也为科学技术绿色化奠定了人文基础。第三，循环经济将提升人与人之间的和谐境界，促进人的道德境界的升华。循环经济遵循的理念是：此时此地此人之利，也是彼时彼地彼人之福。所以这不但在个人与个人之间，也在地区与地区之间、国家与国家之间营造出和谐的氛围，使人们在生态环境一体化的前提下善待他人、善待自然，使人由“道德境界”向“天地境界”升华。第四，循环经济将提高社会和人的各方面协调能力。循环经济紧密关联着社会各个阶层、各个职业的活动，调动全社会的力量促进人与自然的和谐。这将使全社会更加协调、更加有机、更加系统化，从而促进全社会的良性发展和人的各种能力的提高。第五，循环经济可以提高就业率，使人力资源优势得到更充分的发挥。循环经济的突出特征是延长生产链，而延长生产链的直接效果是增加就业。研究表明，再制造、再循环业每产生 100 个就业，采矿业和固体废弃物处理业就失去 13 个就业。两者相比，循环经济可以净增 87 个单位就业机会。第六，循环经济可以直接提高经济效益，为人的全面发展提供现实的物质基础。循环经济将 3R 原则贯穿于生产的全过程与产品的整个生命周期，形成“资源－产品－再生资源”闭合循环的经济模式，通过对资源的循环利用，既节约了资源又减少了污染，从而提高了社会经济效益，这也就为人的全面发展提供了物质基础。

人的能动性的提高是人全面发展的一个重要内容，而能动性的提高有利于进一步促进循环经济的发展。全球性的生态环境危机的出现，并不意味着人的能动性发挥到了顶点，而是说明人类在发挥其能动性时没有处理好它与受动性的关系，即没有相应地推进对于人自身无法摆脱的受动性的认识，没有充分地认识到真正的自觉能动性的发挥是以对受动性的认识为前提条件的，从而导致人们不合理地片面地发挥人的能动性。从能动性本身来讲，它包括两个方面：在认识自然中表现的能动性和在改造自然中表现的能动性，二者互为前提，不可分割。如果后者不以前者为基础，能动性就可能超越受动性而变成一种带有盲目性的意向和活动，在急功近利的价值取向引导下，能动性就会脱离人的受动性而盲目膨胀，表现为对自然资源的掠夺式开发和无节制的耗费，最终会造成生态环境危机而祸及自身。因此，只有充分发挥人的能动性，处理好它与受动性的辩证关系，才能积极调整自然生态平衡，促进人与自然的和谐，保证循环经济的良性运行。

发挥人的能动性有两个重要的表现，一个表现是科学技术水平的提高，而另一个表现是生态价值观的形成和发展。人类科学技术水平的提高，有利于加速提高利用自然的工艺水平，实现变废为宝。高新技术在以其自身价值和功能影响人类及其社会的同时，对人和自然的协调发展产生了巨大的积极作用，尤其是环境科学技术的诞生和迅速发展，是人类文明的一大进步，它标志着人和自然的协调发展开始或已经迈向了一个新台阶，为循环经济的发展开辟着新的途径、提供着卓有成效的方法和手段。而生态文明建设可以促进人与自然的协调与和谐。发展循环经济，实现社会的可持续发展，可以为人的全面发展提供良好的生活环境和生态环境。要实现人的全面发展就要树立正确的自然观、社会观和发展观；正确处理经济增长与环境保护的矛盾，短期利益和长期效益的矛盾；正确处理经济发展同人口、资源、环境的关系，努力探索一种有利于经济和社会协调发展、资源节约和合理利用、环境优化、人口增长与社会经济相协调、生活质量不断提高的经济模式，这种经济模式就是循环经济的模式。所以说循环经济为人的全面发展提供了物质保证，而人的全面发展也为循环经济提供精神上的支持。

循环经济在本质上是以人的全面发展为最终目的的。循环经济促进经济、社会和资源、环境的协调发展，其根本目的正是为了我们人类自身的长远发展和根本利益，满足我们人类的长远需要和根本需要，使人类更好地、更持久地得到发展。这一点揭示了循环经济的本质，即为了满足人的需要，维护人类自身的利益。但另一方面，循环经济也需要通过人的全面发展来实现，人的素质高低直接关系到循环经济的运行。当今社会在其发展过程中经济、环境、生态等方面所面临的严重问题，究其最终原因而言，都是由人自身引起的，是人的素质的问题，人的文化价值观问题。因此，只有实现人的全面发展，努力提高人的素质，才能使经济、社会可持续发展能力不断增强，生态环境得到根本的改善，资源利用效率显著提高，从而使人和自然环境得到和谐的发展。

三、循环经济与和谐社会

"所谓社会主义的和谐社会，有两层含义。第一，这个社会是社会主义性质的社会。社会主义性质的社会不同于以往任何其他性质的社会，它具有独特的内在的本质规定性。邓小平科学地将社会主义的本质概括为：解放生产力、发展生产力，消灭剥削，消除两极分化，最终达到共同富裕。社会主义的和谐社会应该是在各方面都能体现和实现社会主义本质的社会。第二，这个社会是和睦的、协调的。和谐既包括人与自然之间的和谐，也包括人与人之间的和谐。"[160]社会和谐是一个动态的概念，在不同历史背景和社会条件下，其涵盖的内容和标准是很不相同的，需要作与时俱进的解读。

和谐是人类追求的一种理想生存方式。从一般意义上说，它是事物之间的和平共处、相辅相成、相得益彰、良性互动的有序状态。它不是绝对的统一，而是多元性、差异性、多样性的统一。因此，社会和谐是一个复杂的系统构成，它是各要素在运动过程中能达到并保持多赢或双赢的结局。和谐社会不仅要实现人与人、人与社会的和谐，还要实现人与自然的和谐。和谐社会提倡的人与自然和谐是基于人类社会可持续发展的永恒使命所蕴含的一种必然要求，这种和谐是要实现人与自然的携手，生物与非生物的共进，过去与现在的统一，现在与未来的对话，时间与空间的协调。在维护人类利益的同时，又维护自然的平衡，确保社会系统和生态系统协调发展。人类生活在一定的生态环境之中，因此只有维护生态

[160] 梁道刚. 论社会主义和谐社会. 求实. 2005（1）：64.

平衡，才能通过对环境资源的开发、利用，使人类得以生存和发展。

循环经济倡导的是一种人与环境和谐的经济发展模式，它促使经济系统和谐地纳入到自然生态系统的物质循环过程中，实现人、社会、经济和自然环境的和谐发展，因此，循环经济与构建和谐社会的目标有着高度的同一性。只有与自然界保持和谐，合理地利用自然资源，人类社会才能维持和发展人类所创造的文明，才能与自然界共生共荣，协调发展。我国构建社会主义和谐社会，不仅要求人与人、人与社会的和谐，更重要的还要有人与自然环境的和谐，而且只有首先实现了人与自然环境的和谐，才能更好地实现其他各方面的和谐，才能建设一个真正的和谐社会。因此，构建社会主义和谐社会和发展循环经济有着内在的联系。

（一）循环经济是构建和谐社会的经济基础

循环经济是以人类可持续发展为增长目的，循环利用环境资源，高效协调的经济形态，是建设和谐社会的经济基础。人与自然的和谐是和谐社会的重要根基，如果生态环境受到破坏，人们的生产生活环境也会恶化；如果资源能源供应紧张，经济发展就会受到影响，也就不可能实现人与人之间的和谐。但是我国在经济建设过程中还存在着许多问题：在生产实践中较多采取传统粗放型生产方式，单纯追求经济利益和经济增长，而忽视自然环境和资源保护的措施，治理也较多采用末端治理。缺乏制度创新，目前发达国家都实施严格的绿色 GDP“污染者付费”政策，而我国的国民经济核算体系、财政金融体系等基本经济制度和产业政策仍服务于传统发展模式，已成为阻碍经济发展的制约因素。再加上我国是人均资源占有量很少的国家，人均水资源仅为世界平均水平的 1/4；人均耕地面积不到世界平均水平的 1/2；人均矿产资源为世界水平的 58%。特别是我国正处于经济快速增长时期，资源与环境约束已成为可持续发展的重要“瓶颈”，如果继续沿袭传统的经济增长模式，人与自然最终会因相互制约而双双陷入困境，我们建设和谐社会也将失去其稳定的经济基础。面对传统经济模式所产生的诸多问题，我们只有发展循环经济才能促进社会主义经济的发展，从而最终促进社会和谐。而要实现人与自然的和谐就必须改变经济系统的功能，变粗放型经济系统结构为循环型经济系统，这样才能提高资源的利用效率，有效地缓解人与自然的矛盾。循环经济将 3R 原则贯穿于生产的全过程与产品的整个生命周期，形成“资源－产品－再生资源”闭合循环的经济模式，通过对资源的循环利用，既节约了资源又减少了污染。通过发展循环经济，可以把经济活动对自然资源的需求和对生态环境的负面影响降低到最低程度，能够实现在增加社会产出的同时而减少对资源与环境的压力，因而可以有效地缓解资源与环境的约束，从根本上解决经济发展与资源环境之间的矛盾，实现人与自然环境的和谐相处、协同共进。可见循环经济既是构建和谐社会的经济基础，又是实现人与自然和谐的根本途径。

（二）和谐社会建设是发展循环经济的前提与保障

发展循环经济是对传统经济增长模式的扬弃，是一项复杂的社会系统工程，也是一个长期的制度变迁过程。它既需要整个社会在思想认识上根本转变，为循环经济的发展创造良好的社会文化条件；也需要资源投入、技术、信息和组织结构等方面的社会物质技术支撑；更需要规范、合理、高效运转的社会法规制度保障。因而，和谐社会建设是发展循环经济的前提与保障。

和谐社会建设可以创造良好的社会文化环境，进而可以有效地促进循环经济的发展。作为一种新的经济模式，循环经济遵循生态学规律，合理利用自然资源和环境容量，使经济系统和谐地纳入到自然生态系统的物质循环过程中。这就需要人类首先意识到自身对环境的责任，意识到人应与自然和谐相处，需要树立环境伦理观。经济运行模式是在一定的价值标准、社会环境条件下所做出的理性选择，经济革命需要以整个社会的思想变革为基础和条件。和谐社会的建设可以促进以人与自然以及人与人之间和谐为目标的新型价值标准体系的形成，进而形成有利于循环经济发展的文化、道德、伦理等社会文化环境。人们保护环境意识的增强，有利于提高各个主体推动循环经济发展的积极性与动力，促使多数社会成员主动改变自身的行为，促进了循环经济的发展。

和谐社会建设可以为循环经济发展提供绿色科技支撑。发展循环经济需要建立由替代技术、减量技术、再利用技术、资源化技术、共生技术、系统化技术等一系列的技术组成的绿色科技体系。而企业对绿色科技的需求是有选择的，经济利益是最重要的因素。只有那些低成本的循环经济的实用技术，才能使企业的变废弃物为资源的活动成为经济的行为，才能使企业活动既节约了资源、保护了环境，又同时获得经济利益，实现环境与经济的双赢甚至是多赢。而社会主义和谐社会的构建，就是按照以人为本的要求，更加重视社会事业的建设，加快科学技术与教育的发展，这就为循环经济的发展提供有力的科技支撑。

和谐社会建设更加注重社会公平的法律机制，这也必将有力地推动循环经济的发展。因为要实现经济增长方式的根本性转变，不仅需要建立起以利益调整为主要内容的动力机制，更新人们的观念，更需要法律的强制推动。而建立公平公正的法律与政策体系，是和谐社会建设的主要内容之一。以国家强力为保障的、具有强制性质的法律法规，对规范与约束人的行为具有至关重要的作用，而这些法律与政策也是发展循环经济，使其健康发展所必需的。

（三）循环经济与和谐社会的协同共进

构建和谐社会是我国发展的重要目标，又是发展循环经济的必要条件；循环经济是构建和谐社会的物质基础和必要途径，二者之间是相互促进，相辅相成的。目前重要的是促进其协同共进，这就需要摒弃那种把经济活动作为完全独立的系统的传统观念，遵循客观规律，把经济系统置于“经济－社会－生态”的大系统中，充分认识到经济系统只是大系统中的一个子系统，它必须与其他子系统协调共进，才能实现持续的发展，促进社会和谐。循环经济作为一种新的发展模式，包括企业内部、企业之间、区域及整个社会的四个层面的循环合作，构建一个由点、线、片、面组成的网络体系可以满足不同层次经济子系统发展循环经济的需要，并通过网络体系逐渐推进与扩散；也可以兼顾和谐社会的区域特征、阶段需求与最终目标的实现。因此，构建循环经济网络体系是发展循环经济的现实起点，也是循环经济发展与和谐社会建设之间的联系点，以此为切入点，可以有效地推进社会主义和谐社会建设和循环经济的协同共进。

我国在发展循环经济，构建和谐社会的过程中，还要重视国外循环经济已经取得的理论和实践成果，并从中取得有益的借鉴和启迪。循环经济主要是西方发达国家在总结自身经济发展的经验的基础上形成的一种新的经济发展模式，已被认为是发达国家后工业社会的必由之路。目前，在德国、法国、日本等国，通过倡导和实践，已在循环经济的区域实施方式、法律保障条件、科学技术手段、绿色评估体系等方面，取得了丰富的成果和经验，走出了一条循环经济发展之路，不但拯救了他们的经济，同时也构建了一个人与自然和谐的“循环型社会”。因此，国外循环型社会的建设经验是值得我们在建设和谐社会中借鉴的。当然，我国在发展循环经济时，也应该结合我国的国情，从伦理观念、政治体制和经济政策的高度，加强对发展循环经济带动和谐社会建设的引导，从而使整个社会走上生产发展、生活富裕、生态良好的文明发展大道。

参考文献

[1] 马克思恩格斯全集. 第3、12、42卷.
[2] 马克思恩格斯选集. 第1、4卷.
[3] 朱坦. 环境伦理学理论与实践. 北京：中国环境科学出版社，2001.
[4] 雷毅. 生态伦理学. 西安：陕西人民教育出版社，2000.
[5] 徐嵩龄. 环境伦理学进展：评论与阐释. 北京：社会科学文献出版社，1999.
[6] 何怀宏. 生态伦理－精神资源与哲学基础. 石家庄：河北大学出版社，2002.

[7] 史怀泽．敬畏生命．上海：上海社会科学院出版社，1996.
[8] 罗尔斯顿．环境伦理学．北京：中国社会科学出版社，2000.
[9] 卡洛琳．麦茜特．自然之死．长春：吉林人民出版社，1999.
[10] 周辅成．西方伦理学名著选集．北京：商务印书馆，1996.
[11] 冯之浚．循环经济导论．北京：人民出版社，2004.
[12] 薛为昶．伦理学与经济学的离分与复归：斯密体系及斯密以来经济学伦理意蕴的研究．徐州：中国矿业大学出版社，2004.
[13] 亚里士多德．尼各马可伦理学．廖申白，译注．北京：商务印书馆，2003.
[14] 熊彼德．经济分析史（第一卷）．朱泱，等，译．北京：商务印书馆，1991.
[15] 亚当・斯密．国民财富的性质和原因的研究（上）．北京：商务印书馆，2005.
[16] 亚当・斯密．道德情操论．蒋自强，等，译．北京：商务印书馆，2002.
[17] 休谟．人性论．关文运，译．北京：商务印书馆，1997.
[18] 莱昂内尔・罗宾斯．经济科学的性质和意义．朱泱．北京：商务印书馆，2000.
[19] 阿马蒂亚・森．伦理学与经济学．王宇，王文玉，译．北京：商务印书馆，2000.
[20] 马克思・韦伯．新教伦理与资本主义精神．王容芬，译．北京：商务印书馆，1995，10.
[21] 边沁．道德立法原理导论．时殷弘，译．北京：商务印书馆，2000.
[22] 康德．康德文集．北京：改革出版社，1997，7.
[23] 闫敏，高辉清．从循环经济看传统经济学的缺陷．现代经济探讨，2006.
[24] 崔胜辉，洪华生，黄云凤．关于循环经济的哲学思考．科技进步与对策，2003，10（下半月）.
[25] 陶锡良．略论当代国际关系中的环境殖民主义．国际关系学院学报，1996：265-266 .
[26] 徐梦秋．公平的类别与公平中的比例．中国社会科学．2000，1.
[27] 苏振武．可持续发展战略与人的全面发展．人文杂志，2001，3.
[28] 盛国军．环境伦理学的后现代性、意义及困境．（报刊复印资料）伦理学．2006，2.
[29] 鲁芳．西方经济与伦理关系的历史演变．（报刊复印资料）伦理学．2003，7.
[30] 何建华．重构经济学的伦理学维度．（报刊复印资料）伦理学．2006，5.
[31] 乔法容．经济伦理学的研究维度——在伦理学与经济学之间．（报刊复印资料）伦理学．2003，2.

第四章　循环经济中的科学技术定位

科学技术作为人类认识的成果和结晶，在人类的进步与发展中有着重要的推动作用。无论是在传统工业经济时代，还是在知识经济时代，知识和科技都是经济发展的基础。同样，循环经济的实现也离不开科学技术。

然而，回顾人类向现代化迈进的历程，过去的20世纪将作为一个“告警的世纪”而被载入史册。因为正是在这一世纪，人类的活动，特别是人类运用科学技术成果于广泛的社会实践领域的活动，把地球和人类自己推向了濒临全球性灾难的边缘。科学技术理性的膨胀所带来的生态环境的恶化危及人类生存，向人类提出挑战并迫使人类做出积极反应。而循环经济的出现，可以说给人们的科技行为和科技发展指明了新的方向。

第一节　科学技术“以人为本”的历史回顾

循环经济的提出，是人类对难以为继的传统发展模式反思后的创新，是对于人与自然关系在认识上不断升华的结果。而回顾科学技术发展及其对于经济和社会以及人类进步的正反两方面功能的历史，深刻总结历史的经验和教训，特别是深刻理解和恰当评价西方新马克思主义的代表——法兰克福学派对于科学技术社会功能的反思成果，对于从哲学层面和高度来认识（从而论证）经济运行模式由传统经济增长模式向循环经济模式转型的历史的与逻辑的必然性，对于指导刚刚兴起的循环经济模式的良性发展来说，是极其必要的。

一、文艺复兴时代科学兴起的人文主义初衷

近代文艺复兴时期开始的人文主义运动在汲取希腊文化理性精神的基础上，主张用人的理性取代信仰才能发现真理，并且形成了近现代技术赖以产生与发展

的诸如人的主体性、自然的数学化、人类征服自然等一整套先导性观念。

欧洲文艺复兴时期的人文主义以作为个体而存在的“人”为出发点，立足于反对中世纪的封建专制和宗教压迫，强调人的生存权利、充分享受世俗生活的权利、爱和被爱的权利等，提倡人性解放、个性自由。这种权益本位的“以人为本”观念，推动了近代西方国家科学技术的发展和资产阶级政治制度的建设，促进了科学技术的迅速发展。这是因为作为西方文化源头的希腊文化本来就富有注重求“真”的科学精神和求善的人文精神，这种精神在中世纪长期受到宗教神学的压制，文艺复兴运动则恢复、发扬了这种精神，极大地推动了近代西方文化对于科学技术的追求。

古希腊哲学家认为求真就是最大的善。本来，倡导科学研究是当时文艺复兴时期人文主义思想的基本内容之一。然而自从笛卡儿哲学兴起以来，很多科学家都认为，科学的最主要的价值仅仅在于探索自然界的本质和规律，即求真。科学要求客观地面对自然界，不能介入任何属于人的主观因素；科学与人的情感、意志、目的无关，因而是与价值无关的；隶属于人和社会领域的价值判断不存在于自然科学领域中；科学与价值是分离的、对立的。特别是自 19 世纪以来，甚至在今天，也有许多人仍然认为：科学是纯粹追求真理的活动，科学探索的触角可以延伸到人类生活的任何领域，科学研究没有也不应当设定禁区。在他们看来，由于科学是一门与人的利益密切相关的事业，在追求真理的进程中，尽管充满了各种各样非科学因素的干扰，从而使科学追求真理的进程曲折而复杂，但是这只能使追求真理的过程更加伟大和悲壮，却不能因为外在因素的干扰便一般地认为科学的使命并不是追求真理，它只不过是某些利益集团的工具，只要获得了与客观实际相符合的确切知识，科学就完成了自己的使命。看来，似乎由于科学“价值中立”的本性而决定了科学无禁区。

二、近代历史的科学革命与技术革命

人类非常关注科学和技术作为实现某种眼前利益的手段的实用性，关注运用逻辑演绎和数理分析等理性方法去认识、驾驭自然界客体的可能性。这就是所谓的“技术理性”（或称为“工具理性”）。它是对古代希腊数学理性主义的扬弃。在这种技术理性支配下，促成了文艺复兴运动最直接而切近的产物——近代机器技术的兴起和发展。从此，人类有可能利用全新的自然知识和较为成熟的技术手段重新认识和改造自然；尤其是包括化石燃料在内的大量自然资源的被发现及其开发利用，为第一次工业革命准备了条件。

工业革命的爆发及其在欧美的蔓延与发展，使得人类沉积在精神世界达数千年之久的征服自然的愿望从梦想一下子变成现实。人类的力量开始变得日益强大。人类终于第一次在一定意义上作为自然的主人而出现在地球上。人类的思想观念及其生活方式也出现了从未有过的深刻变革。然而近代科技文化中隐含着深刻的矛盾：一方面近代两次技术革命（蒸汽机革命与电力革命）大大提高了社会生产力和人类认识与改造自然的能力，特别是机器体系的诞生把人从繁重的体力劳动中解放出来；但是另一方面，让人类感到十分尴尬的是，作为这种进步的代价则是人在一定程度上又成为机器的附属品或奴隶！除了马克思主义经典作家所分析过的社会史根源之外，从思想史根源上讲，这是技术理性所潜伏的矛盾必然导致的结果。科学技术及其应用从一开始就因过分的功利性目的而将人的理性仅仅限定在解决技术难题的层面上，从而有意无意地忽视了技术社会中人的存在与发展。不过当时科学技术应用的这种偏向尚处于萌芽状态，它同科学技术给人类带来的丰裕的物质生活条件相比毕竟显得微不足道。因此，尽管卢梭（1712—1778）早在 18 世纪就或多或少地看到了科技发展压制人性的方面，但是他的观点曲高和寡，在日渐强大的科学主义思潮面前并未引起人们的重视。

西方近代科学的发展及其产生的巨大作用，使科学在一定意义上代替了传统宗教的地位成为一种“新的宗教”，而作为其“教义”的科学主义思潮也随即诞生，并且日益占据绝对统治地位。科学虽然赶走了基督教的上帝，却代之以对科学理性和工具理性的信仰。基本上在整个 20 世纪，可以说自然科学在人类知识领域占据着不可动摇的中心位置，人文科学或者被排挤到非常狭小的角落，或者被自然科学所改造着。因为这种科学主义思潮认为，似乎只有科学才能为人类提供意义和价值，只有科学才是人类知识的最高级、最成熟的形式，只有科学才能带来生产力的发展、经济效益的提高和物质生活水平的提高；科学技术不仅能够解决人与自然的矛盾，而且能够解决人与人之间的矛盾，并将人类导向幸福之途。然而，随着现代科技成果的广泛应用，人们已逐渐感觉到“昌明”的现代科技已经无法令人盲目乐观，对科技成果应用后果及其社会风险的反思愈来愈为思想家们所关切。科学技术虽然在众多方面帮助了人类，但同时也使人陷入新的困境。

三、人类文化进步中的技术理性危机

20 世纪是一个所有知识和技术都迅速膨胀，所有传统观念都急剧更新的时代。在这一世纪里，科学技术的迅速进步使得整个社会生产力水平产生了惊人的飞跃，科学上的每一项重大理论突破都导致影响深远的技术发明和新产品的问世。无线电、电视、计算机、太空飞行、原子能利用、遗传工程、新型材料以及无数的发明创造，极大地开阔了人们的视野，丰富了人们的物质文化生活，赋予人们在几个世纪前连做梦都无法想到的便利条件。在一个由人工自然组成的全新的世界面前，人们不得不承认科学技术是现代文明进步的强大因素。然而在这个世纪里，近代科技文化中所潜伏的矛盾尽管在表层得到某种缓解，在深层却日益深化并加剧。正当人类纵情欢呼技术理性的巨大成功、陶醉于伟大科技发明所创造的优裕的物质生活条件、自认为已经成为自然界主人的时候，一种在人类历史上从未遇到过、甚至任何伟大的预言家也未曾料及的新的危机，伴随着科学技术所提供的新的机遇一同到来了！

从宏观上看，人口的急剧膨胀、自然资源的锐减、核战争威胁、生态平衡的破坏、环境的日趋恶化、基因重组技术和克隆技术的潜在生物危害以及由各种因素导致的人类新疾病的出现等一系列关乎人类命运的全球性问题，一下子摆到了人们的面前。从微观上看，现代科学技术虽然给现代人创造了丰裕的物质生活条件，但并没有给人类自身带来期望已久的全面的自由与解放。一方面，人的体力和智力不得不依附于越来越复杂的机器，从而使人们失去了其应有的创造性，成为机械系统的奴隶，甚至“可能成为机器人”。[161]自我与主体地位的丧失，使人们产生精神上的无家可归感。另一方面，现代技术把人引向高消费的享乐生活，特别是它大规模地复制和传播商业性的“文化工业”产品来满足人们感官上的低层次需要，这不仅否定了以个性、独创性和批判性为特征的真正艺术，造成有限资源的不必要消耗，更可怕的是会导致一系列反价值现象的产生，并使社会陷入动荡不安。

上述潜在或现实危机的出现，打破了以往对待科学的形形色色的迷信和由此产生的种种神话，动摇了 19 世纪以来一些科学家的理想主义科学观及其对社会采取超然态度的“纯学术”梦想，[162]同时否定了社会集团可以不付出沉重代价而滥用科学的可能性。它还向人们表明：现代科学特别是技术的应用从来不是价值中立的。技术理性“对自然界的支配是以人与所支配的客体的异化为代价的，随着精神的物化，人与人之间的关系本身，甚至个人之间的关系也异化了”。[163]在发达国家向工业化推进的过程中，现代科学技术聚合成一种全面地统治人的总体性力量，它导致了对人的自由和个性的扼杀。于是，近代以来一直十分牢固的对技术理性的文化信念发生了危机。

---

[161] （德）弗洛姆．健全的社会．中国文联出版公司，1988：370．

[162] （英）贝尔纳 J D. 科学的社会功能．商务印书馆，1982：70-71．

[163] （德）霍克海默，阿多尔诺．启蒙辩证法. 重庆出版社，1978：24．

面对科学技术成果的无控制的、不负责任的、不道德的甚至惨绝人寰的滥用，及其所造成的对于人类生存的现实的或潜在的威胁，引发了各种不同的社会思潮。其中较为极端的是技术悲观主义和技术乐观主义。以“罗马俱乐部”为代表的技术悲观派主张停止技术的增长，认为“全新的态度是需要使社会改变方向，向均衡的目标前进，而不是增长。”[164]但持相反观点的“后工业社会”理论家则认为，只要提高技术工艺水平，保持技术和经济增长，就能依靠强大的经济力量和科学技术进步来解决所出现的问题。但不幸的是，技术理性毕竟是一种以支配自然为前提的有限的理性，迄今为止在技术上所做的各种努力，至多是使那些已成为人类共同灾难的全球性问题得到暂时的缓和，而非真正的解决。

在技术理性指导下迅速崛起的技术之所以无法解决由它自身所产生的问题，是因为人类在寻找知识的根据并努力向外部世界扩展时，不问人生的意义，人们在对物质的追求和向外部世界的攫取过程中迷失了自我，丧失了内在意义。虽然技术理性本身是有意义的，但人生的意义和价值却不可能由它来决定，因为它并不能体现对人类终极价值的关怀。卢梭曾经从人文主义的视角出发，认为科学技术的发展泯灭了人的本性，他还把科学技术看做是道德沦丧、社会奢侈腐败的主要原因。甚至早在 17 世纪，与近代理性主义大师笛卡儿同时代的帕斯卡尔（1623—1663），就深切意识到理性主义所隐含的危机。他认为理性不可能认识和把握人生，人的心灵有其自身的道德逻辑，如果说唯理主义是重思维的逻辑形式，那么，人的心灵所关注的则是生命存在的问题。[165]

尽管人类在不断提高的技术手段帮助下拓展了自己的生存能力，使自己进入了一个更有生存保障的富裕社会，但是技术作为一种异己的、毁灭性的力量，其进一步发展却造成三个可怕的后果：第一，是对外在自然的破坏。现代技术对自然的征服和蹂躏导致了人类周围生存空间的急剧恶化。人类现在面临的生态问题就其哲学根源来说，是与理性的工具化和技术化分不开的。第二，是对人的内在自然的限制。技术虽然延伸了人类某些方面的能力，同人的某些生理机制相适应，但人的很多生理的与心理的机能却遭到了可怕的压抑。第三，是造成人与社会的单面化。无怪乎西方新马克思主义认为，科学技术凭借其所带来的经济效应在器物层面上蒙蔽了民众意识。

如果我们坚持把辩证法贯彻到底，那么就不能不承认，在工业革命以来的近三个世纪中，科学技术及其应用无疑大幅度地提高了社会生产力发展水平，但科学技术在市场经济条件下同时也成为物质主义和经济主义的知识依托；科学技术

---

[164] 米都斯．增长的极限．四川人民出版社，1984：226．

[165] 高亮华．人文主义视野中的技术．中国社会科学出版社，1996：33．

发展不断改善着人类的生活状况，然而它在当今世界又成为滋生消费主义和享乐主义思想的温床；科学技术的产品、手段及其应用既充当过并且继续充当着进步人类遏制战争贩子的强有力工具，但同时在一定意义上又正在成为形形色色恐怖主义和战争狂人手中的武器；科学技术既是第一生产力，同时在一定意义上，又是第一破坏力。这是技术理性自身内在的矛盾所必然导致的结果，是对科学技术缺乏必要的社会控制和公众监督的必然结果。在技术理性指导下迅速崛起的技术之所以无法解决由它自身所产生的问题，是因为人类在寻找知识的根据并努力向外部世界扩展时，不问人生的意义，人们在对物质的追求和向外部世界的攫取过程中迷失了自我，丧失了内在意义。虽然技术理性本身是有意义的，但人生的意义和价值却不可能由它来决定，因为它并不能体现对人类终极价值的关怀。

四、反科学主义思潮的合理内核

为什么曾经并正在为人类文明创造巨大物质财富和精神财富的技术理性会造成今日的困境呢？以法兰克福学派为代表的西方技术批判理论作了具有启发性的探讨。法兰克福学派认为，西方技术文明合理性的真正源头乃是始自 14 世纪的启蒙运动，其目的是使人们摆脱神学统治，最终确立人的主体性地位。但令人悲哀的是，随着启蒙精神的进一步发展，它已经从历史上起教育、推动作用的力量转化到其反面，成为一种有悖于启蒙运动的人文主义初衷的异化的东西。

启蒙思潮为什么会向反面转化呢？在《启蒙辩证法》中，霍克海默和阿多尔诺作了深入的分析。在他们看来，启蒙即对理性原则的倡导，是“致力于把人类从恐惧、迷信中解放出来并确立其主权的、最一般意义上的进步思想”。[166]霍克海默和阿多尔诺认为启蒙精神追求的是一种使人能够统治自然的形式，在这个过程中理性最初是作为一种“祛魅”的工具而出现的，但后来它本身却变成了一种新的神话。更具灾难性的是随着对自然日益增强的统治，致使人们认定权力是一切关系的准则，于是对自然控制的知识形式就转化成一些人对另一些人的统治，并反作用于人自身，使人压迫着自己的本性。这样，霍克海默和阿多尔诺就把“启蒙”的失败归咎于科学中人生意义的丧失。为了不被“启蒙精神”所欺骗，他们强调必须重新反省作为西方文化根本精神的启蒙精神本身。

霍克海默和阿多尔诺是从康德的理性概念入手对技术理性即工具理性进行批判的。在康德那里，理性的概念是双重的。它们实际上是指两种不同的理性概念，即主观理性和客观理性。霍克海默和阿多尔诺认为这两种理性代表了性质截然不

---

[166] MaxHorkheimer，TheodorW.Adorno，Dialectic of Enlightenment，NewYork，3.

同的两种哲学主张，在《理性的黯然失色》中，霍克海默对这两种理性作出了比康德更为明确的界定。他们认为，主观理性所追求的是一种知识、一种工具的效率的理性，而不去关心人的目的，因此韦伯也把它称为工具理性。而客观理性则是“一个包括人和他的目的在内的所有存在的综合系统和等级观念。人类生活的理性程度由它与这一整体的和谐程度所决定。”[167]在这里，客观理性不仅关注知识的效用，更关心这种效用是否和人类的目的相一致、和自然整体相和谐。可见，客观理性所涉及的是一种终极关怀的理性，即价值理性。

在霍克海默和阿多尔诺看来，启蒙失败的根本原因就在于启蒙运动的思想家们用“理性”作斗争工具时使用了双重标准。当他们宣称知识就是力量、倡导用科学技术来消除匮乏并确立一种丰裕的物质财富的社会时，所指的理性是主观理性；而当他们以理性名义去讨伐宗教并认为理性应该取代宗教而成为个体生活和社会发展的设计师时，所指的理性是客观理性。但随着科学技术的高速发展，主观理性得到了高度的发挥；与此形成极大反差的是客观理性及其所包含的人类对其自身终极价值的追求却大为萎缩，正义、平等等一直为理性所固有的概念也失去其知识根源。于是客观理性黯然失色，并被主观理性所取代，而主观理性则被等同于理性自身。客观理性之意义丧失的原因是启蒙精神的领袖们没有把他们的理性标准贯彻到底。正如霍克海默指出：“由客观理性向主观理性的转变绝不是偶然的，思想的发展过程在任何时候都不能被武断地逆转。如果具有启蒙形式的理性已经毁灭了作为西方文化本质部分的信仰的哲学基础，那么，事情就只能是这样，因为这种基础太脆弱了。”[168]

沿着霍克海默和阿多尔诺的思路，马尔库塞从人类的思维方式上分析了理性异化的根源。马尔库塞认为，科学只是关心那些可以衡量的东西以及它在技术上的应用，而不再去问这些事物的人文意义，只问如何运用技术手段去工作，而不去关心其目的，于是科学原先追求的真、善、美诸观念被剥夺了其普遍有效性，从而产生出奴役人的扭曲了的科学。于是，在这种状况下形成的发达工业社会也就不可能是一个正常的社会，而是一个与人性不相容的“病态社会”。在发达的工业社会中，在表面繁荣的假象掩盖下，人们沉湎于富裕的生活环境，不愿将现实存在的制度同理应存在的“真正的社会”相对照，从而丧失了合理地批判社会现实的能力而成为“单向度的人”，社会也失去了它应有的多种向度。在《单向度人》（1964）中，马尔库塞描述了这个单向度社会是如何摧残人性的：① 单向度社会中的幸福是一种“虚假的幸福”。因为在这样的社会中，人们只是追求物

[167] MaxHorkheimer，EclipseofReason，NewYork，4-5.

[168] MaxHorkheimer，EclipseofReason，NewYork，62.

质享受，从而丧失了追求精神自由和批判思维的能力，一切超越、否定现存社会制度的思想及行为均受到排斥。②“工艺的合理性已经变成了一种政治的合理性”。[169]科学技术融入意识形态中，并加强了对人的心理、认识的操纵与控制。在科学技术的介入下，社会通过影视、电台、报刊、博览和新闻发布会等大众传媒以及大量具有极大消蚀性和同化作用的“文化工业”产品，无孔不入地占据了人们的闲暇时间与生存空间，却又激发不起人们的逆反心理与抗争情绪。从而使人们无法实现对现存社会的超越。③“由于当代工业社会形成了自己的工艺基础，它倾向于成为极权主义的。”[170]社会。这种极权主义的政治操纵是与技术上、工艺上的合理化和标准化同步发展起来的。奇怪的是，在文化领域中这种新的极权主义呈现为一种和谐化的多元主义，致使最矛盾的作品与事实竟然能和平地冷漠地共存着。马尔库塞警告说，不要因为文化多元化的掩盖而忽视其极权主义的实质，它在意识形态上是欺骗群众的工具。

法兰克福学派对技术理性异化原因的考察，明显地受到浪漫主义思想家卢卡奇（1885—1971）的影响。卢卡奇在《历史与阶级意识》中认为，劳动的发展过程是科学技术不断产业化的过程和理性征服自然的过程，但同时也是人性异化的过程。他从生产过程和社会生活两个方面分析了技术和理性发展所造成的消极后果。首先，理性的发展必然使“建立在被计算和能被计算的基础上的合理化原则”[171]进一步确立，其结果就是劳动过程日益合理化和机械化，生产者由于被局限于某个方面而成为孤立的、抽象的“原子”。“随着劳动被逐渐地理性化和机械化，随着人在这个过程中活动力的减少，他丧失的热情也越来越多，他的意志的沦丧日益严重”。[172]其次，商品生产的发展和工具理性的扩张改变了整个社会生活的面貌。在“现代化生产的每一个发展阶段，它不断革命的技术用一系列僵硬呆板的面孔对付着个体生产者”，它“把现实世界撕成了碎片，使世界整体的美好梦幻烟消云散”。[173]卢卡奇进一步分析了理性、技术产生悲剧性结果的原因。他认为“当科学的认识观念被应用于自然时，它只是推动了科学的进步，当它被应用于社会的时候，就反转过来，成了资产阶级的思想武器。”[174]在这里，卢卡奇把科学问题同阶级问题相联系，把对理性的批判上升为对社会的否定，把人生意义丧失的根源，从技术理性的过分张扬上升为资产阶级的扩张，从而使他的批判达到了高

[169] 马尔库塞．单向度人．重庆出版社 1990：XVI.

[170] 马尔库塞．单向度人．Ⅲ页。

[171]（匈）G.卢卡奇．历史与阶级意识．重庆出版社，1990：98.

[172]（匈）G.卢卡奇．历史与阶级意识．重庆出版社，97-98.

[173]（匈）G.卢卡奇．历史与阶级意识．重庆出版社，115.

[174]（匈）G.卢卡奇．历史与阶级意识．重庆出版社，9.

潮。法兰克福学派继承了卢卡奇的哲学思想，并将其整合到自己的技术批判理论中，例如，霍克海默等人在谈到启蒙精神时就认为“科学成了包含着压制群众和社会再生产的方法的概念”。[175]马尔库塞也把对工具理性的批判与对整个资本主义的批判相联系，认为技术的提高、工艺水平的发展使阶级冲突大大地缓和了。换句话说，科学技术在资本主义社会中已作为统治阶级意识形态中一种特殊的重要因素，起到了维护阶级统治的作用。从这些论述中，我们不难看出，马克思在《资本论》中关于近代科学技术革命对工人阶级境况的负面影响的分析并没有过时。[176]

西方技术批判理论的思想家们对技术理性的批判实质上是对科技异化、理性异化的批判，其目的是想告诉人们，科学技术理性作为人类摆脱自然统治的工具已转化为人统治人的工具。从启蒙运动开始到资本主义工业化实现，工具的合理性从人性解放的希望走向了它的反面，成为危及人类自身生存、造成人的主体性困境的否定性因素。出现这种状况的根源在于随着现代科学的发展，人们注重物质追求而轻视精神需要，从而造成人的精神空虚以及人生意义的丧失。现代西方技术批判理论大师们在技术理性的鼎盛时期，就敏锐地看到了它的非人性化方面对人类进步的否定，这无疑是一个可贵的警示，因此不能不引起人们的认真思考和对待。

看来，现代人还没有学会把科学技术力量和道义责任以及人类生存的意义现实地结合起来。如今人们认识到，把科学、技术、经济、军事、政治、意识形态、伦理、人的生存和生态环境等问题综合起来去考虑技术理性的得失，不仅合乎逻辑，也是历史发展的趋势。现在，对人类未来的发展前途进行严肃的思考已不仅仅是未来科学家的事。明天将会发生什么，在很大程度上要取决于我们今天正在做什么。这个问题不解决，我们就有可能走向灾难。

第二节　实现循环经济的根本途径是科学技术的绿色化

循环经济的提出是人类对难以为继的传统发展模式反思后的创新，是人类社会经济发展思想史上的一次深刻变革。同时，循环经济的出现为科学技术的发展又提出了新的要求。

---

[175] MaxHorkheimer，TheodorW.Adorno，Dialectic of Enlightenment，NewYork，3.

[176] 李建珊. 现代西方科技革命与工人阶级. 天津社会科学，1983，（1）.

一、现代科技革命与经济增长

始于 20 世纪中叶的现代科技革命，相比第一、二次科技革命，无论在内容上、范围上以及影响程度上，都体现出一系列新特点：

第一，现代科技革命的范围广泛，内容丰富。现代科技革命，是以物理学为先导，以现代宇宙学、分子生物学、系统科学等学科为标志的一次新的科学革命。这种科学革命，融自然、社会、人类思维为一体，是一次全方位的科学革命。现代技术革命，包含了信息技术、生物工程技术、新材料技术、新能源技术、海洋工程技术和宇航技术等一系列新技术领域革命。这种革命几乎包括了从宏观到微观的各个领域和环节。

第二，现代科技革命从理论研究到实际应用，其时间和空间大大缩短，并通过产业革命直接转化为社会生产力，现代科技革命重视理论研究，更注重实际应用。20 世纪 40 年代以来，科学技术加速发展的趋势表现得日益明显。科学技术本身所具有的连续性、继承性使科学技术发展的加速运动取得了累进递增效果，这种加速运动发展到一定阶段就产生了一系列质的飞跃，最典型的表现就是科学理论转化为实际应用的时间间隔越来越短。据有关资料介绍，1885—1919 年间，一种发明到它在工业上应用的“成熟期”平均为 30 年，从生产到投入市场的时间平均为 7 年；在 1920—1944 年间，这些时间相应变为 16 年和 8 年；而在 1945—1964 年间，则分别缩短为 9 年和 5 年。[177]一项科学研究及发现以技术发明作为中介，直接应用并导致了产业革命。社会生产中通过应用新技术而使生产体系组织结构、国民经济结构、产业结构发生变化，产生了与新技术、新工艺相联系的新兴产业部门。这种新兴产业部门作为新的经济增长点，急剧地扩大了社会生产规模，迅速地提高了生产率，使社会出现了崭新的面貌，对社会的物质生活和精神生活的形式和内容都发生了深刻变化。正如马克思 100 多年前所形容的：“资产阶级在它的不到一百年的阶级统治中所创造的生产力，比过去一切世代创造的全部生产力还要多，还要大。”现代科技革命所创造的生产力，不是一个世纪，而是一个年代所创造的生产力都可以同过去几个世纪所创造的生产力总量相比较，甚至更多更大。

第三，现代科技革命对经济、社会的影响日益广泛和深刻。现代科技革命不仅是一次自然科学意义上的革命，而且也是一次人类思维和社会的革命。由于科技革命的内涵和范围广泛性以及对于生产力的迅速推动的作用，它已突破了自然

[177] 何钟秀．科学学纲要．天津科技出版社，1982.

科学技术领域的范围和意义，更深入渗透到人们的思想观念、经济、政治、文化等一系列方面。它不仅会冲击社会经济、政治体制，也会冲击人们的传统观念和习惯，更重要的是冲击和涤荡着人们的价值观念和道德标准。

现代科学技术革命的发展，大大增强了科学技术在社会发展中的作用。科学技术革命是科学技术系统的深刻变革，并带来社会经济的巨大发展。在世界新科技革命条件下，各国的竞争突出地表现为经济的竞争，表现为综合国力的竞争。经济竞争不仅表现为经济增长速度的快慢，而且表现为经济增长方式的转变；同时，经济的增长不仅表现为经济增长的数量，而且更重要的还表现为经济增长的质量。

随着世界新科技革命的深入发展，高效率、低能耗、少污染的经济增长方式普遍被人们所接受。世界新科技革命促使科技与生产相结合，为实现经济增长方式从粗放型向集约型转变创造了极为有利的条件。

经济增长方式的基本类型大致可以分为：增加投入型（或外延式增长）和技术进步型（或内涵式增长）。随着现代科学技术向经济领域的加速渗透，科学技术在经济增长中的作用日益突出，经济增长方式也从增加投入型转向技术进步型。增加投入型的增长方式追求资本的扩张和投入，追求企业的规模，这种增长方式曾取得一定的社会经济效益，但它的特点是生产要素投入的边际产出率低，经济效益差，资源浪费严重，生态环境问题突出，增长速度有限且难以持续，常常以通胀和资源的浪费为代价，牺牲长远的利益；技术进步型则追求技术创新。技术创新是一种以市场为导向，以提高国际竞争力为目标，从新产品或新工艺设计产生，经过技术获取（研究、开发、引进）工程化、商业化生产到市场应用整个过程的一系列技术经济活动的总和。技术创新实现生产要素和生产条件的新组合，并把它引入生产体系中去。技术创新是经济增长的内在动力，它能够提高产品质量，降低成本，占领市场，并从而推动技术进步。内涵式增长不以单纯规模化经营作为推动经济快速增长的唯一模式，而是重在依靠科技进步改善实体性生产要素的质量，提高生产资料的利用率，提高劳动生产效益。内涵性增长有利于企业对新科技成果的推广和应用，其特点是增长质量高，效益好，不以通胀为代价，可降低能源和原材料的消耗，有利于实现经济的良性增长。技术创新是经济增长方式转变的重要途径。

现代科技革命对经济增长方式转变的影响，说明了科技革命对经济增长方式的重要作用。近年来，美国依靠科技发展经济，尤其是数字化信息革命——信息高速公路的发展，使美国在现代科技革命中保持着经济强国的地位。信息高速公路改变了人作用于劳动对象的生产方式，加速产业结构的巨大变革，并促使经济形态以更快的速度由物质型向信息型转变。1994年美国经济出现了“两低一高”，即一方面经济高增长，1994—1995年，美国经济增长实际达到4%，而另一方面，是低通胀、低失业率，批发价格指数仅上升1.7%，消费品价格指数也只上升2.7%，失业率低于6%，为14年间低失业率之最，黑人的失业率也是20年来最低的，低于10%。在高产出、低能耗方面，1960年，美国钢材消耗1.2亿t，而到1989年仅为0.85亿t，但经济增长是1960年的2.5倍。日本作为后起的经济强国，它缺少资源，主要依靠科技进步。1984年日本消耗的原材料仅相当于1973年的60%，却得到同样的产出。从20世纪50年代到80年代，美国国民生产总值翻了两番，日本则增长了20多倍，显然是通过科技进步的内涵式增长带来的结果。

二、科学技术不当应用对生态环境的严重影响

虽然现代科学技术已经成为影响经济增长速度的决定性因素，科学技术的发展丰富了人们的物质生活，但科学技术不当应用对生态环境所造成的严重影响不容忽视。环境恶化、资源短缺、生态失衡、核威胁以及不加控制的城市扩张、失业、背弃传统价值观念等全球性问题层出不穷。20世纪最伟大的科学发现，过去和现在都曾经并且正在用于制造大规模毁灭性武器，使世界和平和人类生存本身曾经并且正在受到严重威胁。人类借助科学技术手段对大自然进行的掠夺性开发，造成人类的居住环境日益恶化。纳米技术、转基因技术、克隆技术等这些技术潜在或现实的生物危害和种种威胁自然界生态平衡等危机的出现。所有这一切打破了以往科学对社会采取超然态度的“纯学术”梦想。

自从科学技术决定论在现代社会取得统治地位以来，就对现代社会的经济、政治、文化等领域产生了巨大的影响。一方面，它确立了科学技术在改造人类社会过程中的地位，使人们坚信只有通过科技水平的提高才能更大范围地改造自然，获取更多的物质财富，过上更舒适、更人性化的生活，从而激励人们不断进行科学探索和技术改革，推动了社会的发展；另一方面，科学技术决定论过于强调主客二分，将自然仅仅看成人类掠夺、征服的对象，自然则被置于与人敌对的地位，征服自然成了显示人类主体力量的途径。尤其是近代科技的日新月异使人们的主体性意识大大增强，万物固有的价值统统被归结为人的价值。随着越来越多的需求通过科技的进步得到了满足，陷入这种满足感的人类成了“单向度的人”，走向了高消费、高污染的发展道路，直接导致了困扰当今世界的一系列难题。其中影响最大、效果最直接的，当数对自然环境与生态系统造成的巨大危害：全球气温持续上升，温室效应逐渐加强，环境污染日益严重，废弃物的无补偿排

放屡禁不止，热带雨林继续遭受破坏……这一切都极大地威胁着人类的生存，使得人们为自身的前途感到担忧。恩格斯早在一百多年前就警告我们："我们不要过分陶醉于我们对自然界的胜利，对于每一次这样的胜利，自然界都报复了我们。"德国哲学家尼采也曾这样形容："凡人类所能享有的尽善尽美之物，必通过一种亵渎而后才能到手，并且从此一再要自食其果，受冒犯的上天必降下苦难和忧患的洪水，侵袭高贵的努力向上的人类世界。"

科学技术本来无所谓善恶，借助于科技，人类挣脱了自然淫威的桎梏，有多少困扰人类千百年的难题被解决。然而，在科学技术决定论思潮的主宰之下，使得科学技术的不合理的和无限制的应用，造成严重的环境污染、生态系统破坏、资源和能源危机、核战争威胁、潜在的生物危害等威胁人类生存与延续的一系列新危机。人们不得不重新审视科学技术的价值定位，并对其所产生的负面作用加以深刻地反思。

造成科学技术对人类和人类社会负面作用有其多方面的原因，但是最为重要的有两条：

首先，科学技术决定论片面强调科学技术对人类社会发展的积极方面的功能，而忽视了科学技术异化对人类社会的消极影响。人类的科学技术活动是对象化的活动，人类借助于对象化把自己的本质物化到所加工的客体之上，客体的设定意味着人类本质力量的显现。但人类一旦为科学技术的物化产品所奴役、所控制，那么，对象化也就转化成了异化。科学技术从诞生起，就作为人类肢体的延伸、作为人类对抗自然的手段而存在与发展。从原初的意义上，技术应该是被人类操纵与控制的。然而，进入阶级社会，特别是进入现代社会以后，私有化达到了一个崭新的高度，市场经济激烈的竞争，牟取暴利意识的不断升级，造成了整个社会分裂成多个利益集团，每个集团为了追求自己利益和维护自己地位而轻率地大肆利用技术，直接促成了技术背离整个人类利益的趋向，使技术日渐展露出控制人、压迫人的异化特性。"人类已经附属于技术的发展并在技术的重负下呻吟。"[178]"技术越发达，人们就会丧失更多的自由。"[179]马尔库塞曾将其总结为"技术进步=社会财富的增长=扩大的奴役"。[180]终日笼罩在人类头上的核恐怖的阴影，屡禁不止的对生态环境的破坏，日渐扩大的臭氧层空洞等，都证明了这一点。

---

[178] Jaques Elull，The Technological Order，Edited by C Mitcham：Philosophy and Technology，The Free press，1983：247.

[179] Jaques Elull，The Technological Order，Edited by C Mitcham：Philosophy and Technology，The Free press，1983：247.

[180] 马尔库塞. 反革命与造反. 商务印书馆，1982：82.

其次，现代人类对技术理性的过度崇拜是造成科学技术负面作用的更为深层的原因。我们知道，理性的概念一直在西方文化中占据着重要的地位。借助理性的力量，人类逐渐摆脱了受制于自然的命运，走上了“自由”之路。于是，人们错误地认为，既然理性过去显现了它的无穷威力，那么将来凭借理性的力量，人类最终将达到无限美妙的理想王国。

现代人类对于理性的理解显然存在重大的偏颇。在康德那里，理性的概念本来是双重的，实际上是指两种不同的理性概念即主观理性和客观理性。所谓主观理性所追求的是一种知识、一种工具的效率的理性，而不关心人的目的，也可以称之为工具理性；而客观理性则是“一个包括人和他的目的在内的所有存在的综合系统和等级观念。人类生活的理性程度由它与这一整体的和谐程度所决定。”[181]在这里，客观理性不仅关注知识的效用，更关心这种效用是否和人类的目的相一致、和自然整体相和谐。因此，客观理性所涉及的是一种终极关怀的理性，即价值理性，和主观理性相比，包含着对人类的终极关怀的客观理性更应该被提倡。遗憾的是，随着科学技术的高速发展主观理性得到了高度的发挥，而客观理性及其所包含的人类对伦理道德和宗教信仰的追求却大为萎缩了，正义、平等、忍耐等一直为理性所固有的概念失去了其知识根源。

伴随着工具理性的膨胀和价值理性的萎缩，科学世界和伦理世界也相应地分离，伦理世界被彻底地驱逐出了科学的领域，“真”成为唯一的目的，科学家可以为了求“真”而不顾其余，善恶已经服从于真而退居二线了。概言之，理性化到头来却导致了非理性。“随着人类愈益控制自然，个人却似乎愈益成为别人的奴隶或自身卑劣行为的奴隶。甚至科学的纯洁光辉仿佛也只能在愚昧无知的黑暗背景上闪耀。”[182]反映到科学技术与环境的关系问题上，技术追求与环境要求不相符甚至矛盾；随着人类能力的日益增强，这种矛盾日趋激化，最终导致了技术对人类生态环境的严重破坏。具有讽刺意味的是，被称为全球三大问题的臭氧层破坏、全球变暖和酸雨正是具有理性的人类所做出的最不合理性的行为。这是人类最大的悲剧！

但人类毕竟是理性的人类，在危机面前人们开始重新思考人与自然的关系，循环经济应运而生。

---

[181] Max Horkheimer. Edipse of Reason，New York：4-5.
[182] 马克思恩格斯全集. 12：4.

三、循环经济的五大科学理论基础

所谓循环经济，本质上是一种生态经济，它要求运用生态学规律而不是机械论规律来指导人类社会的经济活动。循环经济理念的产生和发展，是人类对人与自然关系深刻认识和反思的结果，也是人类在社会经济高速发展中陷入资源危机、环境危机、生存危机深刻反省自身发展模式的产物。由传统经济向循环经济转变，是在全球人口剧增、资源短缺和生态蜕变的严峻形势下的必然选择。循环经济是一种新的经济发展理念和模式。

第一，新的系统观。

传统经济学所说的经济系统是一种由生产到消费诸环节单向构成的系统；在对这个系统进行分析时，经济学家们往往假定资源是稀缺的，或假定资源和技术条件是一定的；资源投入到产品产出是一种单向的线性过程，而不是一种循环的过程。循环经济是由人、自然资源和科学技术等要素构成的大系统。这是一个比传统的经济系统大得多的系统，要求人类在考虑生产和消费时不能把自身置于这个大系统之外，而是将自己作为这个大系统的一部分来研究符合客观规律的经济原则。循环经济把生态环境、经济社会和科学技术看做是三个有机联系的、相互依存相互影响的子系统。在这个大系统内，资源投入到产品产出不再是一种单向的线性过程，而是一种循环的再利用过程。

第二，新的经济观。

西方经济学的一个基本假设是人是理性的，理性人从事经济活动的目的是追求自身利益的最大化——消费者追求效用最大化，生产者追求利润最大化，经济学家们则研究如何充分地把资源投入使用（full employment），如何最大限度地增加国民财富，如何提高经济增长率。效用最大化、利润最大化、产量最大化和成本最小化，是西方经济学传统的经济观。

循环经济学的经济观是把西方经济学的“最大化”发展为“最优化”：优化人与自然的和谐相处，优化资源配置，优化自然资源的利用，优化自然生态环境；人类在组织生产和从事经济活动时，不但要考虑生产成本，还要考虑生态成本和环境成本。循环经济不是单纯地把效用最大化看做是来自产品和服务的消费，而是把优美和谐的环境也看做是人们获取效用的来源。循环经济发展的目标是实现人与自然的可持续发展，实现经济与社会的可持续发展。这就要求我们转变经济增长方式，走依靠技术进步来促进经济增长的发展道路。为了达到上述的最优化，循环经济要求在生产和消费过程中贯彻“3R”原则，即减量化（reduce）、再利用（Reuse）和再循环（Recycle）。因此循环经济要求先进生产技术、替代技术、减量技术和共生链接技术以及废旧资源利用技术、“零排放”技术等支撑的经济，而不是传统的低水平物质循环利用方式下的经济。这就要求在建立循环经济的支撑技术体系上下功夫。

第三，新的价值观。

传统经济的价值观是把自然环境看做是独立于人的经济活动之外的，大自然仅仅被看做是人类的衣食之源，大自然为人类服务，向人类的经济活动提供自然资源，人类活动的目的是向大自然索取，是要征服自然。这种价值观在西方主流经济学中的反映就是在单个厂商的生产函数或总量生产函数中，一般不考虑自然环境对（总）产出的影响。

循环经济的价值观把人与自然环境的关系看做是相互依存、相互影响的，人和人类的经济活动不能脱离自然环境，而是融入自然环境之中的；人类不能简单地向大自然索取，而是要保护自然，维持自然生态的平衡；人类不能仅仅把大自然看做是可利用的资源，而是要维持自然生态系统的良性循环；循环经济在考虑科学技术时，不仅要考虑其对自然的开发能力，而且要充分考虑到它对生态系统的维系和修复能力，要使之成为有益于环境的技术；人类发展科学技术的目的是要节约自然资源，更有效地利用资源。人与自然必须和谐相处，实现人与自然的和谐发展和共同发展，这是循环经济的最终目标。

第四，新的生产观。

传统工业经济的生产观念是最大限度地开发利用自然资源，最大限度地创造社会财富，最大限度地获取利润。传统的工业化道路是“先发展，先污染，后治理”，或者是“边发展，边污染，再治理”，19 世纪英国的伦敦“雾都”就是这样形成的。新型工业化道路是从循环意义上发展经济，用清洁生产、环保要求从事生产。清洁生产是循环经济的生产理念。清洁生产不但是指生产场所清洁，而且包括生产过程对自然环境没有污染，生产出来的产品是清洁产品和绿色产品。

循环经济的生产观念是要充分考虑自然生态系统的承载能力，尽可能地节约自然资源，不断提高自然资源的利用效率。并且是从生产的源头和全过程充分利用资源，使每个企业在生产过程中少投入、少排放、高利用，达到废物最小化、资源化、无害化。上游企业的废物成为下游企业的原料，实现区域或企业群的资源最有效利用。并且用生态链条把工业与农业、生产与消费、城区与郊区、行业与行业有机结合起来，实现可持续生产和消费，逐步建成循环型社会。这就要求企业在进行生产时，要最大限度地利用可循环再生的资源来替代不可再生的资源，例如，更多地利用太阳能和风能；尽可能多地利用科学技术手段，对不可再生的资源进行综合开发利用；用知识投入来替代物质资源投入，努力使生产建立在自然生态良性循环的基础之上。

第五，新的消费观。

回顾人类历史上消费观的发展，我们可以分为节俭型消费、高消费、适度消费和绿色消费四种消费模式。节俭型消费通常是伴随着经济欠发达和收入低水平而产生的消费模式和消费观。高消费是西方发达国家在工业化完成以后形成的消费模式和消费观。适度消费是针对高消费的过度而提出来的一种消费模式和消费观，它要求人们的消费规模和增长速度必须保持在人们的收入和需要的适当范围内，不能随心所欲地消费。绿色消费是一种适度消费和节俭型消费，不是挥霍型消费，但是绿色消费的内涵要比适度消费和节俭型消费的内涵丰富得多。绿色消费既是一种适度消费和节俭型消费，又是一种具有环保意识和健康安全意识的消费。

循环经济的消费理念是绿色消费。是一种与自然生态相平衡的、节约型的低消耗物质资料、产品、劳务和注重保健、环保的消费模式。这种消费不仅要满足我们这一代人的消费需求，保证这一代人的消费安全和身心健康，而且要满足我们子孙后代的消费需求，并且不减少他们的消费需求，保证他们的消费安全和身心健康。

循环经济的消费观要求消费者具有环保意识，认识到环境变化对人的生活质量和生活方式的影响。对环境污染最小，对人的身心健康损害最小的绿色产品的需求成为消费者需求结构中的主要内容。绿色消费鼓励消费者在日常生活中选择环保产品、节能产品和安全产品，努力减少一次性消费，提高产品的利用率，积极推动废弃物的再资源化和再利用，把环保意识落实到日常的消费活动中去。

四、科学技术的绿色化与人文化

循环经济的出现为科学技术的发展提出了新的要求。可以说实现循环经济的根本途径就是科学技术的绿色化。

作为万物之灵的人类，其不同于其他生物的特点就在于它不但生活于生态圈内，而且还活动于技术圈内。技术圈与生态圈对于人类都是不可或缺的，人类要取得进一步的发展，就必须协调这两大圈层的关系，而要实现生态圈与技术圈的和谐，关键在于创造一种全新的技术，实现科学技术绿色化。和一味追求高需求、高利润的传统科技相比，绿色科技是一个全新的概念。它强调生态圈和技术圈的和谐发展，追求高效低耗和无污染，并以可持续发展作为指导原则，体现的是科学技术对人类的终极关怀。可以说，绿色科技代表了未来技术发展的新方向。

要实现科学技术的绿色化，追求和谐发展的新兴的科学技术，需要一系列客观与主观、内部与外部的条件。首先，绿色科技追求的是经济发展与生态平衡的双重目标，所以实行起来也必然比近代技术单纯追求高速率的难度要大。因而就要求我们创设一个全新的技术背景，并且绿色科技由于要将科技与自然环境作为一个系统去考虑，因此同传统的单纯技术相比，它只能在更高的技术发展水平上才可能达到。其次，绿色科技的目标着眼于全人类的幸福，所以，它不仅是某一个国家与地区的事业，而且是全人类共同的事业。这就要求我们营造全球范围的舆论环境，只有当人们最终营造起一个人类与环境和谐发展的氛围时，绿色科技才有可能产生，并获得健康和迅速的发展。再次，科学技术绿色化离不开各国家、地区之间的合作与谅解，这就需要创建良好的政治经济环境。只有这样，才能为绿色科技的发展奠定坚实可靠的基础。最后，也是最重要的，就是必须彻底改造传统的单一决定论式的思维模式，树立一种全新的、关注全人类生存大业的、以整体和谐思想为主导的系统论的思维模式。这种新的思维模式和世界观不再以对抗、斗争和征服为特征，它注重于人与环境之间的和谐发展以及人与人、人与社会之间的和谐共处，注重于全人类及其子孙后代的长期的持续发展。只有全人类都意识到了和谐发展的必要性，真正的绿色科技才能生根发芽，并茁壮成长，人类也才能真正步入一个和谐发展的辉煌全新年代。

科学技术绿色化代表着一种新型的思维模式和发展方式，展示了一种人与自然关系的全新阐释。自 20 世纪五六十年代以来，伴随着环境污染的不断加深，资源危机的不断加剧。科技绿色化也成为数以万计的科学家、哲学家、社会学家、未来学家以至开明政治家呼唤的焦点。特别是从卡逊女士发表《寂静的春天》大胆地揭示出现代技术对自然界造成的不可恢复的创伤之后，绿色运动逐渐在全球范围兴起，并蔚然成风。罗马俱乐部关于人类发展与环境资源的触目惊心的报告，历次世界环境大会制定的纲领性的文件，以及非人类中心主义的环境伦理学的发展，使绿色运动已呈现出燎原之势。1992 年世界环境与发展大会制定的《里约环境与发展宣言》得到了世界上大多数国家和人民的赞同和认可。之后，各国纷纷颁布了《21 世纪纲领》，把发展可持续产业、建立绿色科技体系提上了日程。

如今，科学技术绿色化、建立绿色 21 世纪， 已成为了每一位关心人类生存与发展、关注地球前途和命运的有强烈历史责任感人士的光荣使命。

五、从“国家创新体系”和“创新型国家”看循环经济

在技术创新对经济社会发展越来越重要的今天，通过技术价值观、技术范式、

技术创新模式和创新战略的生态学转向，为循环经济提供切实可行的技术支撑。20 世纪 70 年代著名英国经济学家弗里曼（C.Freeman）就提出了“国家创新体系”的概念。

在关于国家创新体系的讨论中，一般强调以下几个方面：① 国家创新体系是围绕技术创新核心展开的一个系统，是一国长期经济发展的基础；② 国家创新体系的发展与变化是一国政府增进国家竞争力的重要途径；③ 不同国家在国家创新体系方面会具有不同的特点。尽管不同国家的国家创新体系会呈现出不同的特点，但就其构成要素而言，一般包括五个方面，即理念创新、制度创新、科技创新、产业创新和管理创新。基于本章的立足点为科学技术，所以重点来探讨它的科技创新因素。

科技创新是国家创新体系的核心。“科学技术是第一生产力”，科技创新对社会经济发展产生着广泛而深远的影响。而发展循环经济，核心是必须依靠科学技术，尤其是高新技术的发展。

发展循环经济，必须建立起与之相应的创新体制，形成富有活力的创新体系和激励创新的政策环境。在科学技术、资本、劳动力和自然资源的复合系统中，自然资源已经成为了制约性要素。所以，科技子系统必须进行结构性变革，才可能适应经济发展的需要。目前，我国有关部门在知识创新工程中确立了农业高新技术、人口与健康、信息与自动化、能源、新材料、资源环境、空间科学与技术、基础和重大交叉科学八大领域。并以此为基础，进一步凝炼科技目标，分别从重点研究领域、战略方向和重大项目三个层次上加强布局和组织重大项目预研，从而促进科技创新。

当前的环境污染和生态破坏在很大层面上是因为科学技术的广泛应用导致的。解决环境问题、促进经济持续增长，也只有依靠科技进步。发展循环经济，非常关键的就是调整资源发展战略，发现新资源，而这些都需要依靠科技进步。以能源为例，随着太阳能、风能、高效安全洁净核能、煤的洁净燃烧和转化技术、新的可再生能源、高效车、船载燃料电池等技术的迅猛发展，2000 年与 20 世纪 90 年代相比，世界风力发电容量增长了 32%，太阳能电池销售增长了 43%。燃烧用煤，这种开启了工业时代的化石燃料，2000 年下降了 4%；天然气增长了 2%；石油增长了 1%。需要作出调整的领域很多，又如在材料方面，现在的挑战是需要重新设计材料经济，使其与生态系统相容。所以，以科技为先导，调整资源发展战略，设计服务和价值高的物品，才是发展循环经济的要求。

当前，人类面临着人口激增、粮食短缺、资源耗竭、能源匮乏、环境污染五大危机越来越严重的困扰，而这些威胁不仅仅局限于一个国家、一个地区，已经成为全球性问题。既然问题存在的范围和影响是不受国界限制的，那么，解决问题的途径和方法就应该在国家间采取广泛的合作。发展循环经济也必须要在国际间开展广泛的合作，尤其是在科学技术研究方面的合作已经成为一种必然。所以大力开展国际间的科技合作，依靠国外先进的技术和管理手段，发展循环经济，走可持续发展的道路，在我国是必要的。

第三节　科学技术解决环境问题的限度与社会决策

科学技术带来的负面效应让人们思考人类未来发展的出路，循环经济应运而生！而真正实现循环经济又恰恰需要科技进步作为依托。

大力发展循环经济，可将经济社会活动对自然资源的需求和生态环境的影响降低到最低程度，从根本上解决经济发展与环境保护之间的矛盾，这是以人为本、实现可持续发展的客观要求，也是构建和谐社会、保持优美环境的根本出路。

一、科学技术决定论的两个对立版本

科学技术决定论是指从文艺复兴以来盛行于科学界、哲学界乃至社会领域的一种以科技理性统辖一切、把科学技术作为社会进步和经济发展之决定力量的思想倾向。它把世界单纯地“强求”为人类的“持存物”，把自然仅仅当作攫取和利用的对象；它使世间的一切，甚至包括主体本身，均被剥夺了“存在”的地位，而沦为“被存在者”，沦为技术意志控制和支配的单纯手段。“技术的发展不依赖于外部的因素，技术逐步作为社会变革的主要力量决定着人类精神和社会状况。”[183]

科学技术决定论主要有技术悲观主义和技术乐观主义两种表现形式，它的基本内核是强调科学技术决定一切，只承认科学技术的作用，认为只有科学技术才是社会进步的决定因素和动力，否认生产关系的作用，而认为科学技术直接决定社会发展。

（一）技术悲观主义

在《自然辩证法百科全书》中，技术悲观主义是这样定义的：“指认为技术的发展直接主宰社会命运，并必然给人类带来灾难的一种观点，又称反技术主义。

---

[183] G.Ropohe. A Critique of Technology Determinism. D Reidei Publishing Company，1983：57.

它是技术决定论的一种表现形式。它怀疑、否定技术的积极作用，主张技术必须停止乃至向后退。”[184]

技术悲观主义通过对技术化过程所带来的社会动机、全球问题、人类困境的揭露，来表明当代世界的危机状态，他们的结论往往具有较浓厚的悲观色彩。技术悲观主义认为，现代技术的高度发展带来了对地球的过度开发与消耗以及对周边环境的严重污染，威胁到人类的生存与发展，这是无法避免和克服的。马尔萨斯在他的《人口论》中抨击了当时盛行的技术乐观主义思潮，法兰克福学派认为技术的发展使人沦为它的奴隶，其代表人物法国的马尔库塞认为，正是技术的进步成了压抑和摧残人性，干预人的自然生活的主要力量，正是技术的操纵，使个人成了没有反抗性和批判性，只满足于物质追求的“单面人”，社会成了没有反对派、没有反对思潮的“单面社会”，“使整个的人（肉体和灵魂）都变成了一部机器，甚至只是机器的一部分。”[185]

随着全球性的人口爆炸、环境污染、生态破坏、气候恶化、能源、资源的短缺问题日益突出，技术悲观主义在 20 世纪 60—70 年代以来已经成为西方社会一股重要的社会思潮，特别是 1972 年罗马俱乐部《增长的极限》报告的发表，以及 1979 年和 1992 年，以技术悲观主义为主题的《技术、悲观主义和后现代主义论文集》的发表，在全球引起了巨大反响。很多人开始相信“人类的未来充满黑暗”。有人甚至干脆打出反技术的旗帜。他们认为，技术的发展会造成人类文明的衰落、人性的毁灭。为了挽救人类，消除技术发展带来的消极后果，只能阻止技术的发展。有些人甚至主张复归中世纪和古代田园般的生活。

（二）技术乐观主义

就思想和学术渊源而言，技术乐观主义可以追溯至认识论乐观主义。历史步入近代以后，接踵而至的文艺复兴、宗教改革和启蒙运动共同构建起新型的观念结构，不仅冲击了中世纪的神学思想体系，而且也为科技革命的产生扫清了障碍。其中，文艺复兴提倡科学、人权和人性，推崇人力、人生与现世的意义；宗教改革反对垄断文化教育的罗马天主教会，追求思想和社会的双重解放；启蒙运动鞭挞愚昧与无知，用平等和自由否定教权、王权及特权。在此背景下，崇尚知识和理性的思想家应运而生，培根、霍布斯、笛卡儿以及莱布尼茨是典型代表。作为技术乐观主义的主要倡言人，培根在《新大西岛》中勾画出一个技术活动兴旺发达、由技术专家负责行政管理的理想国。

[184] 中国大百科全书编委会. 自然辩证法百科全书〔Z〕. 北京：中国大百科全书出版社，1994：216.
[185] 马尔库塞. 反革命与造反. 北京：商务印书馆，1982.

18 世纪末 19 世纪初，由于受技术乐观主义的激励，也由于启蒙运动对宗教力量的消解，使技术革命得以大规模展开。他们盛赞技术革新所释放出来的惊人生产力，陶醉于早期工业市镇的繁荣和曼彻斯特装饰华美的酒店，但对工人低廉的工资和痛苦的处境却视而不见。马尔萨斯的《人口论》就是抨击当时盛行的乐观主义思想的产物。

技术乐观主义学者针对技术悲观主义思想也提出了自己的观点。他们夸大科技对社会的积极作用，认为科技的发展使人类社会不断进步，人类能够克服由于科技进步而造成的问题，也足以制止危机的发生。他们在面临新科技革命挑战时，表现出乐观的情绪，认为：科技能挽救一切。美国的物理学家、赫德森研究所所长赫尔曼·卡恩对《增长的极限》中的一些观点持反对意见。他认为，各种增长因素实际上很少长期按指数增长，而是按“8”形增长，即在增长曲线到达某一转折点后，将转为下降。而朱利安·林肯的《没有极限的增长》论证得出资源没有尽头，生态环境会日益好转。丹尼尔·贝尔则对工业社会的前途作了分析和探索，提出了“后工业社会”的概念。他的“后工业社会论”作为一种历史观，是科学技术决定论的典型表现。在他看来，当前西方社会发生的巨大变化，其根源都出自科学技术，它是制约社会发展的唯一决定因素。这与科技知识占据社会中心地位这一观点相适应，贝尔认为：知识阶级将日益取代工人阶级而起到社会先锋作用，他们不但成为推动社会生产发展的主要力量，而且也将成为推动社会发展的主要政治力量。阿尔温·托夫勒在《第三次浪潮》一书中认为，人类迄今已经历了两次文明的浪潮。阿尔温·托夫勒把今天西方社会的政治、经济、文化、心理上遇到的一切困惑归结为第三次浪潮和第二次浪潮文明之间的冲突。他采纳贝尔的观点，把 1956 年美国白领工人超过蓝领工人的数量看做是第三次浪潮文明开始的标志。他认为，在第三次浪潮时代，微电子技术工业、宇宙工业、海洋工程和生物工程这些低能耗工业将取代浪费能源的第二次浪潮工业，并最终将改变“工业化就是征服自然、就是社会进步”的思潮，走上人与自然和睦相处协调发展的道路，根除以往的对抗状态。美国社会学家奈斯比特在其著作《大趋势——改变我们生活的十个新方向》一书中，研究了科学技术的迅速发展和社会的信息化给社会生活带来的变化，把工业化社会之后的美国未来发展趋势归纳成十个方面，其中他肯定了新技术革命为经济发展注入了新的动力，强调了信息在经济发展中的作用，指出了知识更新在信息社会中的第一重要性地位。

由以上分析可以看出，技术悲观主义者和技术乐观主义者都抛开了特定的社会制度、生产关系来考察科学技术的发展及其社会后果，这两种思想观点往往是对立的，但其前提则是一致的：一切都仅仅是由科学技术决定的。而从实际来看，科学技术的作用是双重的，它既可以为人类造福，也可能带来灾难；既能够以建设性的方式被利用，也能够以破坏性的方式被利用。人类的发展，社会的进步，不仅要依靠科技进步，而且要改善社会经济制度、文化传统等。我们相信科学技术的力量，但是科学技术的发展本身也还是取决于社会的发展。

二、科学技术解决环境问题的限度

科学技术由于其独特的客观规律、价值尺度而具有相对独立的地位，其对生态环境的影响自然会显示出其双重性的作用。正如当代世界的环境情势所表明的，现代科技在人们摆脱自然界的奴役、争得相当的人身自由的同时，又给人类降下了无穷的生态灾难。尤其是近一二百年来，由于人们认识上的偏颇，一味地应用科技手段向自然索取，仅仅看重科学技术的经济效益却忽视它的生态效益和社会效益，故而造成困扰今天世界各国的全球性和区域性环境问题。美国著名的生物学家雷彻尔·卡逊在她的划时代名著《寂静的春天》里，客观地描绘了一幅由于使用 DDT 农药造成的虫鱼灭迹、鸟兽猝死、人畜受害的死寂景象。这正是人类对于现代科技在环境问题上造成的负面功能的第一次全面声讨！她向人类表明，“保护环境就是保护人类自身”已不再仅是一句口号，而是包括科学家在内的全人类必须用刻不容缓的行动付诸实施的艰巨任务。

然而，由于技术和经济发展的不平衡，当前仍有相当多的国家和地区，出于生存与发展的压力，虽然明知保护环境对当代人和子孙后代的重要性，但为了生存仍然不得不竭泽而渔，继续发展以单纯经济利益为唯一目标的高消耗、高污染的传统技术，从而对生态环境造成了更大的压力。一味砍伐森林、盲目开采矿物、大量排放有害物质、围海造田等一系列违反自然规律的行为进一步恶化了人类现有的生存环境，并直接引起了诸如厄尔尼诺、沙尘暴、洪水泛滥、臭氧层空洞等危害人类生存的现象的发生。于是，如何在发展科学技术的同时，协调好新的科技成果的应用与自然环境保护的关系，如何使科学技术创新朝着有利于人类终极目标的方向发展，已成为全人类共同面临的首要问题。

可喜的是，环境保护问题已经引起了当今人类的普遍重视，大多数国家都已经达成了共识，把环境因素列为本国科学技术经济社会发展的一个重要指标，表明人类已经开始重视科学技术的人文价值的问题，反映了人们对于科学技术朝着日益合乎人性的目标发展的强烈愿望。

在文艺复兴运动中兴起的近现代科学技术从一诞生起就作为人文主义的重要内容而服务于人类的利益、服务于人类生存条件的改善。这就决定了科学技术在全人类共同利益的支配下，有必要也有可能发挥其有益于环境和生态保护的正面作用。从另一方面来说，环境的保护也离不开科学技术的支持，如果没有强大的科技力量，再宏伟、再精妙地保护自然环境与生态的设想和方案也无法得到实现。

近年来日益受到人们青睐的“循环经济”的兴起向世人表明：科学技术的发展能够为环境治理提供更经济、更科学的技术方法和手段，迅速地推进环境与生态保护的进程，极大地提高人类生存的质量。众所周知，从 18、19 世纪直至 20 世纪中叶的伦敦，由于工业生产的迅速发展和落后的技术设施，造成伦敦上空黑雾浓密，生存的环境极其恶劣，终于酿成了 1952 年举世震惊的伦敦烟雾事件。但是，从那时开始，随着英国政府和公众环保意识的增强，以及各种治理空气污染技术（比如尾气处理技术）的出现，较少污染的能源或者新能源的应用，最终使伦敦的空气重新变得清爽。在这里，我们看到了技术一反过去在大多数场合里充当“破坏环境的罪魁”的面貌，而表现出了对环境保护的正面作用。

总之，环境与科技的关系是辩证的，科学技术的不成熟与片面性导致了一系列重大的环境问题，同时生态平衡的恢复、环境污染的治理最终又丝毫离不开科学技术的发展与成熟。人类当然不可能接受极端的技术悲观主义者关于“回到刀耕火种时代”的误导，但是，要创建更美好的未来、创设更舒适怡人的环境，最根本地还需要靠环境科学技术的发展以及创建新世纪崭新的绿色工业来实现。

三、西方新马克思主义的技术批判理论及其启示

面对以技术理性为代表的理性文化在现代工业社会条件下的深刻危机，以法兰克福学派为代表的西方新马克思主义致力于剖析技术理性、文化工业等异化的文化力量对人的主体性的消解及其导致的现代人普遍异化的存在境遇。他们认为工具的、主观的、操纵的理性之所以成为技术统治的奴婢，是因为理性启蒙运动走得太远而使它失去了自己的原初内容。然而，他们并不像某些当代人文主义者那样不加选择地攻击整个科学思想的有效性。因为在他们看来，从哲学上取消科学，在个人生命中是一种慰藉，在社会中则是一个谎言。

因此，尽管法兰克福学派竭力批判理性的异化所带来的不利影响，但他们却拒绝回到自然朴素状态。马尔库塞还为未来社会设计了一种新的自然观和技术观，他认为新思想的实施将会使自然与人的关系问题得到最终解决。在马尔库塞的未来社会的模式中，技术进步的最终目的是人的全面发展。因此，技术发展必须在人的合理控制之下，即以价值理性作为其合理性的基础，摒弃那种技术至上的浅薄的乐观主义。为此马尔库塞强调，人们不仅不应把自己所创造的技术基础

都抛弃掉，恰恰相反，应以其作为人类追求新的自由和更高合理性的出发点。他倡导通过对技术发展目的的探求而在技术中植入一种新的价值观。根据这种价值观，人的全面发展以及人从被压抑的状态下解放出来是科学技术发展的根本目的。尽管马尔库塞没有给他的新技术的发展与新自然的重建提供具体的实施步骤，只是说他的目的是激发起一种与现存的事物状态相抗争的力量，从而引导社会向更合理的方向发展。但是他毕竟看到了技术理性片面发展所带来的后果，并在对此反思的基础上，要求人们重新认识价值理性在科学理性结构中的地位与作用，从而为科学技术的健康发展提出了努力方向。

以法兰克福学派等“新马克思主义”为代表的西方技术批判理论对技术理性畸形发展所导致的消极后果的反思，表现了他们对于技术社会中人的发展的深层关切和强烈的使命感。正因为如此，他们的理论不仅成为当代反科学主义思潮的突出代表，而且影响日益广泛，促使反科学主义取代了科学主义在科学技术的哲学与社会学思潮中的主导地位。

在当今时代，科学技术的迅速推广及应用正将世界各国逐步推入工业化的过程中。毫无疑问，西方发达国家今天所面临的异化问题，也是发展中国家明天所要着力避免的问题。中国正处于由传统农业文明向现代工业文明过渡的社会转型时期。作为世界上最大发展中国家的中国在向现代化迈进的过程中必然会面临深刻的文化精神冲突：一方面，为了能迅速地赶上西方发达国家所达到的现代化程度，现代市场经济和工业文明是我们的必由之路，因此必须大力弘扬以科学理性和人的主体性为内涵的现代化的文化精神；另一方面，现代市场经济和工业文明将不可避免地把一个物化和异化的世界摆在我们面前，使人们只把目光停留在解决科学和技术难题的层次上，从而不仅导致生态环境的破坏，也使文明陷入困境。因此，如何既努力在民众中间培养一种市场经济所需要的以主体性、创造性及风险性为特征的探索精神和以操作性、规范性及程序性为特征的科学理性精神，又尽力减轻或避免发达国家面临的上述负面效应的出现，对于中国未来的文化建设是一个必须认真对待的根本问题。在人类文明史上，中国曾创立了不同于西方文明的东方文化传统和价值观。今天，中国要想避免现代化带来的破坏性影响，就必须汲取西方世界现代化过程中的经验教训，同时把中国传统文化价值观念的精华整合进去，从而开创一条全新的发展道路。

自工业革命以来，西方国家的发展道路在很大程度上是一种“先破坏，后治理”的模式。按照这种模式，一个国家或地区为了加速经济发展，在一定时期内以牺牲社会安定和环境资源为代价，等到将来经济发展到较高水平时再集中力量治理这些问题。西方国家从 19 世纪末开始进入经济快速发展时期，它们通过社会改革的方式解决了许多严重的社会问题，并且于 20 世纪后半叶起又依靠先进的技术和雄厚的经济实力着手控制环境污染等问题。但不能由此认为这种模式可以效法。因为：第一，发达国家的成功是在走了很大弯路之后才获得的。虽然它们创造了大量的物质财富和强大的技术基础，但也破坏了下一代人继续发展的环境资源和社会基础，迫使下一代人不得不降低发展速度，并花更大力气纠正上代人犯下的错误。值得注意的是，迄今为止，西方国家不仅仍普遍存在着社会不平等、贫困、犯罪等严重问题，而且也没有从根本上解决环境污染问题。第二，西方国家所取得的成就是以牺牲发展中国家的利益为代价的。西方国家发展的早期阶段把许多落后国家作为殖民地，疯狂掠夺并开发这些国家的自然资源和人力资源。尤其是发达国家为了减轻其自身的环境压力，利用发展中国家急于发展本国经济的迫切愿望，将污染严重的工业转移到这些国家。这种所谓"经验"，发展中国家既不应当也不可能去仿效。不幸的是，20 世纪中叶许多发展中国家为了经济的腾飞，采用了发达国家"先污染，后治理"的模式，结果产生了诸如两极分化、城市贫困、乡村衰落以及严重犯罪等社会问题，并加剧了环境破坏和资源衰退。这些国家要想纠正这些失误甚至将不得不付出比当年西方国家更为沉重的代价。

在人类文明的历史进程中，中国曾走过了与西方文明不同的发展道路。面对向工业文明迈进的课题，如何避免重复西方国家曾经走过的错误道路呢？这就需要把西方文明中的科学精神与中国传统文化中的人文精神整合起来，建立一套适合自己特色的发展模式。历史表明：如何对待传统不单纯是个文化问题，也是人类如何对待发展的问题。因为传统文化并不是静止的，而是不断地变化和发展的。人类在生活实践中创造着，同时又在历史进程中发展着。在西方的文化演进中，理性启蒙曾经发挥过不可磨灭的积极作用，然而启蒙运动对古典传统的批判与解构是以人自身的异化为代价的。由于对历史文化传统缺少应有的关照和重视，给传统文化造成了始料不及的灾难性后果。历史无情地嘲弄了对待传统文化的形而上学态度，并从反面告诫人们：文明的演进与发展必须以深厚的传统文化为基础。

如今，以发展为前提去追求传统，目的不是恢复传统的生活方式，而是从中获得合理的发展观念，即探索蕴含发展理念的传统精神，以此来确立走向未来的文化基础和文明的方向。[186]在中国古代哲学那里， 天人合一是中国传统文化的最终归属，也是中国传统文化对人类最大的贡献。中国传统文化从这里出发，演变为老庄的道学和孔孟的儒学，前者着重探讨宇宙的根本规律，而后者则重视人本身的精神境界和人际关系的发展。因此，中国传统文化围绕着两个核心问题展开，一是追求人和自然的统一，二是追求人与人、人与社会的和谐。更为重要的

---

[186] 高清海，胡海波. 文化传统的当代意义. 烟台大学学报，1998（1）.

是，在中国传统文化中饱含具有历史感的忧患意识，这种忧患意识并不是对前途的悲观失望，而是从历史责任感出发对潜在危机的深刻洞察，它有助于人们透过现代化的奢华，洞悉现代人面临的危机，从而早作防范。

中国要实现现代化，还有一个难度很大但又无法回避的课题需要正视与解决。这就是：不仅要继承传统文化中的上述精华，同时还要下大力气认真清理、鉴别并努力破除传统文化中所包含的落后、保守、陈腐的成分，从而将人的能动性和创造性从种种精神枷锁的束缚下解放出来。在中国的传统文化中不乏积极入世的功利精神。但是，传统文化中也存在着崇古拒变、共性至上、人治传统、身份取向和以我为中心的民族文化优越感等消极因素。加之传统农业文明以分散的自然经济为特征，普遍缺乏积极开拓进取的“成就需欲”，难以生长出科学理性精神和市场观念等现代化所不可或缺的思想与文化因素，从而使社会发展缓慢。可以肯定地说，如果我们不重视从精神的、观念的、心理的层面扬弃传统文化中的这些惰性因素乃至糟粕成分，而仅仅注重器物层面的文化变迁（两者相比，后者所遇到的阻力会小得多），那么，由传统社会向现代化社会过渡所必需的文化重建就不可能实现。总之，我们既要吸收西方文化中有价值的东西，高扬科学与理性的旗帜；又要以西方文明所遭遇的危机为借鉴，充分挖掘中国传统文化精华中与现代化和后现代化观念相契合，又为西方文化所缺乏的内容，从而创造出与我国社会转型相适应的新文化。这种文化重建或再造只会使中国文化内容更为丰满，也更为健康。[187]在一定意义上讲，这将是 20 世纪初我国新文化运动在新的历史条件下的继续和发展，并将伴随中国迈向现代化文明的整个历程。

中国现代化道路的选择经过了漫长而痛苦的探索过程。明清以来的中国士大夫阶级大多陶醉于祖先创造的灿烂文化，把西方科技文明斥之为奇技淫巧而不屑一顾，只是在被西方的坚船利炮打败以后，一些志士仁人才认识到我们“技不如人”。从科学技术与经济的角度看，中国的现代化过程是一个对西方国家的“追赶”过程。但是，如果我们对现代化缺乏深刻的认识和足够的耐心，简单地将西方“经典现代化”的发展程序“快餐式”引进，将难免重复西方国家走过的弯路。而在“追赶”过程中出现的任何偏差都有可能导致预期目标的偏移，造成民众的浮躁与失落，甚至会引起本可避免的社会动荡。[188]因此，决不能忽略在“日益繁荣”、“高速发展”背后那些不易察觉的陷阱。在这方面，西方技术批判理论或许可以给我们提供某些启迪。

[187] 姚蜀平．现代化与文化的变迁．科学与社会，科学出版社，1988：183．

[188] 乐正．改革偏差的理性批判．南方周末，1998-03-06（16）．

理性的社会批判不仅是中国现代化进程不可或缺的动力，而且是矫正改革过程中出现非理性偏差的重要条件。正如美国后现代主义代表人物大卫·格里芬所告诫的："应该通过了解西方社会所做的错事，避免现代化带来的破坏性影响。"[189] 西方社会在向工业化迈进的过程中用技术理性代替了人文精神，因而在富裕的物质生活中丧失了对生活意义的追求，使人们普遍遵循的价值系统分崩离析，一个统一的精神世界变成了"文明的碎片"。有鉴于此，许多学者呼吁，应当借助中国文化的精华和传统价值观念中的合理成分来克服"现代病"。中国道家和儒家对人文价值的深层关切，对于重建一种后现代的哲学观将具有指导意义。正如我国学者董光璧先生所指出："道家思想在探究宇宙和谐的奥秘、寻找世界的公正与和平、追求心灵的自由和道德完满三个层面上，对于我们这个时代都具有启蒙思想的性质。"而儒家思想体系由于其开放性"能兼容科技和其他学派的自然观，也形成了一些涉及科学技术的较为一致的思想倾向"，"它们是理性与价值合一的生态自然观、自然与人文统体的学问观"。[190]可以预见，中国古代的思想精华对于重建理性以克服科学技术加速发展所带来的文化异化，将富有积极的建设性作用。有人曾形象地把中国的现代化过程比喻为一次在希望的光环与黑洞之间的穿行长跑。在即将到来的知识经济时代，要想成功地赶上西方的现代化进程，必须将中国传统的价值观念的精华同西方现代科学精神整合在一起，在科学精神和人文精神统一的基础上走出一条可持续发展的新型的现代化之路。

四、在循环经济背景下科技发展的社会控制

发展循环经济的确定，给人们的科技行为和科技发展指明了方向，科技进步不再那么肆无忌惮，而应该是有约束地适当进步。在循环经济发展观下，科技进步应该坚持适度发展原则，走绿色科技进步道路，将科技进步与人文科学的发展结合起来。科技进步要靠人文科学（如哲学、社会学、伦理学、法学等）的发展为其导航，这样才能有利于人与自然的协调发展，才能真正服务于人类发展。循环经济对科技进步做出约束和限制，但并不阻止科技进步，科技进步是循环经济发展内容和根本要求。在循环经济的发展模式下，科技进步不仅是必要的和可能的，而且是一种健康的发展 。

充分发挥科技进步对循环经济的推动作用。科技进步在一定程度上会给人类带来种种不可持续发展的问题，而这些问题又需要依赖科技的进一步发展来解

[189] [美]大卫·格里芬．后现代科学．中央编译出版社 1995：7．

[190] 董光璧．从科学思想的进展看科学哲学的新路径．自然辩证法研究，1997：2．

决，正是在这种否定之否定的发展过程中，人类开辟了循环经济发展之路。科技进步不断顺应循环经济发展的方向，能实现可持续的消费方式，能促进新的产业群不断成长，创造就业机会，解决社会的就业问题。所以说，循环经济发展因之获得了赖以实现的强有力的杠杆。

同时我们也不能忽视科技进步带来的负面影响。因此，为了更好利用科学技术促进社会发展，有必要加强对科学技术发展的社会控制。对科学技术的社会控制可分为内部控制和外部控制两种形式。

内部控制是一种微观控制，是在科技社会内部建立起各种行为规范和机制，使科学家的行为和研究工作约束在一定的框架范围之内。没有制度和规范，科技工作者的行为就会失控，科学技术对社会的作用也就会失控。因此，有必要在科学社会内部健全各种规范，形成有效机制，引导科技工作者的研究朝着有利于人类社会发展的方向进行。就当前而言，内部控制应主要注意：① 完善科学创新规范和机制，引导科技工作者为解决人类生存和发展困境大胆创新。② 完善科技成果评价规范和机制，使科技成果的优劣能得到及时正确的评价，为科技工作者指明正确的研究方向。③ 完善科技奖励规范和机制，加强对科技失范行为的惩治，激励科技工作者既勇于进取，也防范科技失范行为发生。

总体说来，内部控制是要使科学界内部按照社会意识的整体要求来规划科研工作，做到自己的科研成果在为社会带来巨大效益的同时，不影响未来人类对自然资源和自然环境利用的要求；科学研究的成果不影响到其他社会、自然子系统的正常运转，并有助于它们的运行向着与整体系统相互协调的方向发展。在相应的研究成果产生以后，在科学界内部进行评估，评估的标准和尺度也应以整个社会的协调、可持续发展为依据来制定。

外部控制属宏观控制，是社会运用意识形态，通过制定科技政策、科技法律、科技规划影响和控制科学技术的发展。科学技术的发展，受到建立在一定经济基础之上的各种社会意识形态的影响。各种社会意识形态，包括哲学、文化、艺术、宗教、道德等对科学技术发展的重要影响体现在它们对科技发展与人类行为价值取向的选择上。人类对科技的宏观控制首先是要在思想意识形态中树立起对科学技术正确、客观的理解模式，摒弃原有的科学技术万能论，明确科技与社会其他子系统之间不是决定与被决定的线性关系，而是共同组成一个相互关联的有机整体，科技的发展和运用一定要考虑社会其他子系统对此的承受能力。

在树立正确的指导思想基础上，社会应通过制定合理的科技政策，完善科技法律，进行科学规划来实现对科技的调控。

国家通过科技政策，确定科技事业的发展方向，处理科技活动领域的各种内部关系和外部关系，实现对科技活动的宏观控制，以促进整个科学技术系统的良性发展。科技政策对科学技术活动的规范作用主要体现在以下几个方面：科技政策规定了科技发展的规模和速度；科技政策规定了一定时期内科学技术发展的方向和目标；科技政策规定了科学技术发展的重点领域，把活动高度集中于经过选择的重点目标，以保证较快地取得对经济、社会发展具有重要意义的成果；科技政策还能调整科技体系的内部结构，使基础研究、应用研究、开发研究三者有合适、恰当的比例，保证科技成果对社会需求的满足。

科技法律是促进科技正确发展的法律保障。加强绿色科技立法和执法。循环经济科技的立法包括立法保障循环经济科技的发明发现；立法保障循环经济科技的投入；立法保障循环经济科技交流和合作。① 加强循环经济科技的立法。随着市场经济的发展，科技资源普遍地被当作财产，应建立对其产权给予法律保护和利用的机制，依法奖励作出贡献的科技人员。在保障循环经济科技投入方面，应鼓励私人和民间闲散资金的利用，对发展绿色科技企业的上市和其他方式的融资有优惠政策和法律保障。在知识产权方面应完善专利制度和著作权法规，保护交流和合作者的应有利益，促进共同发展。② 加强循环经济科技执法。造成“有法不依，执法不严”的现象，除体制转变期间出现的观念误区和条块分割等重要原因外，在立法方面的空白和不严密性也使执法者有较大的裁量权，被执法者有空可钻。

要实现对科技应用的合理的社会控制，首先必须有一个正确的出发点，或者说要有一个正确的控制目标。这个目标就是要兴利除弊，实现科技、经济、社会与环境的协调发展，并且为人类的长期生存和发展创造条件。实现这一目标，必须在发展观和价值观上来一个更新。而科学发展观的出现，正是一个创新的产物。

科学发展观，是追求科技、经济、社会与环境和人类自身的大协调发展观，是一种保持长期发展的可持续发展观，同时也是立足于全人类根本利益的全球发展观。人类应从过去的农业文明和工业文明向更高级的文明形式——生态文明迈进。只有这样，才能使科技最大限度地发挥其积极作用，最大限度地控制或消除其消极后果，建立一个物质富足、精神高尚、环境优美、社会公平有序的生存和发展环境。

科学发展观就是坚持以人为本，实现经济社会全面、协调、可持续发展。全面，就是要以经济建设为中心，全面推进经济、政治、文化建设，实现经济发展和社会全面进步；协调，就是要坚持“五个统筹”，推进生产力和生产关系、经济基础和上层建筑相协调，推进经济、政治、文化建设的各个环节、各个方面相协调；可持续，就是要促进人与自然的和谐，实现经济发展和人口、资源、环境相协调，坚持走生产发展、生活富裕、生态良好的文明发展道路，保证世代永续发展。全面、协调、可持续发展，是经济政治、文化、社会等各方面的发展与人的全面发展的统一，是经济、社会与人口、资源、环境的统一，是物质文明、政治文明和精神文明建设的统一。

科学发展观要求：社会的发展不应只考虑到经济要素，而更应考虑社会效益与生态效益。科学发展观要求实现科技生态化，建立绿色技术体系，改造并发展传统产业，走出一条用生态科技产业发展经济之路。所谓科技生态化，指“社会科技发展趋向于生态科技形态，生态科技居于科技体系的核心，以实现科技成为环境优化力量的过程”。而生态科技指“其研究运用能够促进整个生态系统保持良性循环，甚至能优化生态系统结构的科学技术系统。这里有必要说明，所谓的生态科技并不仅仅指这类科技的积极生态效应，而是指它在产生生态效应的前提下，能够带来明显的经济效益，使得生态科技的研究和实施不仅保证了生态的可持续发展，而且也使经济的可持续发展和社会的可持续发展成为可能”。[191]从根本上讲，科技生态化就是要用生态思想指导科学研究和技术应用，用生态规律引导和规范技术工艺体系，使科学技术能更好地为人和自然的协同进化服务。

实现生态经济产业，不仅是我国落实和执行科学发展观的必然要求，而且已经成为我国科技进一步发展的深层动力，促进科技创新的不断深入。

发展循环经济，创建节约型社会，是贯彻落实科学发展观的必然要求，体现了以人为本、可持续发展的发展理念，是我国全面建设小康社会的战略选择，也是科学技术发展的必然选择。

参考文献

[1] （英）J.D.贝尔纳．科学的社会功能 [M]. 北京：商务印书馆，1982.
[2] （德）弗洛姆．健全的社会[M]. 北京：中国文联出版公司，1988.
[3] （美）大卫·格里芬．后现代科学．北京：中央编译出版社，1995.
[4] （美）拉瑞·劳丹．进步及其问题[M]. 刘新民，译. 北京：华夏出版社，1999.
[5] （美）爱因斯坦．爱因斯坦文集[M]. 第 3 卷，北京：商务印书馆，1979.
[6] 李建珊. 需要—利益—目标/科学价值观念形成的三步曲[J], 天津师范大学学报, 1996（1）.
[7] 李醒民．关于科学与价值的几个问题[J]. 中国社会科学，1990（5）.
[8] （英）约翰·巴罗. 不论——科学的极限与极限的科学[M]. 李新洲，等，译. 上海：上海科学技术出版社，2000.
[9] （比）伊·普里戈金，等．从混沌到有序[M]. 上海：上海译文出版社，1987.
[10] （英）F.培根. 论人生[M]. 上海：上海人民出版社，1983.

[191] 覃明兴. 关于生态科技的思考[J]. 科学技术与辩证法，1997（6）：5-6.

[11] （英）F.培根．新工具[M]．北京：商务印书馆，1984.
[12] （美）R.K.默顿．十七世纪英国的科学、技术与社会[M]．范岱年，等，译．成都：四川人民出版社，1986.
[13] 李建珊，张立成．西方技术批判理性及其启示[J]．南开大学学报，1999（3）.
[14] （苏）柯普宁．马克思主义认识论导论[M]．北京：求实出版社，1982.
[15] G. Ropohe, A Critique of Technology Determinism [M], D Reidei Publishing Company, 1983:57.
[16] 马克思恩格斯全集[M]（第 3 卷）．北京：人民出版社，1972：517.
[17] 尼采．悲剧的诞生[M]．三联书店，1986：39.
[18] Jaques Elull，The Technological Order[M]// C Mitcham. Philosophy and Technology，The Free press，1983：247.
[19] 马尔库塞．反革命与造反[M]．北京：商务印书馆，1982：82.
[20] Max Horkheimer. Edipse of Reason[M]，New York：4-5.
[21] 马克思恩格斯全集[M]（第 12 卷）：4.
[22] 李建珊．科学价值论：“科学、技术与社会”研究的重要课题．新华文摘，1997：9.
[23] 马克思恩格斯全集[M]（第 47 卷）．北京：人民出版社，1978：576.
[24] 爱因斯坦文集，第 3 卷．北京：商务印书馆[M]. 1977：280.
[25] Erich Fromm. Die Revolution der Hoffnung Stuttgart[M]，1971：96.
[26] Nicholas Rescher. The ethical Dimension of Scientific Research[M] // E. D. Klemke. Robert Hollinger. Introductory Readings in the Philosophy of Science. Lowa State Univercity，1980：239.
[27] 吴光宗，戴桂康．现代科学革命与当代社会[M]．北京：北京航空航天大学出版社，1995.
[28] 冯之浚．循环经济导论[M]．北京：人民出版社，2004.
[29] 高建明，张保伟．从科学发展观视角审视科学技术的发展[J]．自然辩证法研究，2005（9）.
[30] 宋荣．略论科学技术决定论[J]．学术论坛，2003（2）.
[31] 郑元景．论科技创新与发展循环型经济[J]．科学・经济・社会，2005（3）.
[32] 马晓民．循环经济与可持续发展[J]．环境资源，2006（2）.
[33] 林慧岳．基于循环经济技术创新活动[J]．自然辩证法研究，2006（2）.
[34] （德）霍克海默，阿多尔诺．启蒙辩证法[M]．重庆：重庆出版社，1978.
[35] （美）马丁・杰．法兰克福学派史[M]．广州：广东人民出版社，1996.
[36] （美）纳什．大自然的权利[M]．杨通进，译．青岛：青岛出版社，1999.
[37] 马克思，恩格斯．马克思恩格斯选集[M]．第 1-3 卷．北京：人民出版社，1972.
[38] （德）雅斯贝斯．历史的起源与目标[M]．华夏出版社，1989.
[39] （英）约翰・巴罗．不论——科学的极限与极限的科学[M]．李新洲，等，译．上海：上海科学技术出版社，2000.
[40] 乔文娟，李建珊．当代科学研究的人文取向[J]．南开大学学报，2004（2）.
[41] Langdon Winner，Political Philosophy and Technological Choice. （2006 年 3 月 20 日在南开大学哲学系的演讲）。
[42] 董光璧．从科学思想的进展看科学哲学的新路径[J]．自然辩证法研究，1997（2）.
[43] 毛如柏，冯之浚．论循环经济[M]．北京：经济科学出版社，2003.
[44] 唐建荣．生态经济学[M]．北京：化学工业出版社，2005.

第五章 循环经济中人的因素

人类发展的历史告诉我们，社会的每一个进步都是以人类与自然界的物质、能量和信息交换为基础，以科学技术进步为桥梁，以科学技术、经济发展和人性的协同为根据。社会自身系统的发展是经济、政治、思想、文化等多种因素交互作用的结果。经济的发展是社会发展的基础，但是单纯强调以经济增长为核心的发展模式引起了一系列全球性问题。以人的发展为核心，是当代发展理论的大趋势。一部哲学史可以说就是一部人对自然和人自身认识的历史和过程，哲学的发展一直都伴随着对人性的认识和对自然的探讨。

第一节 人性假设与经济模式的演进

人类的行为，特别是那些有目的的行为一定是在某些动力的推动下完成的。心理学家研究表明，人类行为的一切动力都起源于需要，需要是人的动力的源泉。所以要了解人类行为的动机必须从了解需要入手。[192]人作为生物体和社会成员不能不完成两大任务：一是要生存，二是要发展。要生存既要有个体的生存又要有种族的延续。要发展，人就需要求知、劳动、交往、建立社会组织等。总之，需要是有机体自身和社会生活条件的要求在人脑中的反映，这些要求是以对缺乏的感受体现出来的。一旦集体内部的某种缺乏或不平衡状态消除了，需要也就得到了满足。这时有机体又会产生某种新的欠缺或不平衡状态，因而产生新的需要。对于作为组成社会要素之一的经济，也是如此。

西方社会的现代化使现代人类从传统宗教和政治权威下解放出来，成为征服自然、改造社会的自由“主体”，但也给人带来一个无情、冷漠、异己的物质世界，造成了社会关系的物化，使人的精神在巨大异己的物质世界中处于无家可归的异化状态，丧失安身立命的精神家园，这就是现代人所面临的“现代性危机”

---

[192] 心理学基础. 北京：教育科学出版社，2005：55.

之一：精神意义失落的危机。另一方面，“工具理性主义”的主导违背了人与自然共生共荣的生态规律，人类对自然“涸泽而渔”的掠夺性、粗放型的开发和超负载的索取，大大超过了自然界的再生能力以及人类补偿这种消耗的能力。20世纪 80 年代起，许多发达国家为了提高综合经济效益、避免环境污染，提出了以生态理念为基础，重新规划产业发展的“循环经济”的发展思路，形成了新的经济潮流。循环经济对传统主流经济学范式提出了挑战，尤其是对经济人假说构成了强有力的挑战。人类社会在经济发展过程中经历了三种模式：传统经济增长模式、“生产过程末端治理”模式和循环经济模式。

一、传统经济增长模式

工业革命以来，随着生产力的提高，经济有了飞速发展，也引起了一系列环境问题。当今时代，能源危机、资源枯竭、环境污染、人口爆炸、粮食短缺等问题成为困扰人类生存和发展的全球性问题，表明传统的经济增长已经使人类山穷水尽。著名社会学家清华大学社会学系孙立平教授在“调整利益关系与转变经济增长模式”的讲座中，首先提出了中国社会的三个主题：发展、公平、秩序。接着分别从转变经济增长模式、调整利益关系和扩大内需，以及重建基础秩序三方面进行了详细阐述。孙老师指出传统经济模式的三个条件是：资源大量投入甚至浪费性使用，固定资产投资的超常规增长，对外出口的超高速增长。而现在支撑这种模式的条件开始丧失，这从近年来的油荒、民工荒可以象征性地看出来。传统的经济增长模式已走到尽头，必须转变。

目前我们的经济增长还是一种以能源消耗增长为主的传统经济增长模式，是“资源—产品—废弃物”的单向式直线过程。传统的经济增长模式存在许多弊端：一是能源供需之间的矛盾日益凸显，能源的供应远远跟不上需求的增长，严重制约了经济的发展。二是环境污染总体上呈现出进一步恶化的势头。我国目前解决环境污染问题的重要方式还是末端治理，这种治理方式一方面投资大、费用高、治理周期长、经济效益低，企业缺乏积极性，难以为继；另一方面，末端治理往往使污染物从一种形态转化为另一种形态，如废气治理产生污水，废水治理产生污泥等，不能从根本上消除污染。三是企业经营成本高，缺乏竞争力。近年来，我国通过大力调整产业结构，加快企业技术改造，资源利用率虽然有了很大提高，但与国外先进水平相比仍有较大差距，这是造成我们企业经济效益低、经营成本高的原因之一。发展循环经济是转变经济增长方式、走新型工业化道路的重要战略举措，各重点工业走循环经济发展道路，意义重大，任务艰巨。

二、人性假设与经济形态

任何一种经济形态及其实践都是以一定的人性假设为基础，如何认识人的本性，是经济理论纷争及其发展的根源。人性的假设是对人的特性的一种价值判断，不同的判断，产生不同的思想和理论。在西方发展的历史中，人性假设经历了“经济人”、“社会人”和“自我实现的人”等阶段。

在经济学的理论体系中，“经济人”（希腊语：homo oeconomicus），又称作“经济人假设”，是最为基础的假定。经济人假设起源于享乐主义。从历史上来看，对个人主义、世俗享乐主义的推崇源于近代的文艺复兴运动。我们知道，中世纪的教会教导基督徒不要看重今世的生活，应把人生的终极意义寄托于彼岸的天国。它要人们忍受各种苦难，禁欲苦行，将感性、肉体欲望视为罪恶，去追求唯灵的神的境界。这种虚伪的神性同人性格格不入，压抑了人的个性和欲望，与近代同资产阶级追求的个人主义产生了尖锐的对抗。资产阶级发起的文艺复兴运动对中世纪的基督教观念进行了猛烈的攻击，他们撕下了笼罩在神灵上的面纱，勇敢地宣扬人性的合理性。正像拉丁诗人特伦斯所言：我是人，凡是人的一切特性，我无不具有。这种观念将人从中世纪普遍的虚伪和痛苦状态中解脱出来，唤起了人性的觉醒。而人性的解放首先表现为个体的解放，对个体人格的尊重也必然意味着承认人的各种感性的、肉体的、人性的正常欲望。以人的正常情欲和感官享乐取代中世纪的禁欲主义，这种对个体的弘扬有其历史的合理性和必然性，对个人走向自主，形成独立人格起着巨大的作用。它将人从自然的束缚、血缘宗族的虚幻、抽象的集体人格中解放出来，有利于发挥人的本质力量。无可否认，弘扬个体对资本主义工业文明的形成以及强大的物质文明的积累有不容置疑的历史作用，但我们同时也感到对个人主义、俗世幸福的无限张扬已经或正在引起利己主义、享乐主义思潮的泛滥。享乐主义以“我”字当头，个人利益至上，当个人利益与他人利益发生冲突时，他必然会不惜牺牲后者，甚至为了满足自身那一点可怜的、自私的享乐而不择手段，将自己的利益建立在牺牲别人的利益之上。在享乐主义的基础上，经过十八九世纪理性主义的影响，形成了经济人假设理论。

西方古典经济学家的创始人亚当·斯密和大卫·李嘉图认为，人是追求物质利益的动物，人的行为为“利己心”所驱动。每个人以理性的方式，即以计算利弊的方式为个人的保存和利益而行动，所以“经济人”也叫“理性—经济人”。西方行为科学家埃德加·沙因认为，人是由经济因素来与外界发生联系的，其目的在于获取最大的经济利益。我们认为人类并不是完全自私的，人们的精神境界和道德水平是可以通过教育来提高的，利他主义、道德调节在整个非经济领域中确实发挥着重要的作用。但这样一个事实不可否认：在经济生活领域，人们的“利己心”要远远多于“利他心”，“经济人”也要远远多于“道德人”。进化博弈论的研究则发现，只要绝大多数“经济人”尚未被“教育转化”为“道德人”，“利他主义”就不是一种能够胜出的战略。如果说这一认识描述的正是市场经济的现实，那么，对于我们这样一个转型发展国家，它的意义就更为明显了。

马斯洛告诉我们，只有在满足了生存需要之后，人们才会去追求归属，才会去追求尊重，才会去追求个人的全面发展。先贤教导我们，“仓廪实而知礼节，衣食足则知荣辱”。“不能利己，焉能利人”？他们所阐释的不正是这样一种含义吗?“经济人”假设在一定的时代背景下，无论在理论上还是在事实上都具有一定的合理性。虽然长期以来，“经济人”假设遭到了不少质疑和反诘，主流经济学也对其做了修补和完善（如“有限理性”、“信息不对称”），但“经济人”的内核——“利己”是永恒不变的人性，却从未被主流经济学怀疑过。但是，经济人假设有它明显的局限性，它无视人的特性的其他方面，这种假设后来遭到了行为科学和其他学派的批判。而这种人性假设对应的传统经济模式对人类与环境关系的处理模式时，是人类从自然中获取资源，又不加任何处理地向环境排放废物。在早期阶段，在人类科学技术水平低下、人类对自然的开发能力有限以及环境本身的自净能力较强，所以人类活动对环境的影响并不凸显。但后来随着工业的发展、生产规模的扩大和人口的增长，环境的自净能力开始削弱乃至丧失，这种发展模式导致的环境问题日益严重，资源短缺的危机越发突出。这是不考虑环境代价的必然后果。[193]

社会人假设。社会人假设的产生背景：霍桑实验。1924 年，美国国家科学院的全国科学研究委员会决定在西方电气公司的霍桑工厂进行研究，以确定照明条件同工人个人工作效率之间的精确关系。梅约指导的霍桑实验系列中有几个著名的实验，分别揭示了工作环境及人际作用下人的重要心理品质。梅约在《工业文明的人类问题》一书中指出：“人是独特的社会结构，只有使自己完全投入集体中，才能实现彻底的自由。”[194]人不是单纯地追求金钱收入，还有社会方面、心理方面的需求，“社会人”假设认识到人不是机械的、被动的机器，而是活生生的人；不是孤立的个体，而是社会的成员；不单纯按理性行动，而且受感情的、非理性因素的支配。这种认识比起“理性经济人”假设，显然是一种进步。社会

[193] 闫敏.循环经济与传统经济之间关系的比较. 中国网，2005-1-18.

[194] 马洪，孙尚清. 现代管理百科全书（上）. 中国发展出版社，1991：90.

人假定认为人不仅是追求经济利益的动物，而且还需要人际关系的和谐和他人的认同，有着许多的社会需要。人们工作的动机不只在于经济利益，还追求全部社会需求，愿意在社会关系中寻求乐趣和意义；物质刺激对调动人的积极性只有次要意义，只有社会需要和尊重需要才能激发工作的动力。这种人性假设对应的“生产过程末端治理”模式，它开始注意环境问题，但其具体做法是“先污染，后治理”，强调生产过程的末端采取措施治理污染。结果，治理的技术难度很大，不但治理成本极高，而且生态恶化难以遏制，经济效益、社会效益和生态效益都很难达到预期目的。

自我实现人假设。“自我实现”的人性假设产生于 20 世纪 50 年代，主要起源于马斯洛的自我实现理论，按照马斯洛理论，“自我实现人”追求的是“发展的需要”，是自我的发展和完善，也即“存在价值”，这类人不是把感官享乐作为人生终极目的庸俗之辈。自我实现人假定认为人的最高层次是追求一种自我实现，追求最大的满足感，当一种需要达到后，又会产生新的需要，人就是一种不断自我实现的动物，人都需要发挥自己的潜力，发现自己的才能，实现自己的理想；只有人的潜力充分发挥出来，人才会感到最大满足。

沙因将“自我实现人”的特性归纳为下列四点：第一，人的需要有低级到高级的区别，其目的是为了达到自我实现的需要，寻求工作上的意义。第二，人们力求在工作上有所成就，实现自治和独立，发展自己的能力和技术，以便富有弹性，能适应环境。第三，人们能够自我激励和自我控制，外来的激励和控制会对人产生一种威胁，造成不良后果。第四，个人的自我实现和组织目标的实现并不冲突而是一致的。在适当的条件下，个人会自动地调整自己的目标，使之与组织目标相配合。沙因曾对三种人性假设进行比较和评述，并提出了“复杂人”假设的概念。尽管沙因试图用“复杂人”的概念来表达他的权变思想。但是他却是在用马斯洛的需要层次理论来进行综合。他指出，“经济人”的追求相当于马斯洛理论中的低层次需要：生理需要和安全需要。“社会人”进一步追求感情需要和受人尊敬需要的满足。而“自我实现的人”则是在上述基本需要满足的基础上追求自我实现需要的满足。这种综合，表明“自我实现人”的假设既包容了“经济人”和“社会人”的假设，又超越了“经济人”和“社会人”，显示出自我实现的人的假设的优越性。其实，沙因所强调的权变思想，在马斯洛理论中已经具有。马斯洛指出，人的各个层次的需要是由低层次向高层次发展的，但依照人的社会环境、年龄、地位的不同，在某特定一时间内以某一特定的需要为主导。这一人性假设对应的是循环经济模式，它要求遵循生态学规律，合理利用自然资源和环境容量，在物质不断循环利用的基础上发展经济，使经济系统和谐地纳入到自然生态系统的物质循环的过程中，实现经济活动的生态化。这种经济模式强调的是一种与环境和谐的经济发展模式，遵循“减量化、再利用、再循环”的原则，采用全程处理模式，以达到减少进入生产流程的物质量、以不同方式反复利用某种物品和废弃物的资源化目的，是一个“资源—产品—再生资源”的闭环反馈式循环过程，实现从“排除废物”到“净化环境”到“利用废物”的过程，达到“最佳生产，最适消费，最少废弃”。

三、人的主体性的凸显——环境问题的根源

主体和主体性的思想是文艺复兴以来才有的。在古希腊时代虽然已经具有了以人为本的思想，把人看作万物的尺度，但还没有明确形成主体性的思想，那时的人们所理解的人还不能说是一个主体，他们所理解的自然也还不是客体，古人所理解的人尚与自然处于和谐一体的状态。主体与主体性的思想是文艺复兴以来，人们在反对中世纪神权对人性的蔑视和泯灭中明确提出来的。它对于人的解放和发展，对于打破神学教条的束缚，恢复人的尊严起到了重大的作用。所谓主体性就是指人作为主体在对象性活动中本质力量的外化，并从主体地位出发以各种方式掌握客体，使客体服务于主体的功能特征。它主要包括了自主性、能动性和创造性。具体地说，主体性大致包括：人是中心，人是目的，人是自然的主人，人在实践中能主动地改造自然，使自在自然逐渐变成为我自然等，具备了这些特征就构成了主体。人是主体最根本的原因就在于人是有意识的。意识把人与动物及其他自然生物区别开来，意识把人从自然界中凸现和提升出来。

关于人的主体性的理解，在近代是通过主体和客体的分裂来规定的。近代西方的主体性思想是以理性主义、个人主义、科学主义和功利主义作为其理论前提，以将人从天国拉向尘世，即以人的生活世俗化作为目的的。作为理性主义观念下的主体性，一是对理性思维反省能力的崇尚；二是后来马克斯·韦伯所说的“工具合理性”，个人为某种“可以看得见的目的”反而将自己当做客体，导致人性被扼杀，造成主、客体的进一步分裂。个人主义观念下的主体性，由于过分强调个人的权利和尊严而将个人从社会中分裂出来并最终引起个人与社会的对立和冲突。科学主义观念下的主体性，在强调主体的能动性的前提下将客体看做可以被主体认识、把握和操作的对象，而这一对象就是自然界。人认识、把握自然界的目的就在于要利用自然为人服务，满足人的需要。因而人的主体性就表现为人能君临自然，在自然面前具有至高无上的权利。功利主义下的主体性，被世俗地理解为将金钱财富及感官享受的需要当做人生主要价值，人生享受作为主要追求目

标，包含着摆脱宗教及外在压迫，在传统的枷锁下重新发现人，重新确立人的地位，不再使人依附于某种外在物，也是以主体和客体的分离为前提的。

我们知道，近代是一个主体性高涨的时期，这主要在于人类在手段的进步及理性原则和方法的成熟及应用。人类充分发挥主体性创造了越来越多的社会文明。特别是进入 20 世纪以来，科学技术快速发展，人类对自然的驾驭和驱使的能力和程度明显提高，由此给人类带来了丰富的物质财富，这无论在理论上还是实践上都证明了主体性作用的所在，从而助长了“人类中心主义”在处理人与自然关系之中的强势所在。主体性把人当成自然的主宰，自然的存在仅仅是为满足人的需求而存在。主体性为“一切因人而存在”提供了理论根据。“为现代性肆意统治和掠夺自然（包括其他所有种类的生命）的欲望提供了意识形态上的理由。这种统治、征服、控制、支配自然的欲望是现代精神的中心特征之一。”[195]

在现当代社会，人们的理性和激情被引向了经济增长和对物的占有上。经济总量的多少，经济增长速度的快慢，一句话，人对物的占有的量的大小，成为衡量人的本质力量的全部。人在这种理性思想的启蒙下，人的主体性的张扬就成为了必然。人们相信，对待自然事物，根本不存在是否应然的问题，满足人的物质财富的需求就是自然的价值；人们对自然鞭挞得越厉害，人对自然展示的主体性就越强烈，自然给予人的财富就越多。因此，人就应毫不犹豫地去利用自然，开发自然，征服自然。在这一理性启蒙下，人们坚信，人永远是自然的主人，自然永远是本质对象化的载体。人的主体性的张扬，带来了物质财富的丰富，带来了人的感官欲望的极大满足，但同时也带来了一些负面价值和反主体效应：如自然环境恶化、生态失衡、自然资源枯竭等。人的主体性的无限性所展示出来的无所不能，无所不为第一次遇到了挑战。自然与人的关系矛盾以尖锐形式表现出来，以致有人提出了“现时代人的主体性已经太膨胀了，已经在严重威胁事物和人的存在。所以，少一点主体性，少一点对自然环境的破坏，人才真正成为人，才更本原地成为人。”[196]

四、人口增长

人口增长威胁着人与自然的平衡。人口的激增带来了粮食、就业、教育、贫困化等一系列社会问题，更产生了持久的环境压力，威胁着人与自然的平衡。人口的过度增长已经使大自然为人类提供所需的能力到了极限。而人类为了自身的

---

[195] [美]大卫格里芬．后现代精神[M]．中央编译出版社，1998：5.

[196] 余谋昌．走出人类中心主义[J]．新华文摘，1994（11）：36-38.

生存，无视这种极限，依然向大自然“强取豪夺”，打破了生态系统的平衡，被过度开发、榨取的超负荷的自然为人类提供所需和修复自身的能力也在锐减。人口增长理论认为，因为环境与污染的影响，环境将无法继续支持目前的人口增长速度。生物学家保罗·R·埃里希说：一系列的环境恶化是很容易追溯到它的根源的。小汽车太多、工厂太多、洗涤剂太多、杀虫剂太多、飞机和导弹的白云气流增多，处理污水设置不足，碳氧化合物太多——所有这些都能够很容易地找到它们的根源：人太多了。[197]

“人口问题，既是一个社会问题，也是一个经济问题。我们已经拥有十一亿五千万人口，压力是相当大的。实现我国经济发展的战略目标，经济本身的增长固然很重要，而适当地控制人口增长和逐步提高人口素质关系也很大。如果我们不能把人口控制住，大量的经济成果就会被过快增长的人口抵消掉，这是一个问题紧密联系的两个方面。”[198]

“人口问题是制约可持续发展的首要问题，是影响经济和社会发展的关键因素。人口、资源、环境三者的关系，人口是关键。人口问题从本质上讲是发展问题。我们在经济、社会发展中遇到许多问题，诸如吃饭问题、就业问题、教育问题、资源破坏、环境污染、生态失衡等，都与人口基数大、增长快有着直接的关系。没有对人口增长的合理控制，没有人口与经济、社会、资源、环境状况相协调发展，要实现国民经济持续、快速、健康发展和社会全面进步是很困难的。1994年，我们发表的《中国二十一世纪议程——中国二十一世纪人口、环境与发展白皮书》，从我国的基本国情出发，提出了我国人口、经济、资源和环境协调发展的总体战略和行动方案。我们还召开了全国社会发展工作会议，明确提出，在集中力量进行经济建设的同时，必须十分注意推动社会全面进步，并且把解决人口问题，摆到了今后十五年我国社会发展工作重点的首要位置。各级党委、政府特别是党政一把手一定要从全局的、战略的高度，更加深刻地认识解决人口问题的重要性和紧迫性，坚持以经济建设为中心不动摇，更好地把经济发展与社会发展统一起来。”[199]

“要实现可持续发展，首先必须合理控制人口规模。如果人口盲目地膨胀，与社会生产力的发展不相适应，不仅难以满足当代人的生活需要，而且势必破坏资源与环境，危及后代人的生存与发展。我们应当懂得，人口与经济建设的关系非常密切，控制好人口规模，就可以提高人均国民生产总值的水平，减轻人口过

---

[197] 朱坦. 环境伦理学理论与实践. 中国环境科学出版社，2001.

[198] 江泽民在全国第二次计划生育工作座谈会上的讲话. 1992-3-29.

[199] 江泽民在中央计划生育工作座谈会上的讲话. 1995-3-18.

多对经济建设的压力；反之，经济建设成果的增长就会被盲目增长的人口抵消掉，我们就很难在日趋剧烈的国际竞争中取得主动。我们要居安思危，要考虑中华民族的长远利益。”[200]

第二节 循环经济与人的观念的转变

人们对发展的认识走过了一个曲折的过程。从传统的纯经济增长发展观到当今社会的可持续发展观，体现了人类社会对传统发展模式的深刻反思，在这个过程中，人们对生产力的发展和生态环境保护之间的关系也有了全新的认识。

循环经济的产生是人的观念转变的结果，同时，循环经济的产生也促进了人的观念的进一步转变和发展，带来了人的生产方式的转变，以及人的生活方式、消费方式的转变。经济基础决定上层建筑，人的生产方式的转变将会彻底改变人们的价值观念、管理理念，从而促进人类社会的和谐发展。

世界银行近日发布的《2005 年世界发展指标》向世人展示了严峻的现实状况：“世界人口在今后 25 年中将增加 20 亿，其中大多数为贫穷国家人口，从而将产生新的巨大需求，其中包括货物、服务，以及能够买得起的住房和临时住所的需求，这就要求加速经济发展并增加能源的使用……高收入国家人均使用的能源是发展中国家的 5 倍多，他们只占世界人口的 15%却消耗世界超过半数的能源。能源产生的方式在很大程度上决定环境的破坏程度。燃烧煤所排放的 CO_2 是燃烧相同数量的天然气的两倍……在 20 世纪初，全球森林面积约 50 亿 hm^2，现在不足 40 亿 hm^2。20 世纪 90 年代，低收入国家丧失了约 6 000 万 hm^2 森林面积——占其森林总面积的 7%。全世界将近 1 万种鸟类中的 12%易受到伤害或濒临灭绝，4 800 种哺乳动物中的 24%和 30%鱼类物种濒临灭绝。”同时，报告特别指出：如果不是以环境可持续方式获得经济发展，这种发展在贫困和人类福祉方面产生的影响将是损失惨重的。

全国人民代表大会环境与资源保护委员会主任委员曲格平认为：20 世纪 90 年代之后，发展知识经济和循环经济成为国际社会的两大趋势。知识经济要求加强经济运行过程中智力资源对物质资源的替代，实现经济活动的知识化转向；循环经济要求以环境友好的方式利用自然资源和环境容量，实现经济活动的生态化转向。自从 90 年代可持续发展战略以来，发达国家正在把发展循环经济、建立循环型社会看作是实施可持续发展战略的重要途径和实现方式。而对国际上发展

[200] 江泽民在中央计划生育工作座谈会上的讲话. 1996-3-10.

循环经济的新趋势，我们应当做什么样的选择呢？从中国长期经济发展前景来看，我们必须把发展循环经济确立为国民经济和社会发展的基本战略目标，进行全面规划和实施。这样才可能有效克服在现代化过程中出现的环境资源危机。我们正在经历从计划经济向市场经济的转轨过程，我们还需要经历从传统工业经济向循环经济的转轨过程。这是对传统经济发展方式、传统的环境治理方式的重大变革。在这样一个变革过程中，从总体上来讲需要政府的积极倡导和扶助，需要产业界积极创新和开发，需要公众的参与和支持。从政府来讲，需要制定相应的法律、法规和相应的规划、政策，对不符合循环经济的行为加以规范和限制。除了采取一些必要的行政强制措施外，应当更加注意应用经济激励手段和措施，以及其他激发民间自愿行动的手段和措施以推动循环经济的顺利发展。从产业界来讲，需要把资源循环利用和环境保护纳入企业总体的创新、开发和经营战略中，自觉地在生产经营和各个环节采取相应的技术和管理措施，引导有利于循环经济的消费和市场行为。从公众来讲，需要树立与环境相协调的价值观和消费观，自愿地选择有利于环境的生活方式和消费方式，推动市场向循环经济方向转变。[201]

根据国家发展和改革委员会的规划，到 2010 年，中国将建立起比较完善的循环经济法律法规体系、政策支持体系、技术创新体系和有效的约束激励机制。2004 年 9 月 28 日国家发展和改革委员会主任马凯在全国循环经济工作会议上说，要建立有利于促进循环经济发展的体制条件和政策环境。综合运用财政税收、投资、信贷、价格等政策手段，调节和影响市场主体的行为，建立自觉节约资源和保护环境的机制。中国将把发展循环经济作为政府投资的重点领域，加大对循环经济发展的资金支持。对一些重大项目进行直接投资或资金补助、贷款贴息的支持，引导各类金融机构对有利于促进循环经济发展的重点项目给予贷款支持。中国政府将研究并落实促进循环经济发展的价格和收费政策。积极调整资源性产品与最终产品的比价关系，完善自然资源价格形成机制，通过水价、电价等价格政策的调整，更好地发挥市场配置资源的基础性作用。马凯表示，通过这些措施，力争到 2010 年，中国重点行业资源利用效率有较大幅度提高，形成一批具有较高资源生产率、较低污染排放率的清洁生产企业；重点领域建立和完善资源循环利用体系和机制；全国资源生产率大幅度提高，废弃物排放显著削减，为初步建立资源消耗低、环境污染少、经济效益好的国民经济体系和资源节约型社会奠定基础。[202]

---

[201] 毛如柏，冯之浚. 论循环经济.经济科学出版社，2003：5-6.

[202] 赵承，刘铮.新华社北京 2004 年 9 月 28 日电.

一、科学发展观和可持续发展

发展观是从哲学角度对发展的诠释，是人们对经济社会发展总的看法和根本观点。“随着人与自然关系的历史演变和人类生产力的迅猛发展，人类关于发展的理念也相应地经历了单纯经济增长发展观、以人为中心的综合发展观和可持续发展观三个阶段。”[203]

长久以来，经济增长成为一个国家或地区发展的“第一”标志，追求经济增长成为经济活动的最主要的任务，在这种发展观的指导下，人类用短短 100 多年的时间，创造了经济发展的奇迹，全球工业生产总值增加了 50 多倍。这种发展模式虽然使经济总量大幅上升，但与此同时，单一追求经济增长的发展观也带来了环境恶化、资源短缺、食物匮乏等问题，人们开始认识到：经济增长并不能自动提高人们的福利。这也促使人们开始对传统的以 GDP 增长为中心的发展观进行反思。

人们意识到，增长和发展是两个不同的范畴，增长仅仅是物质量的增长，发展则包括一系列社会目标。人们提出了以人为本的综合发展观：它摒弃了单纯追求经济增长的做法，把发展看做是以民族、历史、文化为基础，包括经济增长、政治民主、科技水平提高、文化价值观念变迁，社会转型等多方面因素的综合过程。这种发展观虽然看到了社会内部诸要素的相互作用和影响，但较少关注社会经济系统与自然环境系统之间的协调统一，导致了人们对自然掠夺性的开发和利用，造成了全球性生态环境问题。

20 世纪 70 年代初美国麻省理工学院的梅多斯等人提出了增长极限论。其中心论点是，人口增长、粮食生产、投资增长、环境污染和资源消耗具有按指数增长的性质，如果按这个趋势继续下去，我们这个星球上的经济增长在今后 100 年内的某个时期将达到极限，原因在于地球是有限的，人类生活的空间是有限的，资源是有限的，地球吸纳消化污染的能力也是有限的。增长极限论认为，世界经济增长已临近自然生态极限，人类应制止增长和技术对生态环境的破坏。它所表达的发展观尽管过于悲观，但却警告人类要从人与自然的和谐角度看待发展。在发展过程中，经济发展不能过度消耗资源、破坏环境，人类要注意经济增长与资源环境的协调，应考虑资源环境的最终极限对人类发展和人类行为的影响。

1980 年 3 月，联合国大会第一次使用了可持续发展的概念，随后这个概念逐渐被更多的官方文件使用。可持续发展作为完整的理论，包括了以《增长的极

---

[203] 张坤. 循环经济经济理论与实践. 科学出版社. 2003：49.

限》为代表的观点，包括了《第二个 2000 年》和《没有极限的增长》中的部分观点，还包括了联合国《人类环境宣言》中阐述的有关理论。1985 年，联合国大会创建了世界环境与发展委员会，在挪威首相布伦特兰夫人任其主席之后，它更广泛地被称之为布伦特兰委员会。委员会在两年内做了大量的工作，在不同的城市召开了十几次会议，听取了数百位专家的意见，于 1987 年发表了题为《我们共同的未来》的报告。委员会报告的题目就是“可持续发展”，它被定义为“在满足当代人需要的同时，不对后代满足其需要的能力造成危害的发展。”可持续发展针对的就是自西方产业革命以来，传统经济对资源环境肆无忌惮地滥用、破坏行为，所以一经提出，便得到了绿色环境保护组织的大力拥护和世界上大多数国家的认可。可以说，面对着一个被污染得千疮百孔的地球，一段疯狂耗竭自然资源的经济发展历史，一个必须共同经历的未来，可持续发展为我们提供了一条带有全新发展观、价值观的发展道路。1992 年在巴西里约热内卢召开的联合国环境与发展大会，通过了《里约热内卢宣言》和《21 世纪议程》两个纲领性文件，它标志着可持续发展观被全球持不同发展理念的各类国家所普遍认同。

反思传统经济增长模式给我们带来的后果，根据中国实际和改革开放的实践，十六届三中全会明确指出：“坚持以人为本，树立全面、协调、可持续的发展观，促进经济社会和人的全面发展。”胡锦涛总书记在十六届三中全会上说：“树立和落实科学发展观，这是 20 多年改革开放实践的总结，是战胜‘非典’疫情给我们的重要启示，也是推进全面建设小康社会的迫切要求。”历史告诉我们，社会发展的最终目标，不仅仅是单纯追求国民生产总值的增长，而是在经济发展的基础上促进社会全面进步，促进人的全面发展；经济体制改革不仅要有利于促进生产力的发展，而且要实现社会和谐全面地进步。科学发展观的基本内涵，包含以下五个方面：坚持以人为本，是科学发展观的核心内容；促进全面发展，是科学发展观的重要目的；保持协调发展，是科学发展观的基本原则；实现可持续发展，是科学发展观重要体现；实行统筹兼顾，是科学发展观的总体要求。

可持续发展主张：“只有一个地球”，人是自然的一部分，正如其他动物、植物一样，人应该与自然和谐相处。人们的活动都限定或保持在环境所允许的界限之内，人们的行为不突破环境在消解废物、提供食品和能源方面的能力，在满足自身需要的同时不损害其他生物和所有后代人满足他们需要的能力。可持续发展包括了公平性原则、持续性原则、共同性原则、和谐性原则和协调性原则。

可持续发展观的一个重要特点是研究了人类的代际关系，即这一代与后一代人的关系问题。与此相关联，人与自然的关系问题再一次提到了人类的面前。可持续发展观强调以未来的发展规范现在的行动；换言之，就是使发展成为在今天是现实的、合理的，同时又能使明天的发展获得可能的空间和条件。因此，可持续发展也是为未来发展创造条件的发展。可持续发展观包括以下主要内容：一是肯定发展的必要性。只有发展才能使人们摆脱贫困，提高生活水平。只有发展才能为解决生态危机提供必要的物质基础，才能最终打破贫困加剧和环境破坏的恶性循环。因此，承认各国的发展权十分重要。二是显示了发展与环境的辩证关系。环境保护需要经济发展提供资金和技术，环境保护的好坏也是衡量发展质量的指标之一。经济发展离不开环境和资源的支持，发展的可持续性取决于环境和资源的可持续性。三是提出了代际公平的概念。人类历史是一个连续的过程，后代人拥有与当代人相同的生存权和发展权，当代人必须留给后代人生存和发展所需要的必要资本，包括环境资本。保护和维持地球生态系统的生产力是当代人应尽的责任。四是在代际公平的基础上提出了代内公平的概念。这是在全球范围内实现向可持续发展转变的必要前提。发达国家在发展过程中已经消耗了地球上大量的资源和能源，对全球环境造成的影响最大。因此，发达国家应该承担更多的环境修复责任。

改革开放以来，我国社会主义现代化建设取得了举世公认的伟大成就，经济增长方式转变也取得了很大成效。产业结构逐步升级，技术进步对经济增长的贡献率不断提高，不少行业、企业和产品的能耗、物耗水平下降。但也要清醒地看到，我国在经济增长方式上还存在着“高投入、高消耗、高排放、不协调、难循环、低效率”的问题，在有些地区、有些行业、有些企业还相当突出。经济增长方式，不仅取决于国情和发展阶段，还取决于占主导地位的发展观。增长方式是发展观的具体表现。当前，按照科学发展观的要求，加快推进经济增长方式的根本性转变，是摆在我们面前的一项重要而紧迫的任务。

二、可持续消费和绿色消费

“绿色消费”是循环经济发展的内在动力。当人类正面临着由于环境污染和资源耗损造成的生存危机的关键时刻，在中国经济正处在高速发展的重要阶段、中国消费者接受绿色消费的理念、把生活方式作为环保本身的内容时，环保才能走进生活，而只有当环保成为民众生活的一部分时，中国的可持续发展才能全面实现，环境质量才能从根本上好转。

解决当今的环境问题，先进的科学技术是必要的，但更重要的还是在于人的意识观念。倡导可持续消费，引导人们建立起健康环保消费方式和良好的生活方式是一个不可或缺的关键因素。[204]可持续消费是指："提供服务以及相关的产品以满足人类的基本需求，同时使自然资源和有毒材料的使用量最少，使服务或产品生命周期中产生的废物和污染物最少，从而不危及后代人的需求。"这一理念有三层含义：第一，倡导消费者在消费时选择未被污染或有助于公众健康的绿色产品；第二，在消费过程中注重对垃圾的处置，不造成环境污染；第三，引导消费者转变消费观念，崇尚自然、追求健康，在追求生活舒适的同时，注重环保、节约资源和能源，实现可持续消费。[205]

传统的消费者社会普遍认为，消费的特点是无节制地追求物质消费，不惜毁掉自然家园，毁掉精神家园，把人变成纯粹的消费机器和生产机器，同时又使消费和生产都不能继续。可持续消费则是以节约资源、环保选购、重复使用、垃圾分类、救助物种为基本内涵的。它更注重对生活的质量、对精神文化的追求考虑其对环境可能造成的影响，并尽可能减少负面影响，而不是单纯地对物质无节制的消耗。绿色消费就是科学消费、文明消费，它关系到我们生活中的方方面面，并直接影响与我们息息相关的环境，绿色消费最终目的是引导消费者追求自然，注重环保，节约资源，转变消费观念，缓和人与自然矛盾日益尖锐的局面，达到消费与环境相和谐。

三、绿色 GDP[206]

我们要了解一个国家一定时期的宏观经济总量，都要看这个国家的 GDP（国内生产总值）。GDP 主要有两种统计方法，一种是收入法，它是全部要素所有者收入（如工资、利润、利息等）的汇总数。另外一种是支出法，它是全部要素所有者支出（如消费品、投资品、政府采购和净出口等）的汇总数。GDP 能较准确地说明一个国家的经济产出总量，较准确地表达出一个国家国民收入的水平。GDP 代表着目前世界通行的国民经济核算体系。它的发明与产生来之不易，是 300 多年来诸多经济学家、统计学家共同努力的结果，1953 年才初步成型。由于 GDP 核算体系仍然存在着一些统计上的技术缺陷，在联合国的主持下，又经过 1968 年和 1993 年两次重大修改。由于世界各国都普遍采用 GDP 核算体系，GDP 作为核心指标，成为衡量一个国家发展程度的统一标准。

在传统经济增长模式理念的指导下，经济产出总量增加的过程，必然是自然

[204] 翟波. 可持续消费与个体绿色生活方式意识的培养. 新发展观与环境哲学学术研讨会论文集. 2004：22.
[205] 闫敏. 循环经济与绿色消费的关系. 中国网，2005-1-18.
[206] 潘岳.国家统计信息网，2004-8-17.

资源消耗增加的过程，也是环境污染和生态破坏的过程。我们从 GDP 中，只能看出经济产出总量或经济总收入的情况，却看不出这背后的环境污染和生态破坏。经济发展中的生态成本有多大呢？目前世界各国都没有一个准确的核算体系，我们没有一个数据使我们能一目了然地看出环境污染和生态破坏的情况。环境和生态是一个国家综合经济的一部分，由于没有将环境和生态因素纳入其中，GDP 核算法就不能全面反映国家的真实经济情况，核算出来的一些数据有时会很荒谬，因为环境污染和生态破坏也能增加 GDP。例如，发生了洪灾，就要修堤坝，这就造成投资的增加和堤坝修建人员收入的增加，GDP 数据也随之增加。再例如：环境污染使病人增多，这明摆着是痛苦和损失，但同时医疗产业大发展，GDP 也跟着大发展。

20 世纪中叶开始，随着环境保护运动的发展和可持续发展理念的兴起，一些经济学家和统计学家们，尝试将环境要素纳入国民经济核算体系，以发展新的国民经济核算体系，这便是绿色 GDP。绿色 GDP，指用以衡量各国扣除自然资产损失后新创造的真实国民财富的总量核算指标。简单地讲，就是从现行统计的 GDP 中，扣除由于环境污染、自然资源退化、教育低下、人口数量失控、管理不善等因素引起的经济损失成本，从而得出真实的国民财富总量。

人类的经济活动包括两方面的活动。一方面在为社会创造着财富，即所谓“正面效应”，但另一方面又在以种种形式和手段对社会生产力的发展起着阻碍作用，即所谓“负面效应”。这种负面效应集中表现在两个方面，其一是无休止地向生态环境索取资源，使生态资源从绝对量上逐年减少；其二是人类通过各种生产活动向生态环境排泄废弃物或砍伐资源使生态环境从质量上日益恶化。现行的国民经济核算制度只反映了经济活动的正面效应，而没有反映负面效应的影响，因此是不完整的，是有局限性的，是不符合可持续发展战略的。绿色 GDP 这个指标，实质上代表了国民经济增长的净增效应。绿色 GDP 占 GDP 的比重越高，表明国民经济增长的正面效应越高，负面效应越低，反之亦然。

北京大学光华管理学院教授雷明说，人类经济的发展、社会的进步，不仅依赖 GDP 的增长，还依赖自然资源环境和谐统一度的提高。绿色 GDP 不仅能反映经济增长水平，而且能够体现经济增长与自然保护和谐统一的程度，可以很好地表达和反映可持续发展观的思想和要求。

环境运动的兴起，成为绿色 GDP 的前奏，实施绿色 GDP 的国家主要是欧美发达国家，如法国、美国等。但墨西哥作为发展中国家，也率先实行了绿色 GDP。1990 年，在联合国支持下，墨西哥将石油、各种用地、水、空气、土壤和森林列入环境经济核算范围，再将这些自然资产及其变化编制成实物指标数据，最后通过估价将各种自然资产的实物量数据转化为货币数据。这便在传统国内生产净产出（NDP）基础上，得出了石油、木材、地下水的耗减成本和土地转移引起的损失成本。然后，又进一步得出了环境退化成本。与此同时，在资本形成概念基础上还产生了两个净积累概念：经济资产净积累和环境资产净积累。这些经验，对我国建立自己的绿色 GDP 核算体系有着极大的参考价值。

四、价值观的转变

生态危机说到底还是一场深刻的价值危机。资本主义工业文明倡导的价值观如个人主义曾极大地推动了工业文明的进展，发挥了人的主体能动性、创造性，人类凭借科学技术的日新月异创造了灿烂的物质文明，但物质文明的富足似乎并没有使人类感到内心的满足，人们在今天普遍感到一种价值失落和精神危机，这种内心的失落又导致人们通过对物欲的贪求来抵消、补偿精神的空虚。对物欲的追逐推动着人类对自然的算计和盘剥，这相应地加剧了对自然的破坏。可以说，人类价值观的扭曲，精神家园的失落与人类生存环境的破坏是内在地联系在一起的。何谓价值？马克思说：“‘价值’这个普遍概念是从人们对待满足它的需要的外界物的关系中产生的。”因此价值作为一个具有普遍意义的关系范畴，从哲学上讲，它表示的是人们在实践活动中作为主体的人和作为客体的外界物之间的一种对立统一的关系状态，是以主体内在尺度为特征，客体能否满足主体的需要以及满足的程度的主客体之间的关系。在这一关系中，客体是否按照主体的尺度满足主体的需要，是否对主体的生存、发展和完善具有肯定作用，对价值的产生及其价值的大小起着关键作用。从这一意义上讲，价值就是客体对主体需要的肯定或否定，是客体属性价值化的过程及其结果。因此，价值的本质在于主体性和客体性的统一，主体需要和客体属性的统一。传统价值观把人看成是一种绝对的主体，而外部自然界仅仅被看成是一种供人“占有”、“消费”、“使用”的对象，这种价值观把价值看做是客体（自然）对（主体）人的“意义”或“有用性”，这样，自然界就仅仅被看做是一种满足人类需要的“工具性价值”或“消费性价值”。例如野生动物的价值就在于它们能为人类提供肉食、毛坯、蛋类或药材；森林的价值就在于为人类提供木材，以供人类作燃料、建房以及制作各种家具、纸张或其他用品的材料。总之，自然界对人而言，是被视为能够满足人类需要的“消费性价值”来理解的。这种价值观没有考虑到，人们生产某种产品，不仅需要付出人类劳动，而且还包含了一定量的自然资源的耗费。这种否定“资源价值”观念，即“资源无价”的观念，产生于资源无限的理念。传统价值观将自然界当做一个

“取之不尽、用之不竭”的巨大的“公用仓库”，自然资源向来被当做“免费商品”看待。正是这种忽视自然的“生态价值”、“自然价值”的价值观激励着人们疯狂地掠夺和挥霍着自然资源，进一步加剧了生态危机。

个人主义、享乐主义的人生观、价值观是支撑近代工业文明的核心价值理念，这种文化模式目前正以强大的辐射力感染着人们的思想观念和行为方式。在享乐主义指导下的消费观偏离了人的正常的物质生活需要，仅以感官的、刺激的、心理的满足为前提，这种“异化”消费目前已成为一种时尚的消费文化，人们竞相购买大量商品和奢侈品，无限制地追求物质享受，购物本身成了目的，这大大加速了对自然资源的消耗。与个人主义、享乐主义的价值观相联系，经济主义也必然成为流行的发展观。经济主义把发展视为走向工业化社会或技术社会的过程，是物质财富积累或经济增长的过程。它认为，人类的一切行为实质上都是经济行为，同时由于大众的福利绝对依赖于经济的增长，而科技的进步又能保证经济的增长。因此，经济的无限增长不仅是必要的，而且是可以实现的。随着世界经济一体化的发展，经济主义早已不限于发达的资本主义世界，由于各个国家、民族利益的差异和对立，使人们不得不面对这样的竞争态势：任何一个国家如果理智地节制本国经济的发展以保护全球生态环境，这个国家就可能在竞争中败北，从而陷入落后就要挨打的危险境地。因此，在不可遏止的全球性经济与科技竞争的洪流之中，人与自然、人与人之间关系的恶化也就在所难免。[207]

为了人类社会的持续进化和发展，人类的自然价值观在经历了一段辉煌的迷误后，需要向正确的道路回归。洞察当代人类生存困境的人们正在构建一种被称为“生态中心主义自然价值观”。它的核心内容是：站在非人类学立场上，全面承认自然生态的内在价值，强调人类利益与自然生态利益的一致性；强调人类整体利益和世代利益的一致性。

传统的工业文明的价值观和生态伦理学的价值观都有其合理性的方面，因为它们确实反映了人与自然关系中的一个方面。但是，由于它们都只是反映了人与自然关系的一部分而不是全部，因而从总体上看，这两种价值观又都具有片面性和局限性。仅仅立足于关系的第一方面确立起来的传统价值观，必然把自然界的价值仅仅看成满足人类欲求的“消费性价值”，必然否定自然界的生态价值；生态伦理学则完全从人与自然关系的第二方面出发来确立自然价值论。从这个方面出发，自然界的价值完全被看成是“内在的”，即同人类评价者无关的、自然界本身固有的，并完全否定人的主体地位，完全把人等同于“自然界的普通一员”。

可持续发展价值观不仅承认自然界的“消费性价值”，而且承认自然界的生

---

[207] 张明仓. 科技代价的人文沉思.自然辩证法研究. 1999，15（7）.

态价值。认为人与自然之间不仅是主客体关系，而且是整体和部分的关系。人作为自然界系统总的要素被系统整体决定时，他仍然不同于一般的动物，不仅是自然界的“普通一员”；而当人作为主体能动地改造着外部局部自然物时，他也不能摆脱掉自然界整体对他的决定作用。我们应立足于人与自然的全面关系来确立正确的价值观——可持续发展的价值观。这一理念包含以下三个方面：全球意识：全人类的利益高于一切。生态价值概念的提出，为认识个人行为的“全人类性”提供了价值论的根据。生态价值具有全人类性，它不属于任何个人所有，对环境的破坏的后果也不仅仅危及个别人的生存，因为它是全人类持续生存的必要条件。因此，对生态价值的毁灭，就是对全人类可持续生存利益的侵害。我们现在面临的危机是生态危机，也是全人类的可持续生存的危机，因而任何个人影响生态环境的行为都不是纯粹的个人行为，因为它不只是影响局部哪个人的利益，而是危害了全人类的可持续生存利益。保护全人类的利益，应当成为我们的最高价值尺度。在实现全人类利益的行为中，也同时实现个人的合理利益。生存意识：人类生存利益高于一切。近代工业文明的经济增长已经背离了人类的生存利益：比如：它的生产和消费都不是从有利于人类的健康生存需要出发的。在这种发展模式中，经济增长的目的是为了获得更大的利润和积累更多的财富，而不是人类健康生存的需要。我们无节制地对自然界的掠夺性开发，也是对人类的可持续生存的威胁。这就决定了，在资源危机和生态环境危机日益严重的条件下，我们必须从根本上改变传统的价值取向，抛弃那种背离人类生存利益、只追求非生存利益的价值取向，改变那种追求享乐的人生态度。在解决生存利益与非生存利益的关系中，应当把生存利益作为最高利益，以节约资源和保护环境，保证人类的可持续生存和发展。未来意识：人类可持续生存利益高于一切。这一观念要求人类的价值取向面向未来的人类。生态环境是属于全人类的，是过去的、现在的、未来的人类的。我们现在的人类没有权利只顾眼前的、局部的利益而作出影响到整个人类发展的行为。生态危机的出现不仅威胁到我们现时代人类的生存，更直接威胁到将来人类的发展，因此，我们应慎重决策我们的价值取向。

可持续发展的价值观是一种生存论的价值观，认为只有把人类的生存价值作为终极关怀，才能合理地解决人与自然的全面关系，也才能合理地对待自然界的消费性价值同环境价值之间的关系。我们现在面临的环境危机，正是这一矛盾没有得到合理解决的结果。如果把人类的生存作为评价人类行为的终极尺度，那么，我们既不能无限制地改造和掠夺自然界，也不能完全否定人类消费自然界、改造自然界的必要性。要做到二者的统一，关键在于要找到它们的最佳结合点。我们需要改造自然，但必须对人类改造自然的活动进行评价、约束和规范，以便把人类的生产活动限制在以不破坏自然生态系统的稳定平衡的限度以内。这样才能使人类生存所必需的两种价值都得到满足。

发展的实质是发展生产力，人类社会的发展就是先进生产力不断取代落后生产力的过程，生产力是生产中最活跃、最革命的因素，也是推动人类文明、社会进步和经济发展的根本动力。人和自然都是生产力的要素，人在其中占有非常重要的地位，人的作用的发挥同时还受到自然因素的影响和制约。人与自然和谐，则生产力就能顺利发展，否则生产力必然遭到破坏。发展生产力要求生产力必须朝着人与自然协调持续的方向发展。只有通过节约自然资源、保护生态系统和改善环境质量，人才能成为具有环境保护意识和生态文明价值观的新型劳动者，才能成为先进生产力的承担者。实践证明，推行清洁生产、发展绿色经济，促进结构优化升级，推动绿色消费，就是发展先进的生产力，人与自然的和谐则成为生产力发展水平的重要标志。

第三节 循环经济的可实现性

近现代社会创造了一个完全不同于中世纪文明的新时代，这个时代以经济的快速发展，人的欲望的最大满足为基本杠杆，并拥有着令人叹为观止的物质文明。然而就在人们为对自然的伟大胜利欢呼雀跃时，大自然却在流血流泪，在一步步走向破败和衰亡。面对全球性的环境生态危机，传统经济增长模式的研究已经成为整个世界范围内理论界关注的重大课题。人们开始反思人与自然的关系是否合理，人对自然的行为是否正当，传统的经济增长模式是否合理。二战结束以后，为了能够迅速医治战争给许多国家的经济带来的巨大创伤，在世界范围内出现了以经济增长为核心的发展浪潮，人们试图以人均国民生产总值的水平来衡量社会的发展，认为国民生产总值的提高就是增长，进而就是发展。但是，人们按照这种以经济增长为中心的发展模式努力的结果，不仅没有取得社会的发展，反而在社会的政治、文化、技术等领域造成了与人的初衷完全相反的结果，甚至引起了一系列全球性问题，例如，人口膨胀、粮食短缺、资源枯竭、环境污染等，发展陷入了困境。以经济增长为中心的发展模式的失败以及对发展实践的总结，使人们充分认识到了传统发展理论的片面性，于是，开始努力去寻找社会经济、政治和思想文化之间的协调，并在协调中实现社会的整体发展。传统发展理论在实践中的失败，促使人们对发展的认识开始了一种转化，即从以单一的物质因素为标准来衡量发展转化为以人的发展为核心衡量发展，这是当代发展理论的一大趋势。社会的细胞是人，人是社会的主体，“历史不过是追求着自己目的的人的活动而已”[208]。因此，社会的发展归根到底是人的全面发展，离开人的发展去谈论社会的发展，将会导致机械的、片面的社会发展观。人作为社会发展的主体包括两层含义：一方面，人是社会生产力的首要因素。在社会生产力中，物的因素固然十分重要，但更为重要的是人的因素。现代生产力的发展就是人的现代化素质的提高，也不能忽视思想和道德水平的提高。人的综合素质高低，已成为当今社会能否全面发展的重要条件之一。另一方面，人的发展是社会发展的最高目标。社会历史的发展都是人活动的结果，而人的活动又总是有目的的，人们所从事的各种活动，目的都是为了满足自身的物质生活需要和精神生活需要，发展经济只不过是实现人的发展的手段而已。马克思说，共产主义把每个人的充分发展作为一切活动的目的和尺度，经济的增长，只有在成为每个人不断发展的手段、基础的情况下，才具有真正的价值。因此，忽视人的发展，片面追求经济的增长和繁荣，势必违背经济发展的初衷，导致经济主义。所谓人的发展，就是每个人的劳动、社会关系、个体素质诸方面的全面、自由而充分的发展。实现人的全面发展，关键在于人的需要的满足。在人的各种需要中，物质需要是首要的。当人们还不能使自己的吃、喝、穿、住在质和量方面得到充分供应的时候，人们就根本不能获得解放。社会的发展只有不断满足人们日益增长的物质生活需要，才能充分调动广大劳动者所“蕴藏着”的积极性和创造性，这是社会存在和发展的基础。同时，社会的发展也应不断满足人的精神需要。事实上，人的全面发展主要是人的精神面貌的发展，其中包括理想、道德、情操、文化修养、科学技术水平等。

一、人性之思

全球问题的出现不仅使人类反思人与自然的关系，而且使人类从一定程度上更加深刻地重新审视人性。人性是思想史上古老而又常新，永远充满无穷魅力的话题。事实上，这个问题既不因每一个有思维能力的人都能思考、都在思考而使答案变得不言而喻，也不因其复杂繁难、缠绕不清而使思想家们望而却步。每一个时代的思想家们都力图从各自的角度揭示人的存在本性，形成反映时代精神的人性论。事实上，任何社会思想体系都以一定的人性论为基石，而且每一种社会形态的制度的架构，机制的运行，文化的变迁，价值的选择和理想的建构等社会活动最深刻的根源和背后的根本依托都是一定的人性论。作为人的自我追问，人性问题源于人的自我意识。对于人之所以成其为人来说，它具有前提的意义。康

[208] 马克思，恩格斯. 马克思恩格斯选集：第 2 卷：119.

德说："人能够具有'自我'的观念，这使人无限地提升到地球上一切其他有生命的存在物之上，因此，他是一个人。"[209]黑格尔也指出："人能超出他的自然存在，即由于作为一个有自我意识的存在，区别于外部的自然界。"[210]对"自我"的自觉确认，就是对"人之所以为人者"的把握，亦即对人之本性的揭示。因此，对于人及其存在来说，人性问题乃是一个始源性和本然性的问题。人的存在是二重化的：一方面，作为肉体存在物，人是自然界的一部分，受自然规律的决定和支配；另一方面，人又不仅仅是一种肉体存在物，他还是一种精神存在，因而受道德律的决定和支配，正因为如此，人才成为宇宙中唯一没有对等物的存在者，从而具有尊严。也正因为如此，人的存在带有悲剧意味。因为人及其历史在一定意义上不过是为了消解这种二重化带来的二律背反所做的努力，而这种努力在经验的意义上不可能有真正地完成。对于这一点来说，这一点具有宿命的性质。

康德说："有两种东西，我愈时常、愈反复加以思维，它们就给人性灌注了时时在翻新、有加无已的赞叹和敬畏：头上的星空和内心的道德法则。"[211]人的肉体存在，作为自然界的一部分，它必须不断地与外部进行物质、能量、信息的交换，以维系生命活动及其延续。人的物质劳动就是这种交换的前提和表征，它受自然律的支配。人的精神存在，作为超越肉体存在的层面，属于绝对的价值世界，它适用于道德律。人是一种非常奇怪的动物。从一个侧面看，他是世界上最聪明的动物：他能改天换地，似乎无所不能；从另一个侧面看，我们又可以说，人是世界上最愚蠢的动物：他专门自讨苦吃，处处给自己设置困难。可以毫不夸张地说，人类今天面临的种种困难，全是他自己造成的。早在 10 多年以前，联合国的有关机构便发出了呼吁：人类的生产，如果照目前那样继续下去，那么，人在地球上可以生存的年月，将是屈指可数了。更为愚蠢的是：人还捏造了根本不存在的神，希望这种莫须有的最高存在来为人类解决自己似乎无力解决的问题。为什么会这样呢？这源于人的存在方式。或者说，这是内在于人的存在方式中的生存悖论。否定了这种悖论，也就否定了人的存在。人并不是某种永恒存在物，也不是神特殊创造的宠儿。人是从自然动物发展而来的。但是仅有自然的发展，还不会有人；人是人的产物，是文化和历史的产物。这就是说，人是在改造自然，生产自己的生活资料的过程中才超出自然界，上升成为人的。所以，人的存在方式不同于自然动物的存在方式的最根本之处，就在于他的生活资料不是由自然界直接提供的，而是由他自己生产的。生产当然不是无中生有，而是对既定

[209] 康德. 实用人类学[M]. 重庆：重庆出版社，1987：1.
[210] 黑格尔.小逻辑[M]. 北京：商务印书馆，1980：92.
[211] 康德. 实践理性批判[M]. 北京：商务印书馆，1960：164.

的自然资源的扬弃和超越。这样便构成了人的存在方式所特有的内在规定和内在矛盾：一方面，人的存在和发展仍有赖于自然界，即要尊重给定的现实；另一方面，人要成为人，又必须克服对自然界的直接依赖，扬弃和超越给定的现实。从这个侧面看，我们也可以简化点说，人是一种超越性的动物；不断地超越给定的现实，是他永恒生命力之所在。

怎样看待人这个高级动物？夏甄陶先生作过精辟的辩证分析，他说，人是世界上最奇特、最不确定的存在物，在人的身上充满着矛盾的规定，任何一种肯定，都有其否定的方面。人是理性的动物，但常常非理性地运用自己的理性；人是最有智慧的动物，但人又常常做出最愚蠢的事；人是最有创造性的，但人的创造总是伴随破坏；人是有道德的，但最不道德的也是人。人的二重性，决定了对待自然的态度也是二重的，要么保护自然，要么破坏自然。人与自然不仅相互渗透，更是根本合一。自然是一个整体，人类只是它的一个部分。人类既没有资格也没有道理把自己与自然相提并论。人类只有认识到大自然的丰富内涵，尊重大自然的价值，与大自然融通为一，才能在情感与理智上接近它，培养一种忘我精神，从而有效限制人类对大自然的盲目进攻及其所导致的生态危机。

无论我们承认与否，迄今为止，人都是我们居住的这个家园的唯一主宰。或许正是这种先天的优越性过度地膨胀了人的欲望，人如此地藐视自然界，藐视其他生物的存在，在这颗星球上为所欲为、肆无忌惮。曾经美丽的大自然在经过人的加工后变成了现在的模样……曾经朴实善良的人类在经过人的加工后也变成了现在的状况……我不愿细说，因为这使我感到悲伤。现在的自然还成其为自然吗，现在的人还成其为人吗？近代以来，为了反对封建制度和宗教神学，提出尊重人的价值和尊严，发展人的个性，追求人的自由而形成一个以人为中心的思想体系。这一思想体系的基本内容是：肯定人的地位、价值、尊严和权利，以反对神权；尊重科学，崇尚理性，以反对蒙昧主义；重视现实生活，主张个性解放，以反对来世主义和禁欲主义；歌颂友爱，提倡平等，以反对王权和等级制度。这曾经是人类思想史上的巨大进步，但是在资本主义工业文明的发展中却走向了极端，引发了一系列现代性问题。当代人类遭遇的各种困境和危机，都同这一思想有着密不可分的联系。因此，人类只有不断地变革自己，完善自己，才能与自然和平相处。

首先，应树立大同意识。传统的个人主义和合理的利己主义、发展个性、追求个人利益等思想，一方面，推动了经济的高速增长，另一方面，也造成了对资源的掠夺开发和对环境的极大破坏，从而使人类的可持续生存和发展受到了威胁。在当今世界，我们人类面临的危机已经具有全人类的性质。第一，对自然生态系统的任何局部破坏，都会对整个自然生态系统产生决定性的影响，因而都威胁着人类的生存。第二，任何个人的生存都必然依赖于“类”的生存，如果失去了人类的生存条件，任何个人都不可能生存下去。第三，解决目前困境的出路也只能是全人类的统一行动，任何局部的个人、民族和国家都不可能单独解决这一全局性的问题。因此，我们只有树立大同意识，才能解决时代提出来的新问题。

第二，正确理解“主体”性。文艺复兴消灭了虚幻的上帝，却创造了一个新的上帝，即人类自己。在处理人同自然界的关系时，人取代了上帝的地位，成了“无所不能”、“无所不欲”的绝对主体。这是一个“疯狂主体”，它消灭了人的理性、价值追求和实践行为的绝对界限，使人失去了任何限制和约束。它忘记了，无论人的能力怎样发展，人都仍然是自然界整体的一部分。作为部分存在的人类，始终都只有依赖于自然界整体的存在才能生存。自然界整体的生态系统遭到彻底破坏之时，也就是作为自然整体之局部的人类的灭亡之日。因此，作为自然界整体一部分的人类，永远都不可能超越自然界整体对它的限制。它始终是一个“有限主体”。自然界整体生态系统的稳定平衡的保持，是人类的欲望、行为的绝对限度。

第三，从现时意识到未来意识的转变。近代以来的人类强调的是现时主义。强调现时消费，现时享受。这种意识只注重实惠和实效，只注重有限的、实际的东西，不关心无限的、神圣的、终极的东西，即只要现在，不要未来。当今人类面对的生存危机告诉我们：人类生死存亡在时间上是不可逆的。这是一个终极的问题。我们不仅要关注现在，更应当关注未来；我们不仅自己要生存，而且也要使我们的子孙后代和整个人类能够在地球上持续生存下去。因此，我们需要根据人类生存和发展的未来（可持续性）的需要来约束和规范我们现在的发展和实践。

二、科技——增长的极限？

文艺复兴时期，面对人与自然这一永恒主题，作为一种与神本主义相对立的，提倡人的个性发展与思想解放，反对野蛮、愚昧与迷信的思潮，人文主义重视知识和理性，将中世纪被窒息的实验科学与自然科学从神学的教条中解放出来，促进了近代科技的兴起与发展。然而，自 19 世纪始，随着科技的资本主义应用，其消极的社会功能日益暴露。科技虽然带来了工业化、生产力的提高和生活的改善，却使人沦为机器的奴隶，并导致冲突、战争和生态失衡。当代西方人文主义者着眼于科技的消极影响，特别是二战以来能源短缺、资源枯竭、环境污染、生态失衡、粮食不足、信仰危机、道德沦丧、核战争威胁等全球性问题的凸现，依然留意人性的尊严和人的精神潜能，深化了对科技的认识，形成了独具特色的科技观。一般认为科学技术之所以带来不良后果原因如下：

第一，人对科学技术的滥用。实际上，现当代文明对科学技术缺乏真正的科学态度。这一点是“我们时代意识中的缺陷”。[212]科学虽然已经被普遍地传播和承认，但实际上大多数人不知科学是什么，他们一方面迷信科学，毫无批判地接受科学成果，把科学作为最终完成的知识，希望科学做我们力所不及之事。另一方面又否定科学，当对科学的迷信变为失望时，其反应便是否定科学，转而诉诸感情、本能和冲动。那时，一切祸患又都归咎于现代科学的发展。在当前的国际形势中，民族区域和国家政体的存在决定了科研人员对其成果的运用的道德选择也不是绝对自由的。在阶级社会里，科技成果甚至科研人员本人都难免成为为统治阶级的政治、经济和军事利益服务的工具。“科学技术与危险相伴。它能被利用，亦可被妄用，可能因为有意或无意而导致灾难。由于科学知识和技术、技能加快发展，因此，我们必须认识到它的危害。在 20 世纪下半叶，人类已进入了自身发展的关键时期，人类首次具备了制造一场足以毁灭人类自身的全球灾难的手段。我们知道，50 年代和 60 年代由一些政治和军事领导人掀起的错误运动极可能导致一场无法控制的核灾难；今天，我们尚无法抵御的新疾病正在威胁着我们；不负责任的工业化也许已造成了不可逆转的气候变化，这将使地球上的生活越来越不舒适，最终将变成不宜居住之地……技术的进步和无政府的政治趋势使得威力强大的设施和过程不断地落入越来越多的不讲规则的人手中。”[213]科学技术一旦变为当权者或少数有野心的人用以达到自己私利的工具时，他们将忽视科学技术内在的价值和多数人的利益而单纯追求狭隘的目的，这样，科学技术带来的社会后果将是破坏性或灾难性甚至是毁灭性的。

第二，科学技术本身的不成熟性。科学技术的不成熟性是指将还不成熟的科学技术投入使用带来与预期相反的效果；或者将科学技术投入使用后在短期内或者某一方面是有利的，但从长远的眼光和综合的角度看是弊大于利的。“人类知识的未来极限似乎遥遥无期……我们的知识是有限的，但是我们的无知几乎是无限的……整个可获取的知识远远超过了人类大脑的能力，揭示大脑需要无限的劳作，所以要极长的时间……人类有限的智慧到底在未来能走多远以解释宇宙各不同部分的现象并成功地预言效应呢？”[214]人类并非全知全能，对每一项新发明、新技术的应用必须慎之又慎，而不成熟的成果或者“饮鸩止渴”式的成果则应该

---

[212] 雅斯贝斯. 历史的起源与目标．华夏出版社，1989：109.

[213] （英）约翰·巴罗. 悖论——科学的极限与极限的科学．李新洲，等，译. 上海：上海科学技术出版社，2000：152-153.

[214] （英）约翰·巴罗. 悖论——科学的极限与极限的科学．李新洲，等，译. 上海：上海科学技术出版社，2000：172.

杜绝投入使用。

第三，一些科学技术本身投入使用必定伴随着一些负效应，这就像医学中的药物反应。一种药物也许可以治病，但同时也可能会带来转氨酶升高、肾脏受损的副作用。在医学检验中，许多负责 X 射线检查或放射性同位素跟踪检测的医生，自身可能要受到射线的伤害，但这些都是不可避免的。

总之，人类对科学技术应用后果的两面性缺乏认识。科学技术自身就负载着伦理价值。过去，由于科学技术和生产力水平比较低下，人类对自然界的影响力还不够强，对环境的破坏也不明显，地球生态系统有足够的能力自行恢复，这就影响了人类对科学技术的正确评价，使人类看不到科学技术进步的不利影响，而把它看成医治百病的灵丹妙药和无所不能的万能法宝。因此，不加控制地滥用科技成果，最终酿成了对人类颇具威胁的生态危机。而且在实践过程中没有处理好人与自然的关系。英国著名生态学家爱德华把全球的生态危机比喻为“第三次世界大战”，战争的起因在于人类对地球生态环境资源贪婪地攫取和无情地掠夺。从人与自然的关系角度看，生态危机的产生，意味着人类在改造自然的实践过程中，被取得的巨大进步冲昏了头脑，无视人的受动性，而对能动性尤其是借助科学技术的力量滥加发挥，最终导致自然界对人类的无情报复。

在人与自然的关系上，当代大哲海德格尔早在 20 世纪 50 年代就从技术的本质入手，分析生态问题产生的根源。他在《技术问题》等著作中认为，技术的本质不是“目的的手段”，也不是“人的行动”，而是以无形的力量驱使人行动的“框架”，即技术时代不是人控制技术，而是人被完全束缚在技术的框架中，受技术的统治和支配，不自觉地按照技术的需要去行动。结果，地球及其环境变成了原料，人也成了人力物质，以满足技术生产的需要，破坏了人类生存的基本条件。卡普拉则直截了当地指出：“科学技术严重地打乱了，甚至可以说正在毁灭我们赖以生存的生态系统”。[215]现代科技的片面性和缺陷性，使它没有按事物的本来面目认识事物，现代文明的困境也就是科技发展的困境。在反思现代文明的危机时，有人诉诸老庄学说，但我们不可能“绝圣弃智”，不可能重返原始社会或农业社会。人类永远都离不开科技，科技是人类追求发展、展现自由的必要途径。面对传统经济增长模式带来的后果，科技必须有一次根本的转向，否则人类会在生态危机中越陷越深，甚至走向毁灭。

当前我国的环保法律仍然是基于末端治理或分段治理，过分强调污染发生后的被动惩罚，难以根治循环经济发展面临的问题。所以，发展循环经济除了法制手段外，还应利用经济手段。同时，在发挥科学技术的核心作用上，突破循环经

---

[215] 弗·卡普拉．转折点——科学·社会·兴起中的新文化．中国人民大学出版社，1989：16.

济发展的技术瓶颈，加快科技投入，支持循环经济共性和关键技术继续研发，开发资源节约和替代技术、能量梯级利用技术、延长产业链和相关产业链技术、“零排放”技术等，提高循环经济技术开发水平和创新能力，加快新技术、新工艺和新设备的推广应用。

在国务院正式发布《国家中长期科学和技术发展规划纲要（2006—2020年）》之际，中国环境规划院总工王金南等人发表看法，他们认为，《纲要》对环境保护领域的科学研究和技术开发给予了高度重视，明确提出我国环境保护科学技术的发展思路是引导和支撑循环经济发展，把发展能源资源和环境保护技术放在优先位置，把能源、水资源、矿产资源和环境作为重大领域，把水体污染控制与治理作为重大专项，把能源先进技术和海洋技术作为前沿技术，充分体现了对建设环境友好型社会的科技支持。在环境保护科学技术方面，综合治污与废弃物循环利用、生态脆弱区域生态系统功能的恢复重建、海洋生态与环境保护和全球环境变化监测与对策被列为优先主题。同时，在能源、农业、制造业和交通运输业等其他方面的科研领域中也充分体现出保护环境、节约资源的思想和要求。国家科技发展战略为环境科技增添了数不胜数的环境友好元素，找到了科技发展与可持续发展紧密结合的方式，为环境友好型社会的建设保驾护航，对于全面提升我国环境科技水平和环境保护能力具有重要意义。[216]

21世纪的科技必须实现一次生态转向，即由说明性、预测性的科学转向理解性的科学，由只重分析不重综合的科学转向分析与综合并重的科学，由还原论的科学转向说明和理解整体的科学，由征服性、扩张性的技术转向调适性的技术。西方经济学的生产函数有三个要素，劳动、资本和资源；新循环经济学认为在今天高科技迅猛发展、高科技产业化进程加快的时代，应当加入科学技术这一要素，它在已见端倪的知识经济发展中将成为第一要素，改变人类经济。科学技术也是循环经济实施的主要保证。科学研究首先要为人类谋福利，把人类的利益作为评价和选择科技活动的准则。这里的利益不是一个地区、一个国家的利益，而是全人类社会的整体利益。人道主义原则要求任何科学研究要尊重、维护人的健康和生命，至少不危及和损害人类的生存、健康和安全。以人为尺度，为人类造福，应当成为科学研究的价值基准。这个价值基准既体现了发展科学技术的主体目的性，又表明了科学技术不断发展与完善的内在要求与价值方向。科学研究在应用过程中，其客观后果往往是利害交织、得失兼备的。全面权衡得失利弊，既要有利于长远发展，又要有利于当下的国计民生；既要选取最成熟、最恰当的科学技术手段，又要针对科学技术实现中的不完备之处努力加以发展，以便尽早完备、

[216] 中国环境报. 2006-3-20.

并尽可能缩小、以至消除它的有害方面；既要积极稳妥地研究与开发科学技术，又要加强对员工的劳动保护与生活福利措施。这里，人类自身的存在与发展仍然是决定科学技术取舍选择、发展方向的最终依据。科学技术是人类进行创造活动的重要手段，它必须永远置于人类的有效控制之中。科学技术的主要任务是超越人体自然属性的局限性，而人文文化则关系到人的精神境界。两者应当相互促进，协调发展。在某种意义上可以说，对于统一的文化而言，科技为体，人文为魂。因此，为了使科学技术能够健康发展，对科学技术进行正确的价值评价和合理的社会控制并牢牢把握科学技术的价值宗旨，努力防止其消极作用的出现，才能使之真正推动人类社会的健康发展。也才能在真正意义上对循环经济的发展起到促进作用。

三、人的完善与循环经济发展

20 世纪 90 年代以来，国内外学者和政府在可持续发展战略思想指导下提出了循环经济这一崭新经济发展模式：循环经济是区别于传统经济的一种新的经济形态。循环经济是在可持续发展理论指导下，强调资源永续利用，做到生产和消费“资源最小化、废物资源化和无害化”，以最小的成本获得最大的经济效益和环境效益。全球环境意识的增强，环境产业和清洁生产的兴起，环境产品设计和环境技术的蓬勃发展，环境贸易壁垒和绿色银行的产生，环境标志制度和环境管理体系制度的实施，绿色营销和绿色包装的盛行，绿色消费浪潮的涌起以及环境审计、环境会计和绿色国民经济核算体系的应用等，都是全球实施循环经济发展模式的主要特征，也反映了全球正在循环经济领域进行积极探索的实践轨迹。

在处理人与自然的关系上，人类先后经历了崇拜自然阶段、征服自然阶段和协调自然阶段。在循环经济和资源节约型社会这种科学发展和文明发展的“范式”里，人类不再是自然的征服者和主宰者，而是自然的一部分，既要维护人类的利益，又要维护整个生态系统的平衡。“以人为本”是科学发展观的实质与核心，“以人为本”的思想渊源之一是马克思的人学学说。科学发展观与马克思人学学说具有本质上的一致性。马克思的人学精髓在于，随着人的实践对象的全部丰富性的展开，“人的解放和人的发展”归根结底是对人的本质力量的全面开发。“以人为本”的科学发展观一方面源于马克思的人学学说，另一方面又是对马克思发展理论的继承和创新，其人学本质也可以归结为对人的本质力量的全面开发。马克思对人的本质实现的把握主要是建立在对人的“类的本质”实现的基础上的。马克思曾经指出，人是有意识的“类的存在物”，人把类本质的实现看作自己本质力量的实现。20 世纪 70 年代以来，“先污染、后治理”的经济发展模式的弊端日益凸现，环境问题在全球范围内此起彼伏，人类赖以生存的多种资源从稀缺走向枯竭，人类持续发展的物质基础日渐丧失，人的类本质的实现面临着严重的挑战。发展循环经济，建设资源节约型社会，是人类实现可持续发展、人的类本质持续实现的必然选择。

人与自然是一个相互联系、互相作用的有机统一体，即所谓“人与天地相参也，与日月相应也”（《灵枢·岁露论》）。① 自然界是人类生命的源泉，所以人不能离开自然界生存，而且自然界的一切变化，都将影响到人体：“人以天地之气生，四时之法成”。② 自然界是人类社会产生的前提。马克思在谈到人与自然的关系时，首先肯定的就是：“人直接地是自然存在物”，是“自然界的一部分”[217]。所以，人是自然界发展到一定阶段的产物，人来自于自然，又依靠自然，人在自然中才能生存，自然界是一个伟大的造物主，哺育了千千万万种动物和植物，当然也包括高级动物——人。因此，我们必须确立这样一个理论前提：人与自然的关系对人来说是一种基础性的关系。人是从自然界分化出来的，但仍然是自然界的一部分，人必须依赖自然界才能生活。在地球上，是自然主宰人，而不是人主宰自然。正因为人是自然存在物，所以人必须在自然界中开展自己的物质与精神生活，在自然界中找到自己的恰当位置。人只能认识和利用自然规律，而不能创造和改造自然规律。

长期以来，我们宣传一种观点：人定胜天。天者，自然也，人是一定能战胜大自然的。我们人类对待自然，奉行的是斗争哲学，斗、斗、斗，所以，又形成一个伟大的格言：“与天斗，其乐无穷，与地斗，其乐无穷。”“喝令三山五岳让道，我来了。”此种思想，若从意识的主观能动性角度考虑，是令人钦佩、令人敬仰的。人类正是依靠这种精神，移山填海，筑坝大江，飞出太空，遨游宇宙，创造了辉煌的业绩。但是人在胜利之后，带来了一系列的问题，诸如太空垃圾，物种灭绝，土地盐渍化，水质和空气污染，大气环流受到破坏，等等。诸如此类问题，若能兼而顾之，岂不美哉。人为什么要做自然的霸主？为什么在处理人类与自然的关系时，要和自然斗个你死我活，两败俱伤呢？难道就没有更明智的选择吗？恩格斯针对人类盲目地无节制地开发自然提出忠告：“我们不能过分陶醉于我们对自然界的胜利，对于每一次这样的胜利，自然界都报复了我们。”[218]恩格斯的这一伟大思想应该成为我们认识人和自然关系的主导思想。人对自然的每一步伟大胜利之后，都将受到自然无情的报复。人只有和自然和谐相处、共存共

---

[217] 《马克思恩格斯全集》第 42 卷，第 95 页。
[218] 恩格斯．自然辩证法．人民出版社（1971 年版）：118．

荣，才能做到生存与可持续发展。

完美的人性是真、善、美的统一。人性之真是人的本质显露的一种理想的自然状态；人性之善是社会化的人对自身行为进行有效调节的最高价值；人性之美是真与善有机结合的形象化。真、善、美分别从不同方面体现人性真谛，展示出人性的迷人光彩。因此，追求以人为本的科学发展观，追求人的全面发展，也就是追求人性的真、善、美。人性之真，应该是指大自然对人性的一种规定性——合规律性，它确定人的自然价值。这种规定性确立了人的地位并非凌驾自然之上，而是与大自然平等相处，人在任何时候都离不开自然，都要参与自然的进化运动，但是人类无法消除坚固的生物亚结构的实际存在和潜在影响，人性之真便是强调人与自然的新和谐。人性之善是社会对人的行为一种社会规定性——合道德性，它确立人性的社会价值。休谟曾经对善有过这样的描述："如果在人生的任何关系中间，我都愿意和某一个人交往，那么他的人性在那种范围内必然可以认为不完善的，如果他对己对人都没有什么缺陷，那么他的性格就是尽美尽善的了。这是价值和道德的最后标准。"[219]由此可见，人性之善是在人际关系中实现的，或者说是在社会中实现的。善的最终实现是能和所有的人维持友好关系。人性之善是一种行为，是一种意识到自身的社会责任和社会价值而进行的自觉行为。它作为一种价值，使人对自己在社会中的行为能有效地进行自身调节。它是对社会伦理的主动承受，而不是屈从。相反，社会环境的压力已经被内化为人自身发展的动力，推动着人性朝自我实现的道路前进。人性之善还是保证人类永恒之爱的一种存在性规定。善性最大的特点便是"爱"，而且是一种博爱。费尔巴哈认为，爱是人的本质的表现，是人与人之间联系的基本手段。他说："爱，是完善的东西跟非完善的东西，无罪者跟有罪者，一般的东西跟个体的东西，法律跟心，属神的东西跟属人的东西之间的纽带、媒介原则……爱，是上帝与人精神与自然之真正的统一。"[220]人性之美是人对自我价值的最高评价——合情意性，它确立人性的自我价值。人性之真与人性之善的有机统一，是人性所达到的最高境界。在人性之美的境界里，人性中的自然属性和社会属性和谐统一，人性中的感性因素和理性因素水乳交融，人的本质力量外化到自然和社会，并和自然、社会融为一体，从而形成中国古人所追求的"天人合一"境界。

近几十年来，人类在发展经济、保护环境方面，做出了巨大努力，采取了一系列重大措施和行动，但并没有从根本上解决全球环境问题。而这一问题已成为威胁人类生存和牵制经济增长的一个重要问题。当务之急是实现观念（发展观、

[219] 休谟. 人性论[M]. 北京：商务印书馆，1980：649.

[220] 费尔巴哈哲学著作选集[M]. 下卷. 北京：商务印书馆，1984：67.

价值观和消费观）的转化，尽快结束人和自然的敌对关系，完成改造自然和保护自然的双重任务，为社会的发展创造一个优良的外部环境。总而言之，发展循环经济，必须有一种大视野，自觉地把自然纳入到社会系统整体之中，在不断协调社会和自然的关系中，促进社会的整体发展。

参考文献

[1] 马克思恩格斯全集. 北京：人民出版社.
[2] 恩格斯. 自然辩证法. 北京：人民出版社，1971.
[3] 休谟. 人性论. 北京：商务印书馆，1980.
[4] 弗·卡普拉. 转折点——科学·社会·兴起中的新文化. 北京：中国人民大学出版社，1989.
[5] 约翰·巴罗. 悖论——科学的极限与极限的科学. 上海：上海科学技术出版社，2000.
[6] 雅斯贝斯. 历史的起源与目标. 北京：华夏出版社，1989.
[7] 康德. 实用人类学. 重庆：重庆出版社，1987.
[8] 黑格尔. 小逻辑. 北京：商务印书馆，1980.
[9] 康德. 实践理性批判. 北京：商务印书馆，1960.
[10] 翟波. 可持续消费与个体绿色生活方式意识的培养. 新发展观与环境哲学学术研讨会论文集，2004.
[11] 闫敏. 循环经济与绿色消费的关系. 中国网，2005-1-18.
[12] 潘岳. 国家统计信息网，2004-8-17.
[13] 赵承，刘铮. 北京：新华社，2004年9月28日电.
[14] 张坤. 循环经济理论与实践. 北京：科学出版社，2003.
[15] 毛如柏，冯之浚. 论循环经济. 北京：经济科学出版社，2003.
[16] 心理学基础. 北京：教育科学出版社，2005.
[17] 闫敏. 循环经济与传统经济之间关系的比较. 中国网.
[18] 马洪，孙尚清主编. 现代管理百科全书（上）. 北京：中国发展出版社，1991.
[19] 大卫·格里芬. 后现代精神. 北京：中央编译出版社，1998.
[20] 余谋昌. 走出人类中心主义. 新华文摘，1994（11）.
[21] 朱坦. 环境伦理学理论与实践. 北京：中国环境科学出版社，2001.
[22] 张明仓. 科技代价的人文沉思. 自然辩证法研究，1999（7）.

第六章　全球化与循环经济发展

循环经济（circular economy）现已成为国际社会推进可持续发展战略的一种优选模式，当今世界解决人与自然危机与经济和谐发展问题的最佳途径。循环经济强调以新的循环生产模式替代传统线性经济生产模式，把人类的经济活动组成一个“资源—产品—再生资源”的反馈式流程，使得所有物质和能源都能在经济循环中得到合理而持久地利用，从而以最小成本获取经济效益、社会效益和环境效益的最优结果。“循环经济”近年来成为社会各界普遍关注的热点，集中讨论的焦点话题。但这些讨论大多都停留在经济学、生态科学领域之内，我们对循环经济往往总是从经济、环境科学的角度来理解的。但循环经济毕竟是在一种生态理念指导下的经济运行模式，它的出现有着深层的社会文化内因。为此，本章将从“全球化”（globalization）、社会的“现代性”视角来审视当前社会的循环经济和生态科技的发展问题，以便进一步挖掘理解循环经济的深层内涵，并由此具体分析我国循环经济发展的实际情况及相关的措施。

第一节　全球化与中国的社会现代化问题

近年来，“全球化”问题成为国内外学界广泛关注的理论热点，人们都在纷纷谈论“全球化”，面对全球化时代的来临，中国也不例外。“全球化，这一 20 世纪最后 10 年占支配地位的力量，正在形成国家、经济、个人之间相互作用的新纪元”[221]。人们逐渐意识到全球化已经是人类社会面临的一种客观的历史过程，一种经验现实。目前，它从经济领域已经逐步渗透、扩展到社会政治和文化等所有领域，全球化已经发展成为一个不可逆转的客观事实和发展趋势。如何回应全球化的挑战和机遇是各国学者面临的一个共同课题，而且它对各个国家和民族的经济、政治发展具有深刻的现实意义。中国也不可回避地面临着全球化的冲击，

[221] 联合国开发计划署. 1999 年人类发展报告. 北京：中国财政经济出版社，2002：25.

全球化与中国社会的现代化转型成为我们本章考察经济现代化、循环经济发展的一个重要视角。尤其是随着全球化进程的不断加快，从全球化进程角度看待和分析全球经济、政治、文化问题，是我们理论应有的视野。

一、全球化浪潮与理论反思

从辞源上看，全球化——globalization 是由 global（全球的、全世界的）一词派生而来的。从 1985 年奥尔多·拉维特提出全球化这一概念以来，全球化作为当今世界活生生的现实，已经呈现于我们面前，全球化浪潮正冲击着人类生活的一切方面，它不仅改变着时代和世界的而貌，也为人们提供了认识人类历史进程的全球视野和宏观历史思维的基础，到 20 世纪 90 年代，全球化逐渐被人们所普遍使用。全球化是一个具有多重含义的复杂概念，不同学者站在不同的角度，对全球化给出了千差万别的阐释。例如，吉登斯认为全球化是现代性从西方社会向周围世界的扩展，社会的空间和时间秩序的重组；罗兰·罗伯逊（Roland Robertson）则认为，“全球化既指世界的压缩，又认为世界是一个整体的意识加强。”[222]无论我们对全球化作何理解，有一事实是无可否认的：即当今人类已经进入一个全球化发展时代，这都是一个需要我们认真面对的事实。

全球化，简单而言，是社会的一次整体性历史变迁，我们可以概括在经济一体化基础上，全球经济、政治、思想、文化一体化发展的总体趋势，全球化意味着跨越地域、社会、政治与文化的界线将全球连接成一个统一整体的过程。

全球化是相对于传统社会民族隔绝联系，各自在不同的地域孤立发展的历史阶段而言的。从历史上看，全球化源于资本主义生产方式的萌芽时期，至今已经 500 多年。马克思指出：“资产阶级由于开拓了世界市场，使一切国家的生产和消费成了世界性的了……过去那种地方的和民族的自给自足和闭关自守状态，被各民族的各方面的互相往来和各方面相互依赖所代替了”[223]。世界市场的形成，原来的区域性、小空间的民族交往转变成世界历史和世界普遍交往，以生产和交换为核心的世界市场使世界普遍交往逐步全球化。可见，全球化是以经济全球化为基础，经济、政治、文化相互依赖、相互联系的逐步推进过程，它是世界市场的形成和各个民族广泛交往的时代。

进一步讲，全球化首先是经济的全球化。经济全球化不断加深了各国经济的相互依赖、相互渗透，使各国间的共同利益不断增加，没有一个国家与经济体可

---

[222] 罗兰·罗伯逊.全球化社会理论和全球文化. 上海：上海人民出版社，2000.

[223] 马克思恩格斯选集（第 1 卷）. 北京：人民出版社，1972.

以在闭关锁国的条件下孤立地生存与发展。也没有任何一个国家或经济体可以采取某种措施，唯独损害别人而不同时损害自己，各国间只有相互合作，才能谋求发展。

全球化时代（Global Age）首先表现为全球经济的一体化，但经济生活产生深刻的影响改变了人类的政治、文化等各项经济以外的生活状况。全球化虽然起源于经济的一体化，但它并不是一种单纯的经济现象，“全球化是政治的、技术的、文化的以及经济的”[224]，经济生活的全球化对人类生活其他各个领域都产生了深刻的影响，它带来了政治与文化的多元化，而这些又是以各个国家和民族的个性发展为前提的：当今各民族在经济发展的基础上相互促进、相互交往的同时，也格外珍视自身文化发展的独立性，以保存和发展本民族的文化精神和特质。全球化其间既有不同文化间的相互吸引和融合，也不可避免地存在着不同文化之间的相互对抗和较量。全新全球化时代的到来使人的实践行为发生了重大的历史变化，尤其是随着物质、能量、信息在全球范围内的广泛交流，人类在实践的性质、规模、水平、效能等方面，正经历着空前的改变。

全球化深刻地改变了人与自然的关系、人与社会的关系，以及人类的生活方式、思维方式和价值观念。全球化既为全球性价值观的整合提供了可能，同时也为全球性价值观的冲突埋下了隐患，无论是整合还是冲突，都有其经济、政治、文化、观念以及科学技术等方面的原因。我们需要从有利于日益频繁的国际交往中做出合理的价值选择，以便更好地参与国际经济、政治和文化交流，整合全球性价值观并做出合理的价值选择。

“所以全球化概念指出了一个方向，而且只有一个方向：经济活动空间在扩大；它超越了民族国家的边界，因此重要的是政治调控空间也在扩大。”[225]俞可平认为，鉴于经济全球化对民族国家的领土、主权和公民认同所形成的挑战，全球治理理念开始兴起，主张通过具有约束力的国际规则来解决一系列的局部国家难以解决的全球性问题。其中的主要问题包括影响或即将影响全人类的跨国性问题，俞可平在此列举了四类问题，全球安全问题、生态环境问题、国际经济问题和跨国犯罪问题，这里就涉及了我们需要讨论的环境问题和经济问题。全球化不仅是一种客观的趋势，而且已经成为当今的一种经验事实。因此全球化时代需要各个国家超越民族主义的狭隘立场，从人类整体的高度和人类的共同价值角度来思考各种问题，谋划共同发展，建立新的世界政治，经济和文化新秩序。

---

[224] 吉登斯.失控的世界：全球化如何重塑我们的生活. 南昌：江西人民出版社，2002.

[225] 俞可平. 全球化与政治发展. 北京：社会科学文献出版社，2005.

二、全球化与现代化社会转型

综上所述，全球化开启了人类社会发展的一个新时代：它使民族性、地域性的个人和社会向世界历史性、全球性交往的现代化社会的转变。在全球化背景下，伴随着中国改革开放的逐步深入，中国的经济、政治、文化与世界联系更加紧密，我们面对着全球化与中国的现代化转型问题。

现代化，现在已被人们视为不可抗拒的历史潮流，在我们的观念中，现代化总是与社会的高度工业化，科学技术的普遍化，经济发展的高速度，政治生活的民主化和理性化等图景相联系。现代化标志着人类文明的巨大进步，它是人类历史发展的必然趋势，确实，这些现象都是我们实现社会现代化的重要标志。一般认为，现代社会“现代性”的最突出特征就是工业化，即实现了由农业文明向工业文明的过渡，随着工业经济的飞速发展，社会生活高度专业化，市场经济成为社会生活的基础；此外，现代化还表现为社会生活本身的科学化，科学技术在人类生活中中心地位的逐渐确定。

在这里，我们首先涉及对现代化的认识问题。简单而言，所谓现代化就是指传统的农业文明向现代工业文明过渡和转变的社会变迁过程，它更多表现为整个社会生活和生产的理性化、科技化，即韦伯所说的现代化的基本精神就是理性化。对于一个国家或民族来说，现代化涉及的是整个传统社会生活的集体变迁问题，它包括文化精神、经济秩序、政治体制等各个领域。爱森斯塔德在《现代化：抗拒与变迁》中更明确地指出：“就历史的观点而言，现代化是社会、经济、政治体制向现代类型变迁的过程。……现代社会是从各种不同类型传统的前现代社会发展而来的。”[226]具体而言，现代化不仅仅是一个发展现代生产力的过程，而且也是以生产力的变化为基础的社会整体的文明发展，它包含多方面的内容，塞谬尔·亨廷顿在《变革社会中的政治秩序》中强调说：“现代化是一个多方面的变化过程，它涉及人类思想和活动的一切领域。”[227]

可见，社会的现代化，首先表现为政治、经济、文化这些“硬件”的完成。正如里西尔·布莱克所强调的，现代化主要是通过现代科学技术发展而产生的社会变迁，在“现代性”社会，民主化、法制化、工业化、都市化、均富化、福利化、宗教世俗化、教育普及化、知识科学化、信息传播化、人口控制化等因素是衡量现代化程度的重要指标。事实上，我们提到当代现代化问题，它一般是指以

---

[226] [美]S.N.爱森斯塔德. 现代化：抗拒与变迁[M]. 北京：中国人民大学出版社，1988. 1.

[227] [美]塞谬尔·亨廷顿. 变革社会中的政治秩序[M]. 北京：华夏出版社，1998：32.

信息化带动工业化，以现代高科技为基础的现代化，其标志是第三次工业革命。随着 20 世纪自然科学的发展，微电子、计算机的发明，以及随后出现的各种信息技术产业群，导致了以信息技术为特征的工业革命，推动了人类社会从传统大工业社会向信息化、数字化时代的迈进。以往我们也往往是这样来理解现代化的。依靠科技的发展和对生产力的调节，我们逐步从传统的农业社会向工业化社会过渡，而工业经济的迅速发展，又进一步推动了社会分工的高度分化和精确化，这又为社会商品经济或市场经济的发展提供了现实基础。

现代化是从传统社会向现代社会演进的社会变迁过程。这个过程主要包括两方面的内容：其一是器物层面的现代化，其二是观念层面的现代化。社会现代化意味着科技进步、经济增长和物质生活水平的提高，同时也意味着在此基础上人的精神的提升和发展。在现代化的进程中，人的现代化是中心问题，只有通过人的现代化，把政治、经济、文化各个方面结合起来。“在整个国家向现代化发展的进程中，人是一个基本的因素，一个国家，只有当它的人们是现代人，它的国民从心理和行为上都转变为现代的人格，它的现代政治、经济和文化管理机构中的工作人员都获得了某种与现代化发展相适应的现代性，这样的国家才可真正称之为现代化的国家。否则，高速稳定的经济发展和有效的管理，都不会得以实现。即使经济已经开始起飞，也不会持续长久，人的现代化是国家现代化必不可少的因素。它不是现代化过程结束后的产品，而是现代化制度与经济赖以长期发展并取得成功的先决条件。”[228]人的现代化的关键和中心问题是人的观念现代化。人的观念作为人在社会实践过程中形成的对客观世界和规律的反映，马克思·韦伯认为，近代欧洲资本主义的兴起和发展并不仅仅是经济与社会结构方面的变革，现代化是一种理性的发展过程，它主要表现为一种心理态度、价值观和生活方式的改变过程。而阿历克斯·英格尔斯则强调，现代化发展的最终要求是人在素质方面的改变，即从传统主义到个人现代性的改变。以往我们片面强调工业化和经济的现代化是远远不够的，如果没有从心理、思想和行为方式上实现由传统人到现代人的转变，使之具备人的现代人格、现代品质，就不可能成功地从一个落后国家跨入自身拥有持续发展能力的现代化国家的行列。总之，现代化不只是经济发展，也是政治发展，同时又是文化发展和精神发展。

事实上，现代化作为一种社会历史运动与社会进程，它见证了人类社会自 16 世纪以来所发生的深刻变化，这些变化开创了人类文明史的一个新时代。现代化在其现实性上，存在于社会生活的每一个领域，体现在社会生活的一切基本方面，因而它包含着极为丰富的方面，有着多样性的规定性。例如，政治学家将现代化

---

[228] 英格尔斯. 人的现代化. 四川人民出版社. 1985：169.

理解为民主化，是由传统政体向现代政体的转变；经济学家则将现代化理解为工业化基础上的市场化，是发达的市场与货币经济；文化学家则将现代化理解为多元化及文化的大众化。但这还只是现代化社会的一部分，甚至是表层现象，这些“硬件”在社会转型后的有机统一问题，更是现代化实现的核心内容。亨廷顿说：现代化是一个多层面的进程，它涉及人类思想和行为所有领域里的变革，现代化中的城市化、工业化、世俗化、民主化、普及教育和新闻参与等，作为现代化的主要层面，它们的出现绝非是任意而互不相关的。这些因素是如此地密切相联，以至于人们不得不怀疑，它们是否算得上彼此独立的因素，换言之，它们所以携手并进且如此有规律，就是因为它们不能单独实现。

三、全球化：中国现代化的机遇与挑战

具体到我国的现代化问题，情况就更加复杂。从历史上看，近代中国的现代化过程，是以西方文化、政治、经济、军事等冲击为主要形式开始的，在与现代性不断接触的被动接受过程中，中国的现代化事业才逐渐迈上了进程。在现代化过程的早期，以儒释道为基础和核心的传统文化在国人的思维方式、行为方式、价值取向等方面的影响是根深蒂固的，求稳、苟安、知足、和和、崇古和拒变思想意识的主导地位，中国应对现代性挑战的适应能力很低，中国的现代化进程异常艰难和漫长。但现代化进程是不可逆转的，时至今日，现代化仍是我们必须面对而且必须认真加以解决的时代课题。尤其是对于我国这样的发展中国家来说，加快现代化建设是当务之急，强化和发展现代性还是一个“进行时”，因而“现代性”依然是我们追求的目标。

事实上，自从20世纪70年代末，中国社会开始全面进入新的转型时期，现代化步伐前所未有地加快了。中国特色的社会主义现代化建设在经历了一系列复杂的探索后，目标日益清晰：党的十二届六中全会从社会主义现代化建设目标的角度，阐发社会主义社会经济、政治、文化总体布局和协调发展的重要思想，并提出物质文明和精神文明两个文明建设的思想。十六大正式把社会主义物质文明、政治文明和精神文明一起确立为社会主义现代化全面发展的三大基本目标，标志着中国特色社会主义现代化道路目标模式正式确立，从而使中国特色社会主义的理论和实践更加走向成熟和完善，实现了社会主义现代化道路目标模式的转变和创新。

当前我国社会正面临着在经济上建立和完善社会主义市场经济体制、政治上完善民主体制的任务。在改革开放之初我们党确立了以经济建设为中心的指导思

想，并在这一思想指导下完成了“三步走”的战略目标的前两步，且为今后的经济社会和人的全面发展提供了必要的物质基础。但我们事实上往往片面地强调了GDP 的增长指标而忽视了社会的全面发展，忽视了“人文关怀”，所以在一些方面出现了比较严重的“失衡”现象，既影响了社会的发展，同时也阻碍了经济的可持续增长。

因此，党的十六届三中全会的决定，在改革发展的总体指导思想上，更为强调以人为本的经济社会和人的全面发展。从经济的角度来说，全面发展不仅要保持经济的较快增长、物价水平的基本稳定和国际收支的大体平衡，更要把稳定的就业水平作为重点；从社会的全面发展来说，要深化科技体制改革，加快国家创新体系建设，建设哲学社会科学理论创新体系，促进社会科学和自然科学协调发展；深化文化体制改革，促进文化事业和文化产业协调发展；要深化公共卫生体制改革，建立与社会主义市场经济体制相适应的卫生医疗体系等。人的全面发展是全面发展观的重点。要构建现代国民教育体系和终身教育体系，建设学习型社会，全面推进素质教育，增强国民的就业能力、创业能力，努力把人口压力转变为人力资源优势。在提高人的能力的基础上，要“营造实施人才强国战略的体制环境”，实施人才强国战略。

总的来看，中国的现代化即将经历从农业社会向工业社会的转型，又将经历从工业社会向知识社会的转型。约翰·奈斯比特指出：“亚洲现代化绝非等同于‘西方’，它呈现出的是特有的‘亚洲模式’……东方崛起的最大意义是孕育了世界现代化的新模式。亚洲正以‘亚洲方式’完成自己的现代化，它要引导西方一起迈入机遇与挑战并存的二十一世纪。”[229]我国现代化亦应有自己的特色，正如邓小平指出那样，“中国的事情要按照中国的情况来办，要依靠中国人民自己的力量来办。独立自主、自力更生，无论过去、将来，都是我们的立足点[230]。在全球化进程中，我们必须坚持平等互利的原则，始终维护经济的独立性，维护国家的经济利益，保证国家的经济安全。

事实上，经过近几十年的发展，我国已经在现代化转型和全球化的迎战中取得了巨大成就。我国作为发展中国家在现代化过程中虽然没有先发优势，却有后发优势，即能够利用发达国家所提供的客观条件，实现生产力的跨越式发展。但后发优势的核心是对发达国家的模仿优势，一定条件下会转化成后发劣势，所以，我们不能仅局限于模仿发达国家的科技创新成果，而应当通过自己的科技创新，利用比较优势，才能在国际竞争中立于不败之地。中国特色社会主义现代化的发

[229] 约翰·佘斯比特. 亚洲人趋势.外文出版社.1996，5：275.
[230] 邓小平文选（第3卷）. 人民出版社.

展模式，从理论和实践两个方面突破了苏联模式的束缚，使中国的现代化走出了长期存在的误区，并取得了举世瞩目的伟大成就。

第二节　全球化背景中的经济一体化

20 世纪 90 年代以来，经济全球化已成为世界经济发展的一大特色。在当代经济全球化的大潮中，世界将成为一个统一的大市场，以全球一体化为背景的经济分工和交换得到前所未有的拓展。现代经济发展表明，任何国家单纯依靠本国市场和资源发展经济，很难取得好的效果，只有充分利用两种资源（国内和国际资源）和两个市场（国内和国际市场），才能更好地促进经济的发展。中国作为世界上人口最多的发展中大国，在改革开放的进程中不可回避地面临经济全球化问题，如何应对挑战、抓住机遇，已成为我国广泛关注的课题。本节将就全球化经济、现代性与循环经济问题作一分析。

一、全球化与经济一体化

吉登斯评价说，“经济全球化是真实的，这与过去存在的类似进程不同，不管它的一些批评者如何评价，它都越来越难以抗拒。”[231]人类社会发展到全球化时代，这是社会生产高度发展的必然结果，它意味着跨越地域、社会、政治与文化的疆界将全球连接成一个整体。前节我们提到，全球化首先是经济的全球化，全球化“已经成为一股不可逆转的历史潮流，以一种无法遏制的铁流涤荡着全世界，对世界经济的方方面面产生深刻的影响”[232]，使国与国之间的经济关系逐步走向互相渗透、广泛合作。社会生产力的发展，不仅促使生产规模的扩大、生产组织方式的变革，同时也推动了国际分工的深入发展和世界市场的扩大，客观要求生产要素在全球范围配置，建立全球统一的市场体系。科学技术的进步，特别是交通运输和通讯工具的现代化，又为实现这种要求提供了条件和客观可能性。

所谓经济全球化，一般说来是指生产要素以空前的规模和速度在全球范围内流动、国际经济联系：连续变化而引发的一国市场同世界市场相融合的过程、现实和趋势。全球经济一体化是一战以来生产与资本国际化发展到一个新阶段的重要标志，特别是 20 世纪 80 年代以来，经济全球化更是以惊人的速度和规模向前

---

[231] 吉登斯. 第三条道路及其批评. 北京：中共中央党校出版社. 2002：67.

[232] 宋国涛. 中国国际环境问题报告. 北京：中国社会科学出版社. 2002.

推进。根据世界银行研究局 2003 年的报告，1980 年以来的第三次全球化浪潮，大多数发展中国家进入全球化市场，经济全球化的深入开展使得各国经济互补协调，劳动生产率得到普遍提高，产生了规模和分工效应，各国都从中得到经济利益，广泛的经济合作有力地促进了各国的经济发展。如今任何一个国家只要想生存下去，就必须打破独立、停滞、落后的封闭状态，把自己和统一的世界经济联系起来，把自己的生存与发展同他国的生存与发展联系起来。全球化经济带来了全球性、世界化的经济共同进步、共同繁荣，而且共荣反过来又带来经济的相互依存，例如，各国金融困难、波动与危机的快速传导，1997 年爆发的东业、东南亚金融危机，其多米诺效应甚是惊人。

统一的世界大市场加速形成，市场经济的范围正在迅速扩展到世界上几乎所有的国家，世界市场体系日益完善，随着国际分工的深化和统一大市场的加速形成。各国之间的经济相互联系、相互依存，出现了市场、生产、管理、竞争全球一体化趋势，随着世界贸易的发展，各国市场正在形成一个巨大全球市场。费希尔认为："全球化是在商品和服务跨国界交易及国际资木流动数量和形式不断增加、在技术扩散广度和速度不断提升基础上所形成的日益加深的各国在经济上的相互依赖。"[233]市场机制的运行有了相对共同的体制基础、经济规则和协调政策。经济生产出现跨国一体化，生产活动、管理、设计分散于全球各地，贸易、资本、金融和人员流动越来越突出，呈现全球一体化的趋势。

随着全球化经济的发展，国际分工进一步深化，生产要素以空前的速度和规模在全球范围流动，使得人力、物力等资源在全球范围内流转、灵活配置，统一的世界大市场的加速形成。其中的主要特点包括：① 经济活动的中心由物质生产转向知识生产，知识本身成为生产中的首要因素，知识、能力等无形资产的投入到经济活动并日益起着决定性作用。② 发展中国家日益成为全球经济中不可缺少的重要组成部分。在 20 世纪 60 年代早期，全球贸易大多数来自发达国家，而现在的 142 个 WTO 成员国中，70%是发展中国家。③ 新的国际规则日益发挥出重要的作用。WTO 自 1995 年成立以来，对引导国际贸易发挥着重要和深远的影响，还有其他一些组织如世界银行、国际货币基金组织发布的规则，对促进经济全球化也发挥了重要的推动作用。

世界性市场的形成与完善，市场要素全球化，呈现了德里克所谓的生产的无中心化、跨国化、资本的流动性和国际性。具体包括：① 经济生产过程中新的国际分工形成，经济生产过程全球化；② 生产的无中心化，新的高技术"汉撒联盟"出现；③ 跨国公司已取代国家市场成为经济活动的中心，生产过程非中

---

233 Springer Heidelberg .Globalization and Unemployment. HeMu Wagnesed Published，2000.

心化的背后生产权集中于跨国公司[234]；④ 贸易全球化。

一方面，全球化通过世界各国的合作实现经济的快速发展和经济利益的最大化。广泛的经济合作有力地促进了各国的经济发展，经济全球化的深入开展使得各国经济互补协调，劳动生产率得到普遍提高，产生了规模和分工效应，各国都从中得到好处。例如，我国在改革开放的 20 多年的时间里，通过合资等方式，中国的经济实力取得了世界历史上不可比拟的伟大成就，实现全面小康，建设现代化经济强国的伟大目标正在成为现实。事实上，近代以来的全球化浪潮在席卷世界各国的过程中，给各国带来了巨大的物质和经济财富。

经济全球化、一体化带来全球经济、社会利益的同时，也附带来了一系列的消极影响：全球化也产生了种种弊端，由此可见全球化本身也是充满了悖论。西方发达国家是全球化进程的主要推动者，可以说西方发达国家操纵着全球化的进程，全球化的规则主要是西方国家制定的，发展中国家只是被动地卷入经济全球化大潮，始终处于弱势状态。

全球化引发的一个后果就是世界各国的贫富分化和可持续发展的危机：经济全球化过程中，广大发展中国家为了缩小与发达国家的经济差距，发展自己，不加选择地上马了一些对环境污染严重的工业。同时发达国家借此机会把劳动和资源密集型产业、高污染、高能耗的技术、本国需要但又环境污染太严重的工业，转移到发展中国家去。其结果是利用了资源、污染了环境，穷国与富国的贸易中很大一部分纯粹出口自然资源，野蛮地开采和低成本出口对穷国的发展产生极为恶劣的副作用。这对广大发展中国家的生存和发展构成严重威胁。这样的结果是占世界人口 20%的发达国家拥有世界总产值的 80%，而 80%人口的发展中国家生产总值只占20%，发达国家与发展中国家之间人均国民生产总值的差距，从1980年的 39 倍，到 1997 年最富有国家和最贫穷国家的人均收入比例约为 727∶1。又据《关于全球化问题的研究报告》统计，贫国与富国之间人均所得的鸿沟在1960—1962 年之比是 212 美元对 11 417 美元；到 2000—2002 年扩大到 267 美元比 32 339 美元。1991—2000 年，占人口 14%的发达国家控制了全球一半的贸易和超过一半的外国直接投资。全球化在促进经济发展的同时，又带来了经济、社会发展的不公平。

二、全球化经济的特征及影响

相互依赖是经济全球化时代的一个重要特征。在经济全球化背景下，各国经

[234] 俞可平. 全球化与政治发展. 北京：社会科学文献出版社，2005：209.

济彼此联系、相互依赖，没有哪个国家在经济上能够孤立存在。例如，美国制造业 1/7 的产品直接与出口有关，美国公司利润 1/3 来自海外活动，每出口 10 亿美元的货物就可以提供上万个就业机会。欧洲经济共同体所生产的工业产品、农产品和劳务中有 1/4 供出口，人均国民收入的 1/4 来自对外贸易。在这种环境下，经济波动和危机的国际传递便成为经常性的，而且是不可避免的，任何一个国家的内部失衡都会反映为外部失衡，进而很快波及与其有密切贸易和投资关系的国家。这样一来，人类面临的全球问题关联程度加深。经济全球化进程引发各国家经济相互依赖性增强，直接后果是在世界经济波动和危机中出现扩散效应，造成无论穷国还是富国最终都得被迫接受经济风险的全球化。例如，1997 年泰国发生的汇率危机，进而形成事实上的全球性的金融动荡。

全球化冲破了传统政治、经济、文化等地域原因方面的局限，把人从地域性、隔离性状态转变为全球性、交融性的状态。这是全球化对现代化的最基本影响，它以市场经济为基础，以现代科学技术为支撑的，打破了地域界限的束缚。其结果便是出现罗兰·罗伯森所说的“世界的压缩”或安东尼·吉登斯所说的“时空压缩”，整个地球成为一个“地球村”。经济全球化是人类社会发展的一个必经阶段，按照马克思的观点，经济全球化具有一体性，一方面是生产社会化在全球范围内的发展内在要求；另一方面它是以资本的扩张为动力的资本主义生产关系在全球的扩张过程，可以说，经济的一体化影响在全球经济、政治、文化等领域产生了重大影响。

在经济方面，经济全球化扩大了经济活动空间，使之达到了全球范围，生产资源在世界范围内流转，商品配置流动更加灵活，扩大了世界市场和资本流通的范围，对各国经济的发展具有重要意义。

产品的全球化得以实现，进而实现了生产的国际化，各种商品生产因素：资本、市场、产品、劳动力成为世界现象。重要的生产和产品几乎都是国际化合作的产物，产品的生产和加工在全球范围内“连锁”产生，在不同跨国公司和地区装配完成。例如，波音飞机的 450 多万个部件分别是由 1 600 家世界性公司制造。其次，劳动力逐步向国际化转变。经济全球化的深入发展，造成了全球劳动力的两个方向的发展：一方面，普通劳动力没有专业技能并受地域或国界的限制，只有通过当地的跨国公司才能被整合到全球化；另一方面，对于那些高级专业技术人员而言，一个跨国经理阶层正在形成，“这些精英劳动力才是真正全球化的。”[235]最后是资本的全球化。在全球化时代，资本运行的空间前所未有地扩展了，它突出表现为世界性投资的迅速增长和国际资本的交叉控股，据统计，全球外汇交易额已上升到

---

[235] 俞可平. 全球化与政治发展. 北京：社会科学文献出版社，2005：135.

世界贸易额的 60 多倍，1995 年全球日外汇交易量达到 1.2 万亿美元，1997 年更达到 500 万亿美元，日均近 1.4 万亿美元。[236]

但在当今世界经济体系里，中国属于国际分工体系外围的发展中国家，其经济结构包括产业结构、地区和区域经济结构、技术结构、产品结构、产业组织和企业规模结构等方面不合理，与发达国家形成的主要还是垂直分工，其经济发展容易受到发达国家经济发展周期的不良影响，国内科学技术含量不高的产业和产品市场容易被跨国公司控制，即外商直接投资中的控股与技术垄断对国内同行企业发展的压抑，也在一定程度上对我国产业安全构成威胁。同时，在我国外贸依存度和资本依存度相对较高的情况下，外贸出口的产品结构、出口国分布结构和外资来源国结构等方面所存在的集中现象，使得我国在防御世界经济波动影响的能力方面较弱。

在政治方面，经济全球化在大大沟通了各国政治、经济、文化交往的同时，由于政治制度的多样性、政治格局的多极化发展，多种政治冲突和合作也在所难免，它为各国政治提出了许多新的难题。首先不同国家在实现自身经济利益时难免为形成政治冲突提供条件，政治霸权主义总是希望整个世界都纳入资本主义系统，并由此引起国际政治的颠覆与反颠覆、干扰与反干扰的斗争。全球化过程包含着发达国家与不发达国家、社会主义国家与资本主义国家的矛盾。发达资本主义国家凭借其在政治、经济、科技等方面的强势，运用一些不合理的规则和不发达国家对他们的某些需要的依赖，控制和削弱不发达国家，使财富与权力日益集中到他们手中，从而造成了发达国家与不发达国家或者中心国家与外围国家的矛盾。同时由于社会主义制度与资本主义制度的共存，强势的资本主义时刻准备着围剿或分化弱势的社会主义，在政治、经济、军事、科技、文化等领域处处限制社会主义，社会主义国家要生存和发展就不得不同发达的资本主义国家进行斗争。[237]

另一方面，由于经济全球化增强了各国的经济联系，全球化加速了经济一体化，也促进了全球经济协调机制的建立，和平与发展成为各国的共识。共同的利益使得合作好于冲突，尽管不同国家在历史、文化、价值观方面有很大的不同，但在和平与繁荣方面的共同利益比发生冲突的理由更重要，各国可从合作中获得双赢。这种源于合作和竞争背景下的合作，世界各国在地域优势的前提下组成了各种各样的经济联盟。在经济联盟内部，成员国之间贸易实行零关税或低关税和优先制，在联盟外部实施统一的贸易政策，在经济一体化达到一定程度后，可能

---

236 俞可平. 全球化与政治发展. 北京：社会科学文献出版社，2005：133.

237 隋保禄. 哲学视野中的全球化. 青海社会科学，2002（6）.

向政治一体化和防务一体化迈进。如欧盟东扩就是一体化进程的典范，在 2002 年 12 月的哥本哈根欧盟首脑会议上，欧盟正式宣布与 10 个候选国入盟谈判结束。虽然新加盟候选国家经济实力与欧盟成员国有差距，但源于相同的文化背景和传统，使两者的经济互补性很强，有利于欧盟扩大投资市场，促进欧盟总体经济发展，这些都源于经济全球化进程的深入，国际合作是第一位的。又如面对全球性问题，如生态环境、贫富分化、资源、国际恐怖等问题的严重性，使得全球需要整体控制和管理，政府之间的合作日益明显，国家和公共组织起着越来越重要的作用，各国面对全球化进程也在努力发展和完善相关法律、规范和体制以适应全球化挑战。

在社会文化方面，全球交往使得资本主义的生产方式推向整个世界，它不仅改变了一般人的活动方式，也改变了国家和民族的生存形式，这是全球化时代的文化影响问题：全球化正潜移默化地改变着人类的生活方式，它将导致社会关系、社会文化和价值的重新定位和重建。毕竟在全球化的大背景下的文化环境已超出了民族和国家的单一界线，虽然各个国家和民族文化都有各自的特色，但全球文化事实上正在走向融合。

三、经济全球化与价值认同

我们分析了全球化与经济一体化的关系：全球化首先意味着经济一体化，世界经济的联系和互动日益频繁，它突破民族、国家的界线，在世界范围内的经济交流和合作日益广泛。但全球化的影响远远超出了经济领域，它深入到世界政治、文化领域的各个层面，对它们都产生了深远影响。从最深层背景看，它最终表现为价值观念的影响，价值观念是以思想文化的形式蕴涵于人们的文化知识背景之中，价值观念作为文化的核心内容，是通过文化生活来影响社会的。在全球化进程中，经济、政治、文化问题必将最终表现为价值的冲突和融合。随着全球化进程的发展，全球范围内的价值观念认同趋势随之强化，与此同时，在这一进程中，全球价值观念又日益多样化，从而导致冲突激化，在全球化问题中，全球价值的认同具有普遍意义。

首先，全球化发展，尤其是全球经济一体化的发展，为全球价值认同提供了客观基础。

经济全球化就是指各国经济活动从局部发展走向全球范围，在全球范围内实现社会化、交流化的过程。随着社会生产力的不断发展，人类社会的发展正越来越呈现出这样一个趋势，经济主体不断拓展其活动范围，人们在地球范围内乃至在对人类生存构成直接影响的宇宙空间内作为一个整体来生存、活动和发展。经济全球化是全球现代经济的内在联系和整体互动，在这种经济联系和整体互动中，必然呈现出利益的共同性和价值观上的认同感。世界性的生产方式逐步地打破地域疆界和封闭的民族—国家的界碑，把不同国家、不同地区、不同种族、不同宗教、不同文化的人纳入一种生产体系之中，社会边界从各国国界走向世界范围，走向全球，形成了一个全球规模、全球计划、全球协作和全球效应的大市场。人们不断地冲破自然村落的藩篱、封建割据式的行政束缚和观念束缚，一种全球性的价值取向随着经济全球化的过程在跨国界延伸。

解决全球问题需要各国的共同努力，全人类必须以维护和促进地球生态系统的平衡和完整为第一价值原则，这就需要在人类的共同价值与民族国家的价值之间保持一种必要的张力。在处理国家与国家之间的关系时，应当尽可能地考虑他方利益，在顾及别人利益的情况下获得自己的利益，博弈均衡的结果应该是合作。经济全球化应该立足各国共赢的经济全球化，所有国家都应该是经济全球化的受益者。相互依存应该立足各个社会成员、各个国家之间更为平等的依存，只有使弱势群体的基本生存和发展权利及环境都得到保障的全球化才是可以被接受的和可持续发展的。要实现全球经济持续、均衡、稳定增长，就必须不断缩小南北差距，在平等、诚信、合作、发展的基础上，开展国际合作，特别是南南合作，以促进共同发展和繁荣。

其次，全球化既为全球性价值观的整合提供了可能，同时也为全球性价值观的冲突埋下了隐患。资本主义的扩张，试图想抹平民族国家之间的疆域界限，实际上在经济扩张的过程中，伴随而来的还有政治、文化和价值观的扩张。它们在建立世界经济新秩序的同时，总企图建立一种政治、文化和价值观的新“秩序”。从利益主体的视角审察，经济全球化参与的主体由边界清晰的不同民族国家所构成，经济全球化是各国家作为主体为了追求效益最大化而在全球范围内形成的普遍性交往活动，是不同国家追求自身利益、追求发展的结果在当代，“民族国家利益优先、至上”仍然是世界流行的原则，因此利益发生冲突也就在所难免。

经济活动主体（民族国家）的差异性引发了价值观念的尖锐对立。一是传统文化与现代文明的冲突、落后经济同先进经济的矛盾。主要发达国家的经济已开始从工业经济走向信息经济，新兴的金融服务业、高技术产业已成为主导产业；而发展中国家的出口产品大部分停留在低附加值、科技成分含量低、初加工水平的产品。市场主体的经济实力和经济发展的不对称性，发达国家和发展中国家在科技、资源、经济实力等方面的差异，造成在世界市场上进行所谓的“公平竞争”，其结果只能是弱肉强食，强国愈强、弱国愈弱。对发展中国家来说，经济市场的

"自由化"和"公平竞争"只可能是一个美丽的谎言。其中经济发展的不对称性和经济竞争的不平等性隐含着价值观对立的深层原因。

这种影响一方面表现为跨国公司有助于东道国扩大投资、促进出口、开拓国际市场、转移现代技术和管理经验、发展关联产业、促进产业结构调整和产业升级，从而为东道国的经济和社会发展起到积极作用。另一方面，跨国公司的全球利润最大化目标导向，可能与东道国的发展目标存在利益冲突，它们还可能滥用约束性商业策略、操纵转移价格等，对东道国的经济发展带来不利影响。另外，跨国公司强大的经济实力及其全球化的经营，使东道国政府对其管理时会有所掣肘。东道国希望跨国公司不滥用其"经济权力"，在当地主动承担更多的社会责任，使其经济实践同全社会的需要和目标协调发展。这样，跨国公司在东道国的利益追求目标是否能够与社会责任目标统一起来。

其次还存在民族主义与全球文化的对峙、不同文化价值之间的对立。经济全球化使这种价值观间的冲突与矛盾显现，但同时也促进了不同价值观之间的相互交融、并存与互补。隋保禄认为，全球化是一体化与多元化的矛盾过程。所谓一体化就是指世界各国家在经济、政治、文化等领域里走向一致性的过程；所谓多元化则是指上述领域里的多样性。一体化在经济上表现为世界各种经济组织如世界银行、国际货币基金组织等作用日益增大；在政治上表现为联合国在国际政治生活中的作用日益增强，发达国家在政治、军事等行动中趋向一致；在文化上表现为各民族国家的价值观念、生活方式等趋向一致性。多元化在经济上表现为各不同国家、不同经济组织各有自己的经济政策和规则，具有不同的地域性和民族性；在政治上有不同的政体和国体；在文化上表现为不同的民族特色等。[238]

毕竟，多样性是世界存在的本质特征，在经济全球化的进程中，各种不同的价值观之间应和谐共存，在竞争比较中取长补短，在求同存异中共同进步。因此，我们需要从日益频繁的政治、经济、文化等国际交往中作出合理的价值选择，以便更好地参与国际经济、政治和文化交流，为整合全球性价值观作出合理的选择。汉斯·昆认为，随着全球化的到来，全球化必然会带来一个什么是伦理道德的问题，伦理学必须应用于全球化，我们需要一个伦理的全球化。无论汉斯·昆的全球伦理是否可行，但它提醒我们，世界需要的是一个更加包容、均衡和持久的能造福于全体人类的和平与发展的全球化，需要共赢的经济全球化。而只有有效地克服经济全球化带来的诸多负面问题，人类才能迎来新兴的全球化文明。[239]

---

[238] 隋保禄. 哲学视野中的全球化. 青海社会科学，2002：6.

[239] 金鑫. 世界问题报告. 北京：中国社会科学出版社，2002：328.

第三节　循环经济发展中的现代性视角

现代社会“现代性”的最突出特征就是工业化，它实现了人类社会由农业文明向工业文明的过渡，随之，市场经济成为社会生活的基础，科学技术在人类生活中心地位逐渐确定。而面对现代性危机，循环经济现已成为国际社会推进可持续发展战略的一种优选模式，解决人与自然危机问题的最佳途径。循环经济作为一种新的发展观、价值观和文化观，事实上它表现为对现代性社会模式的一种反思和超越，是对现代理性精神的反思。我们应该如何从文化、社会角度来进一步反思这一重要的社会现象呢？本文试图从社会文化角度（主要是现代性视角）来分析循环经济与现代科技的发展问题，以便进一步挖掘理解循环经济的深层内涵。

一、现代性与现代社会

现代性作为近代以来的一种决定性的构成力量，它使我们进入了一个崭新的历史时代，并构成了人类当下的存在——现代社会：逐步完成了对传统社会的跨越，步入了工业文明的社会，科技日益成为社会的中心。但现代性对通过改造外部世界来释放主体的能量的强调，使现代社会又陷入了现代性本身的悖论，科技理性的成就极大地激发了人类对自身理性的认同，然而这里也暗含了一种现代性危机。现代性的自身的负面影响逐渐显露出来，在人与自然关系的问题上它主要表现为全球性的生态危机；在社会经济生活（即马克思所说的“商品、货币、资本”）方面，它表现为社会生产成为追求利益最大化的活动，“资源—产品—资本”单一的线性模式。为解决生态环境问题与社会经济发展问题，循环经济（circular economy）这种新的模式逐渐成为国际社会推进可持续发展战略的一种优选模式，当今世界解决人与自然危机问题的最佳途径。

从循环经济发展的本身来看，它倡导的是以生态学理论为基础的经济和谐发展模式。循环经济试图从理论上解决经济发展与生态保护的两难选择，改变传统经济增长只能依靠消耗生态环境资源的经济发展模式，以实现所有物质和能源在经济循环中合理和持久地利用，从而把经济活动对自然环境的负面影响降低到最小。但循环经济并不单单是一种新的生产方式、经济运行模式，它还是一种新的发展观、价值观和文化观，事实上循环经济表现为对现代性社会生产模式、经济发展模式的一种反思和超越。更进一步说，它是对现代理性精神（它主要表现为一种心理态度、价值观和生活方式）的反思，循环经济是对现代性社会反思的产物。

在这里，我们首先涉及了“现代性”（modernity）问题，这也是本文的主要出发点和研究视角。现代性是一个具有多重含义的复杂概念，它涉及历史、美学、意识形态等领域内容，但从普遍意义上讲，现代性就是使现代化（modernization）成为可能的东西，是使现代化成为可能的内在理由。简单而言，现代性即启蒙以来的现代观念：它相信科学技术、社会进化、人类理性的自足性，在这种现代性观念中蕴含着种种不言而喻的价值目标，如工业化、都市化、技术化、官僚化、科学主义、工具主义、世俗化等。[240]为了更好地理解这一概念，我们可以首先来看一个早已熟知的名词——“现代化”。现代化观念是一个早已深入人心的概念，被人们视为不可抗拒的历史潮流，在我们的观念中，现代化总是与社会的高度工业化，科学技术的普遍化，经济发展的高速度，政治生活的民主化和理性化等图景相联系。例如，爱森斯塔德在《现代化：抗拒与变迁》中就更明确地指出：“就历史的观点而言，现代化是社会、经济、政治体制向现代类型变迁的过程……现代社会是从各种不同类型传统的前现代社会发展而来的。”[241]现代性社会表现为整个社会生活和生产的理性化、科技化，即韦伯所说的现代性的基本精神就是理性化。

现代性的具体实现，即现代化，它首先表现为政治、经济、文化这些“硬件”的完成。里西尔·布莱克强调说，现代化主要是通过现代科学技术发展而产生的社会变迁，在“现代性”社会中，民主化、法制化、工业化、都市化、均富化、福利化、宗教世俗化、教育普及化、知识科学化、信息传播化、人口控制化等因素都是现代科学技术发展的重要指标和产物。事实上，我们提到的当代现代化问题（它一般是指以信息化带动工业化，以现代高科技为基础的现代化，其标志是第三次工业革命），正是依靠科技的发展和对生产力的调节，我们逐步实现从传统的农业社会向工业化社会过渡，而工业经济的迅速发展，又进一步推动了社会分工的高度分化和精确化，这又为社会商品经济或市场经济的发展提供了现实基础。当代经济可以说是现代性的产物。

当然，现代性给我们社会带来的不仅仅是物质财富的极大增长，人类思想观念的更新。吉登斯称现代性是个充满危险的难以驾驭的时代，它本身也具有双重性。在这里我们把现代性应首先理解为技术理性的扩展，例如，马克斯·韦伯就

---

[240] [美]格里芬. 后现代精神. 中央编译出版社，1998：17.

[241] [美]爱森斯塔德. 现代化：抗拒与变迁. 中国人民大学出版社，1988.

把现代性解释为“工具理性日益增长的历史性趋势”，无独有偶，海德格尔也把现代性理解为“技术主宰一切”，总之，他们都强调了现代社会中技术理性的突出支配地位，技术理性是现代性运动的核心文化理念。现代技术理性既给人类社会带来了进步与繁荣，同时又带来许多令人担忧的问题，作为现代性运动必然结果，“技术问题”不仅反映了技术与自然之冲突，还透射出启蒙运动以来的现代性文化之固有矛盾。

关于现代性的这种深层矛盾的运行，我们在借鉴查尔斯·泰勒的观点基础上予以说明：近代以来的现代性表现出的三个基本特征，[242]个人主义、工具主义的扩张和人文主义的缺失。其中个人主义可以从两个方面来理解，个体主义和集体的人类中心主义。对个体而言，他对自我之外的问题和事务的相对漠然，生活平庸化和狭隘化，现代人不再有崇高理想和彼岸世界，只剩下“渺小的粗鄙的快乐”，生命意义不再留有任何的高尚、伟大的抱负。对这个人类整体而言，它表现为极端的人类自我中心主义，并成为当代全球环境危机的最深层内因。个人主义受利益因素的驱动，在现代社会中，经过刺激、强化了的人的贪欲被不断地制造出来。

工具主义，即技术理性主义，指的是一种我们在计算最经济地将手段应用于目的时所凭靠的合理性，一切都逐渐演绎为可以用函数进行量化分析并以经济生活的“帕累托最优”为度衡量。[243]它具体表现为经济利益衡量原则和技术乐观主义。马克思韦伯在揭示现代性困境时曾指出，现代性造就了现代社会生活的合理化以及管理的科学化，其中社会生活的合理化体现之一是对效益的过分强调，以有用性为标准对周围的事物进行取舍，为了这一目的生产者被迫日益陷入单纬向度的发展，这单向度体现为人的被工具化。贝尔也指出，在看重效益的现代社会，个人受到社会角色的要求，必然被当作物而不是人来对待，他成为最大限度谋求利润的工具，人本身异化为资本、利润的工具。

与技术理性的极度发展相对，人类的人文精神日趋萎缩。现代性凸显的物质效率维度、物质取向，注定忽视了人及其存在和生活的精神意义和价值。现代性带来科学技术的高度发展，却没有实现人解放的理想，相反却使科学技术自身成为一种全面统治的工具和对人性的更深的压抑。弗洛姆认为当今社会在利用科学技术知识驾驭自然方面取得了辉煌成就，但人变成了被动的、缺乏活力和情感的人，成为没有思想的“经济工具”，社会正在变成致力于物质生产和消费的，完全机械化的新社会”[244]在技术理性霸权的世界里，人的自由和责任，人文关怀和

---

[242] 在《现代性之隐忧》中，泰勒指出了现代性的三个隐忧之处，即自我实现的个人主义、工具主义和温和的专制主义，我们在这里借用了与我们课题讨论相关的前两个，并在此基础上添加了一个人文主义。

[243] 陈绪新. 文化生态：以一种对话的视野回救现代性. 科学技术与辩证法. 2005，2.

[244] Erich Frrom. The Revolution of Hope：Toward a humanized Technology.New York：IIarper and Row.

价值意义被遮蔽甚至逐渐丧失。

二、传统经济运行中的现代性

我们来具体看现代性的这种“个人主义隐忧”对现代社会经济与科技发展的影响。在这一方面，现代性为人们树立了“人是自然主人”的人类中心主义理念。环境哲学领域对此已有了深入讨论，在此只略微提及。在这种价值观念的指导下，人类改造自然的活动已经造成对自然的严重破坏。这种破坏是立体的：物种消失，地貌改变，大气污染，水圈破坏，地球所储能量和物质的巨大消耗，引起了地球的生态不稳定状态。这不能不说近代人类中心主义与此恶果不无关系。近代人类中心主义的错误不在于它对人的主体地位的肯定，对人的能动性的颂扬，而是在于它过分高扬了“人是自然的主人”、人对自然的征服，无限扩大了自然的工具性价值；但又同时贬低忽视自然继续存在价值对人类生存的影响，客观上鼓励了人们拼命向自然索取，反过来也造成了自然对人类的报复。“人类没有哲学所封授的特权。科学的最大成就或许就是突破了盛行于我们人类的无意识的人类中心论，揭示出地球不过是无数行星中的一个，人类不过是许多系统中比较复杂的一个。”[245]

工具理性精神的无限扩展，强调人类理性、技术征服自然的可能性，技术理性在现代社会中发展成为霸权理性。随着人们对自然的征服，轰轰烈烈的工业技术实践活动使得以往只有在想象中从存在的东西转化成了现实，理性也由一种解放力量逐渐退化成一种压抑力量与统治手段，启蒙理性退化成技术理性，并逐步占据社会文化核心位置。此时人们完全相信在理性指引下，可以摆脱各种自然和社会历史条件的束缚，依靠自身力量决定历史的方向，塑造人类自己的世界和生活。而且，这种工具理性的扩张，使得目的服从于工具，“现代工业革命的一个核心特征就是：工具从目的中的解放。前现代生活模式中目的是强制性的：为了从目的中解放出来，工具必须‘超出’目的，工具对目的之超出为现代世界注入其‘独一无一的、空前自由的感觉’，”[246]这样的直接后果就是现代社会的效率优先性，物质需求先决性，一切必须服从利益的原则。

在经济领域，技术理性的影响是决定性的。芒福德曾用“巨型机器”来进行比喻，指出现代技术理性对人类经济生产和发展的重要作用。现代社会中，经济活动在处理人类活动与环境关系的模式是，从自然界获取资源，加工成为产品，

---

245 刘大椿，岩佐茂. 环境思想研究. 中国人民大学出版社，1998：62.

246 Banman. Postmodern Ethics. Oxford& Cambridge. 1993：190.

而后又不加处理地向环境排放废弃物，并由此获得利润，在物质流动形式上是一种“资源—产品—污染排放”的线性、开放式经济过程。这种经济发展带来了巨大的经济利益，社会财富急剧扩张，人们的生产、生活水平得到了前所未有的提高，人类社会实现了由农业文明向工业文明的过渡，随着工业经济的飞速发展，社会生活高度专业化，市场经济成为社会生活的基础。所以说，技术理性触及“人类思想和活动的一切领域”，[247]经济生活更是其中的典型。传统经济增长方式在推进人类社会的物质文明进步、提升人们的物质生活水准方面功不可没，但是，人类由此付出的人文代价、生态代价我们却忽略，或者视而不见。

在现代性观念影响下，这种经济方式运行模式下，经济财富增长的速度常常与资源耗竭、环境退化的速度同步增长。一方面，目的与价值、工具关系的颠倒，算计理性的极端膨胀，生产与消费关系颠倒了过来。经济活动中对经济利益的过度追求却带来了越来越多的“虚假需要”，它已然超越了人的自然需要，使人及人的存在越来越远离人的本然状态。人的生产已不属于自己，人的需要、产生也不属于自己，人被架在社会置成的“座架”上。经济发展已完全服从于单一的利益原则，因而，传统的工业经济只是片面追求经济的有效性，根本没有考虑生态环境、经济的持续性、生态效益。人们在经济生活中强调人与自然的对立，把自然纯粹看成是人类的掠夺对象，一味索取、疯狂掠夺，造成了大片森林毁灭、多种珍稀动植物物种绝灭、大片土地荒芜，而沙漠化、厄尔尼诺现象频繁出现、全球生态环境遭到巨大破坏，这是现代性本身所没有想到的。

一方面，随着追求经济利益的极端化，人类本身的生存和意义问题被日益严重地遮蔽了。机械化工业的各种因素联合起来打破了传统社会的价值体系和人生目标。这种目标控制着经济，并使其追求权力以外的其他目标，股份主权、资本积累、管理组织、军事纪律。这些都是从一开始即为大规模机械化的社会性副产品。如此一来，也就使早期的多元技术逐渐化为乌有，取而代之的即为以无限权力为基础的单一技术。[248]在技术理性（工具理性）占据主导地位的现代性社会，传统经济模式可以说是现代性内在张力运动的必然结果。传统的经济增长模式只能是“高消耗、高排放，低循环、低效率”，随着生态环境问题的日益突出，经济利益的追求必然导向“先污染，后治理”经济模式。但由于环境治理成本过高，导致经济效益、社会效益和生态效益的难以兼顾，现代性经济模式遇到危机。

---

[247] [美]寒谬尔·亨廷顿.变革社会中的政治秩序.华夏出版社，1998：32.

[248] 芒福德. 机械的神话. 黎明文化事业股份公司，1972：149.

三、现代性与当代价值观革新

从现代性角度对循环经济和科技发展的思考问题首先应该立足于中国现实状况。现代性批判主要针对的是发达国家的发展悖论与危机。但这些问题主要不是生存问题而是发展问题。物质条件在现代性视野中似乎已无足轻重，经济发展有时甚至被视为一切问题产生的根源。这使他们的反思虽然涉及一些现代社会的具有一定的普适性的内在悖论，但与中国问题却存在着一定的历史错位。在中国现代社会所蕴含的工业化、市场化、民主化、城市化、科技理性等现代性的内涵尚未充分展开。所以我国的循环经济的发展有其不同于先进发达国家的特殊性。

首先是现代性价值观念的革新。现代化作为从传统社会向现代社会演进的变迁过程。这个过程主要包括两方面的内容：其一是器物层面的现代性，其二是观念层面的现代性。社会现代化意味着科技进步、经济增长和物质生活水平的提高；同时也意味着在此基础上人的精神的提升和发展。人的现代化是中心问题，只有通过人的现代化，把政治、经济、文化各个方面结合起来。“在整个国家向现代化发展的进程中，人是一个基本的因素，一个国家，只有当它的人民是现代人，它的国民从心理和行为上都转变为现代的人格，它的现代政治、经济和文化管理机构中的工作人员都获得了某种与现代化发展相适应的现代性，这样的国家才可真正称之为现代化的国家。否则，高速稳定的经济发展和有效的管理，都不会得以实现。即使经济已经开始起飞，也不会持续长久，人的现代化是国家现代化必不可少的因素。它不是现代化过程结束后的产品，而是现代化制度与经济赖以长期发展并取得成功的先决条件。”[249]对于循环经济而言，人的思想观念、价值观念的根本转变，是实现人类经济可持续发展的最终决定因素。从新的更高视野看待人与自然的关系，破除极端的人类中心主义、利己主义观念，确立一种新的生态价值观念、人文价值观念和科学的发展观。

其次是在器物层面、制度层面的变革，以与循环经济的发展相适应。马克斯·韦伯指出，现代化是一种理性的发展过程，它不仅表现为一种心理态度、价值观和生活方式的改变过程，还是经济与社会结构方面的变革。循环经济作为新的经济发展模式，是在反思传统经济发展模式的基础上产生的，新兴事物的发展离不开坚实可靠的体制、制度保障，我国发展循环经济，必须从制度入手实施一系列相关的切实有效的政策和举措。

① 在市场运行制度方面。加强国家的宏观调控能力，包括商品价值调控、

[249] 英格尔斯. 人的现代化. 四川人民出版社，1985：169.

产业部门调控、消费结构调控等，以达到资源的有效合理利用，实现经济的循环发展。使“减量化（Reduce）、再利用（Reuse）、再循环（Recpcle）”原则在经济运行各个环节得到充分贯彻。② 建立、完善相关法律制度。对循环经济加以规范，明确决策者、生产者、设计者、销售者、使用者、处理者的相应责任，增强法律的针对性和可操作性。其中的重点内容包括国家税收政策、法规的制定，以税收和奖励引导企业的生产加工模式，减少资源消耗，促进资源循环；制定消费领域环境保护政策，促进社会消费的绿色化。③ 专职管理机构、研究机构的尽早建立。循环经济是贯穿于生产、流通、消费全过程的资源节约，不仅包括生产领域的清洁生产，也包括消费过程的资源节约与合理利用、再生资源产业的发展、最终废弃物的集中处置。

最后是循环经济中“绿色”生态技术的发展。传统产业的循环改造和高新技术产业的发展要靠技术创新，资源的循环利用也要靠技术创新，技术进步是建立和发展循环经济体系的关键。在科技发展方向上，鼓励技术应用于循环经济过程中，促进循环经济的发展。例如清洁生产技术，废物回收和再循环技术，资源重复利用和替代技术，污染治理技术，环境监测技术以及预防污染的工艺技术等的开发和应用；完善相关科技政策和法律，科技发展必须考虑生态环境的因素，尽力减少科技对环境的污染和破坏。把生态理念导入科技立法，探索一条科技、环境、资源、人口与法律相互协调的发展之路。

总之，在我国发展循环经济的过程中，应该充分考虑到我国的现代化问题的具体情况，结合国外先进的经验，走一条有特色的可持续发展之路。充分明确政府、企业、公众在循环经济发展中的位置，各行其责。政府主要起到引导、管理、监督、规范和服务的作用，而企业和公众才是实施循环经济的主体。在发展循环经济的过程中，不断提高公众的循环经济意识、绿色消费意识，营造良好的社会氛围，使其逐步成为人们的世界观、生产方式和生活方式。此外，循环经济的发展，我们最终必须把着眼点落到全球范围，现代性、环境生态问题属于全球问题，最终实现人与自然的和谐共处，我们人类的人文、科技和整个生态圈环境的一体化才是根本的途径。

第四节　经济全球化影响下的我国循环经济

中国目前正在经历着一场深刻的、前所未有的现代化社会转型时期，与此同时我国经济发展也面临着一场前所未有的挑战。全球化作为一种不以人的意志为转移的客观历史进程，各国发展都不可避免全球化经济的冲击，但全球化进程中各个国家的经济、政治利益和价值观各不相同，随着全球化向纵深领域发展，也导致了各国在政治、经济、文化、价值观上的矛盾和冲突。我国面对这种复杂形势应该怎样发展自己的综合实力，实现经济的循环发展，本节将就此问题作以简要分析。

一、我国经济增长模式的现状分析

20 世纪 80 年代以来，中国的经济发展取得了巨大成就，综合国力大大增强，人民生活水平显著提高。从经济总量来看，到 2003 年年底，我国 GDP 总量已达到 116 694 亿元，人均 GDP 1 094 美元，外汇储备达到 4 033 亿美元。从经济增长率来看，国内生产总值（GDP）20 年来年均增长率都达到 9.7%左右，不仅远远高于发达国家 2.5%的增长速度，也高于发展中国家 3.5%的增长速度。与此同时，我国积极参与国际经济贸易活动，弥补了我国传统经济在生产、经济结构，经济模式方面的不足，沟通了各国经济交往，在这种经济交流合作过程中获得了巨大的经济效益，也缩小了与世界发达国家之间的经济差距。可以说，全球化对我国社会、经济、政治、文化的发展都带来了动力，大大推动了我国社会的发展和人民生活水平的提高。

与此同时，中国经济发展也随着全球化而面临着前所未有的挑战，因为这种经济增长是以资源能源消耗和污染环境为代价的。随着我国经济以每年 8%、9%、甚至 10%的速度发展，中国的生态环境也面临着迅速退化的危险，资源和环境的承载力已难以支撑经济的这种高速增长。据统计，目前我国每年约有 270 万 km^2 耕地被沙漠吞噬、70%以上水系被污染，导致 400 多座城市缺水。正是由于我国工业化的快速推进，人口、资源、环境与世界经济社会发展的矛盾日益突出，人口膨胀、资源枯竭、环境污染，已成为制约当代世界经济发展的全球性问题的同时，也成为我国当前需要面对的重大发展问题。

那么应该怎样看待我国的经济发展现状呢？从经济学上讲，经济增长就是指国民生产总值（GDP）增长的速度，包括经济规模和水平的量的增长；而衡量一个国家的经济发展，不仅要看经济量，更要看经济质，即经济结构的状况、劳动生产率和经济效益的高低，生产经营方式的状况等。因此看待我国经济发展问题，就不能只就速度而论发展，应更看重经济增长的内涵和质量，即在逐步降低库存增加额占 GDP 比例的情形下，保持较高的经济增幅，在保持比较高的经济增长速度的情况下，更加注重效益问题，以效益为中心来衡量经济发展。经济发展要在速度上稳中求进，保障经济增长质量。

从经济发展模式来看，我国经济模式还是典型的线性经济增长模式。长期以来，由于我国大多数产业资金密集度较低，技术容量较低，经济增长主要靠粗放经营方式来维持。传统线性经济模式已经严重损害了中国经济可持续增长的能力，使中国经济的快速发展越来越面临着资源和环境的双重制约。特别是资源、能源的相对不足，已成为制约中国经济快速发展的“瓶颈”。经济的高速增长在很大程度上得益于高强度的资源开发，这种线性经济模式的基本特征可以概括为“三高一低”。

所谓“三高”，一是指资金的“高投入”。我国经济的快速增长在很大程度上是依靠资金、劳动力和自然资源等生产要素的高投入为代价而实现的。在经济增长中，投资率在经济发展中一直处于较高水平、占重要地位，例如，在 2003 年 9.1%的经济增长率中，投资拉动的贡献率达到 70.95%。

二是资源的“高消耗”和工业废物的“高排放”。传统经济是一种由“资源—产品—污染排放”单向流动的线性经济，其特征是高开采率、低利用率，人们高强度地把地球上的物质和能源提取出来，然后又把污染和废物大量地排放到水、空气和土壤中，对资源的利用是粗放的和一次性的，通过把资源持续不断地变成为废物来实现经济的数量型增长。传统工业经济将其作为“取料场”和“垃圾场”，也不仅仅视其为可利用的资源，而是将其作为人类赖以生存的基础，是需要维持良性循环的生态系统。据统计，我国单位产值能耗为世界平均水平的 2.3 倍，是美国的 3 倍、日本的 6 倍；其中钢材消耗是美国的 5.8 倍、日本的 2.7 倍，能耗水平超过发达国家 3～11 倍。主要耗能产品的单位能耗比国外先进水平高 40%左右，我国工业产品能源、原材料的消耗占企业生产成本的 75%。与发达国家相比，我国每增加单位 GDP，废水的排放量要高出 4 倍，单位工业产值产生的固体废弃物要高出 10 倍以上。在 2003 年，我国化学需氧量排放 1 348 万 t，居世界第一，二氧化硫排放量 2 120 万 t，居世界第一，CO_2 排放量仅次于美国，居世界第二。

所谓“一低”即“效率低”。由于我国经济增长主要是由大规模的资源投入实现的，投入产出比不变甚至恶化，人力素质较差，技术进步缓慢。产业组织不合理，生产经营效率较低，经济增长过程不稳定，波动较为频繁，在萧条时期，发生资源的闲置性浪费和国民财富的巨大损失。2003 年中国消耗了世界钢铁总量的 40%，消耗了世界水泥总量的 50%，石油进口 8 000 万 t，对外依存度高达 35%，粮食缺口 1 100 亿斤。而我国全社会从业人员的劳动生产率只相当于美国的 1/46、日本的 I/41、法国的 1/34、德国的 1/320。剔除农业人口多的因素，第二产业劳动生产率也只相当于美国的1/30、日本的1/18、法国的1/16、德国的1/12和韩国的 1/7。这样造成资源和环境的承载力已难以支撑经济的长期快速增长，我国经济的增长在很大程度上是以消耗资源能源和污染环境为代价的。由于我国经济结构的不合理以及粗放型的经济增长方式的长期存在，造成了大量的现代化问题：城市化速度不断加快，导致城市基础设施建设严重滞后；由于环境污染和生态恶化的长期累计效应，全国环境形势十分严峻，人与自然关系紧张，环境安全风险在加大。发达国家工业化百年来分阶段出现的环境问题在我国则短短 20 年集中出现，我国生态与环境问题的复杂性是历史上任何发达国家工业化过程中所不曾遇到过的。

其次从经济增长领域、产业结构方面来看，经济增长速度高的产业主要来自农业和轻纺工业等劳动密集的行业。我国目前仍处于劳动力相对丰富、资金相对稀缺的状况，农业和轻纺工业更多地利用了价格相对较低的劳动力要素的投入来实现经济的较快发展。由我国经济体制转型过程方面来看，在经济全球化进程，产业结构面临着多方面的挑战。我国在加入 WTO 融入经济全球化后，计划经济体制与市场经济体制是调节经济运动的两种不同手段，但二者对社会组织原则、社会凝聚力整合方式、经济运行体制、思想价值体系的要求不同，所以，我国由计划经济体制向市场经济体制转型过程，必然面临诸多矛盾和冲突。

市场经济作为经济全球化发展在各个国家内部的经济体制基础，要求全球经济运行必须有统一规范的经济规则。而我国目前正处于新旧体制转型过渡时期，市场经济体制框架还没有完全建立，市场体系还不健全，市场机制发育不够完善，市场经济的制度规则和行为规范还没有完全形成，而旧体制的改革也不彻底，国有企业和国有经济部门的改革还未完成，经济运行处于非规范的过渡状态，往往会出现失范现象。

第三，经济增长中的科技含量、知识含量低。① 我国企业新产品开发缓慢，对战略性新技术研究欠缺，科研整体水平不高，而且相关的配套政策、基础设施薄弱。② 我国新技术研究开发经费占国内生产总值的比重只有 0.57%左右，仅为“国际经济合作发展组织”成员国平均水平的 1/3 左右。③ 新技术设计规模小，很难达到规模经济，科研成果难以产业化。目前美国 GDP 总额中，高科技产品产值占了 40%左右。发达国家的新技术企业中工程技术人员的比重一般能占到 1/4～1/3，我国在这一方面要落后很多，目前我国在产品技术含量较高的行业如电子及通讯设备制造业、电子机械及器材制造业、医药工业中，工程技术人员比重最多，但也不超过 15%，其他行业也就可见一斑。而经济的快速发展，只有靠拥有高科技手段，才能够将高科技合理地运用到生产之中，在回避风险的同时获取较高的经济和社会效益回报。一个国家长期经济增长的决定因素或源泉只能是知识、人力资本的积累等因素，而不是资源数量和人口数量这样一些外在因素。长期经济增长率的大部分不是来自劳动和物资资本数量的增加，而是来自知识、人力资本积累水平的提高以及有效率的制度。

总的来看，我国传统的经济模式是一种单向流动的线性经济模式。这种线性经济模式的基本特征，是一种由“资源—产品—废弃物排放”的单向式流程组成的开放式经济，即线性经济模式。在这种线性经济模式中，经济的增长主要依靠高强度地能源开采和消耗资源，同时必然带来高强度的破坏生态环境，从而导致资源的短缺与枯竭以及环境的严重污染。从长远角度看，这种经济模式对我国经济实现高速、可持续发展的要求是相差深远的，甚至是相左的。我国经济发展模式应当实现由消耗型经济增长模式向效率型增长模式转变，提高劳动力的素质，技术进步，提高管理效率，规模经济等因素推动经济持续、健康发展。

二、从可持续发展到循环经济

从工业革命开始人类社会经过几百年的发展，创造与积累了前所未有过的巨大财富，它为人类的生活带来了意想不到的便利与享受。但另一方面却也为人类的进一步生存与发展提出了一系列“全球性问题”：① 人口问题；② 粮食问题；③ 不可再生资源问题；④ 工业化问题；⑤ 环境污染问题等。特别是进入 20 世纪以来，随着全球工业化的快速发展，人口、资源、环境与世界经济社会发展的矛盾日益突出，人口膨胀、资源枯竭、环境污染，已成为制约当代世界经济、社会发展的全球性问题，这种传统线性经济模式发展难以为继。

在现代经济发展的模式中，高消耗、高污染的生产方式已不适应现代经济发展的要求。低能耗、低污染的环保型经济产业方兴未艾，成为今后各国经济发展的主流。这是人类理性力量的表现，是人与自然和谐相处的根本要求。2002 年联合国规划署在巴黎发布的《全球经济综合报告》中强调指出：“过去十年，传统的线性经济方式进一步导致环境退化和灾难加剧，对世界造成了 6 080 亿美元的损失——相当于此前 40 年中的总和。”从我国现状看，我国是发展中国家，人口多，资源相对不足，生态环境脆弱，随着社会经济的不断发展，在传统模式下环境与经济的矛盾将日益突出。在资源存量和环境承载力两个方面都已经不起传统经济形式下高强度的资源消耗和环境污染。如果继续走传统经济发展之路，沿用“三高（高消耗、高能耗、高污染）”粗放型模式，以末端处理为环境保护的主要手段，那么只能阻碍我国进入现代化社会的速度。

可以说，传统经济发展模式以传统经济理论为指导，主要以经济总量指标看待发展问题，极大地刺激了人们对经济效益的追求，但同时忽视了对资源合理的代际配置，消耗了大量自然资源，破坏了地球生态环境，造成了大面积的环境污染和生态失衡。这是一种不可持续的线性经济发展模式，高开采、低产出、低利用、高污染、高浪费是其显著特征。人类在获得短期经济效益的同时，失去了社会效益、环境效益及长远的经济效益。“当我们的父母在为第二次浪潮从事改进各种生活条件的同时，也引起了极其严重的后果，一种未曾预料和预防的后果。其中对地球生物圈的破坏也许是无可挽救的。由于工业实现观基于征服自然的原则，由于它的人口的增长，它的残忍无情的技术，和它为了发展而持续不断的需求，彻底破坏了周围环境，超过了早先任何年代的浩劫。”“人类好像在一夜之间突然发现自己正面临着史无前例的大量危机：人口危机、环境危机、粮食危机、能源危机、原料危机……这场全球性危机程度之深、克服之困难，对迄今为止指引人类社会进步的若干基本观念提出了挑战。”[250]中国现实的增长模式对环境造成了巨大破坏。现在中国有的地方政府以牺牲环境、污染环境为代价，片面追求GDP增长，这种增长牺牲了子孙后代的长远利益。

1972 年，联合国发表的《人类环境宣言》提出了人类在开发利用自然的同时，也要承担维护自然资源的责任。1992 年 6 月，在里约热内卢召开的“环境与资源大会”，对产业革命以来浪费资源、污染环境、破坏生态平衡的发展模式提出了批评，就走可持续发展道路达成了共识。并提出了“减量化、再利用、再循环”，发展循环经济、建设循环型社会的新理念。发展循环经济已成为国际社会在可持续发展实践中的必然选择。

可持续发展（sustainable development）是指：“既满足当代人需要，又不对后代人满足其需求的能力构成危害的发展。”可持续发展是在全球环境问题日益严峻的情况下，人类对自身的生产、生活行为的反思及对现实与未来忧患的觉醒而提出的全新的人类发展理念。作为一种全新的发展理念、发展战略和发展模式，可持续发展强调经济的发展要与环境的发展和社会的发展协调一致，即健康的经济发展应该建立在生态环境的可持续的可支持能力的范围之内，应该建立在整个社会已基本实现社会的公正的前提之上，应该建立在整个人类主动而积极地参与到自身生存与发展的决策的基础之上。要真正地实现可持续发展，无论在国际还是在国内范围内，建立公平、合理的社会是必须的。社会的和谐发展、人与自然的和谐相处的一个根本条件是使全体人民享受到社会进步带来的成果，创造稳定、健康、幸福的生活环境。所以应合理调节社会财富分配关系，消除贫富悬殊

[250] 阿尔温·托夫勒. 第三次浪潮. 三联书店，1984：187.

等不平等现象。

走循环经济之路，已成为我国社会经济发展模式的必然选择。潘岳在《中国需要绿色革命》中指出：中国的工业发展是不可持续的，中国的人口、资源、环境容量已到支撑的极限。西方的“资源饥渴”发展模式并不适合中国。可持续发展与新能源使用成为我们唯一的可行之路。胡锦涛 2004 年在中央人口资源环境工作会议上也明确指出：要加快转变经济增长方式，将循环经济的发展理念贯穿到区域经济发展、城乡建设和产品生产中使资源得到最有效利用。温家宝总理也在十届全国人大会议的政府工作报告中提出，大力推行清洁生产，发展循环经济，努力构建社会主义和谐社会。这些认识都是对人与自然关系重新认识基础上得出的必然结果：发展循环经济，是实施资源战略，促进资源永续利用，保障国家经济、政治、安全、社会稳定的重大战略措施。

三、全球观念和新生态价值理念

前一节我们就已经提到，全球化是中国社会现代化过程面临的最大机遇与挑战。在我国开始全面进入新的社会转型时期，人们面对由于全球化而带来的不同的蜂拥沓来的各种价值理念、文化思潮，迫切需要确立一种新的价值观念，以适应全球化新局面。在这其中，包括全体人类共同利益的价值信念，即从人类全体的高度和人类的价值视野来思考各种问题、谋划共同发展，建立新的世界秩序。特别是在全球化和环境危机并存中，树立生态伦理理念，以重塑人的新的生存方式，实现人与自然的和谐发展。

在经济全球化与建立新的相应价值理念问题上，著名新制度经济学家西蒙·库兹涅茨在《现代经济增长：研究与意见》一文中曾指出：“一个国家的经济增长，就是不断扩大地供应它的人民所需要的各种各样的经济商品的生产能力的提高。而生产能力的提高是建筑在先进基础之上，并且进行先进技术所需要的制度上和意识形态上的调整。”[251]随着全球化经济的全面展开，全球化带来了与人们以往所熟悉和认同的主流文化、价值、制度、生产方式、生活方式不同的新观念，它们构成了我们传统价值的严峻挑战。为此，确立以全人类共同利益的价值观念为中心的新价值观，特别是生态价值观，事关重要。其中这些全球性的新观念应包括以下几个方面。

全球利益观。全球化意味着对全球人类共同利益存在的再次确认，它包括生态利益、经济利益等各个方面的内容。全球化问题的出现，迫使人们以“类”的

---

[251] 龙兴海. 伦理道德与经济发展. 求索. 199：59.

眼光重新审视当代社会发展问题，这也促成了人类共同利益形成共识。经济全球化对人类社会的生存和发展产生了极其深远的影响。经济全球化促成了当代人类共同利益的形成，它为当代人类社会提出了一种特殊价值规范，即要求全球性社会中的所有的人都要以人类的共同利益为价值取向来处理人与人、人与自然界（包括社会和自然）的关系，以便解决当代的各种全球性问题，以使人类能够继续生存和持续发展。在全球化时代，就是突出人类主体和人类整体共同利益的时代，它是一种人类共存共容共同发展的时代。以往传统社会局部性、地区性的问题随着地球村的形成而成为一个整体性、全球性问题，全球化时代以前互不相干的经济、政治、能源、生态问题共同化、世界化。例如能源问题、环境污染问题，它们都不再是哪一个国家的私事，它危及整个人类社会的生存和发展，构成全人类的严重威胁，是需要各个民族、国家共同协作才能解决的大问题；又如：建立新的世界经济政治新秩序和交往规则，这也不是哪一个国家就能够决定和包办的事情，必须经过人类大家庭各个成员的共同参与和平等协商才能奏效。

因此，我们应该超出在各民族孤立发展阶段所形成的民族中心主义的狭隘性观念，倡导一种在全人类利益立场上看待和思考问题的价值视野，倡导一种平等对待合理协商共建人类共同价值观的理念。尊重各国人民都应享有的平等的生存与发展权利，从人类的未来着眼，应当倡导全球意识、和平思想、宽容原则、克制精神与合作态度。

全球性的发展观。法国著名经济学家弗朗索瓦·佩鲁在反思旧发展观及其带来的种种社会问题的基础上，提出了一种新的发展观：将人的全面发展视为整个社会发展中心的新发展观。他说："市场是为人设的，而不是相反；工业属于世界，而不是世界属于工业。如果资源的分配和劳动的产品要有一个合法的基础的话，即便是在经济贸易方面，它也应依据以人为中心的战略"，所以"面对世界历史的各种事实和现在的世界状况作出清楚的分析，看来无论如何需要从人的角度指出一条可以接受的一般研究路线。"[252]阿尔文·托夫勒在《力量的转移》中也指出，支配着社会生活和人的生活的力量已由过去的暴力、财富转向知识。在全球经济竞争中要依靠知识和劳动力素质和能力的提高为主。所以最大的资源和最宝贵的财富是有高素质的人力资源，人力资源是经济增长的决定因素，人力资源的结构是否优化对经济发展的质量、速度有重要影响。在经济全球化时代，需要树立一种全球的、科学的发展观。

全球经济观。由于全球化把人类生活的整个地球连接为一个有机整体（如环境科学那样把地球视为一个大的、普遍联系的生态系统），一个统一的地球村；

---

[252] 弗朗索瓦·佩所. 新发展观. 华夏出版社，1987：175.

而循环经济观要求运用生态学规律，就是用生态学和生态经济学规律来指导生产活动，而不是仅仅沿用 19 世纪以来机械工程学规律来指导的经济活动。其次，全球化把世界各国的经济发展连接为一个整体，经济的持续、健康发展，成为一个全球问题。在经济全球化背景下，各国经济彼此联系相互依赖，没有哪个国家在经济上能够孤立存在。各国之间的经济相互联系、相互依存，全球经济出现了市场、生产、管理、竞争一体化趋势，各国市场正在集成一个巨大的全球市场，生产出现跨国一体化，生产活动、管理世界化。同时，在食品消费方面，应提倡物质的适度消费、层次消费，在消费的同时就考虑到废弃物的资源化，建立循环生产和消费的观念。循环经济观要求通过税收和行政等手段，限制以不可再生资源为原料的一次性产品的生产与消费。

具体到循环经济中的经济观念，唐晓纯做了很好的总结。循环经济学的经济观是把西方经济学的“最大化”发展为“最优化”，优化人与自然的和谐相处，优化资源配置，优化自然资源的利用，优化自然生态环境；人类在组织生产和从事经济活动时，不但要考虑生产成本，还要考虑生态成本和环境成本。循环经济不是单纯地把效用最大化看作是来自产品和服务的消费，而是把优美和谐的环境也看作是人们获取效用的来源。循环经济发展的目标是实现人与自然的可持续发展，实现经济与社会的可持续发展。这就要求我们转变经济增长方式，走依靠技术进步来促进经济增长的发展道路。[253]

全球现代观。前面我们已指出，全球化是现代性的表现，或者说，全球化是现代性的一种历史展现方式，所以“我们应该依据时空分延和地方性环境以及地方性活动的漫长的变迁之间不断发展的关系，来把握现代性的全球性蔓延，”[254]全球化的发展加速了现代性的日渐张扬，诸如科学理性、工具理性的极端发展。这种观念将人类理性简单地理解为技术理性、工具理性，价值理性在现代文化中未获得其应有的地位，理性主义在张扬了人的主体性的同时，也使人的主体性走向极端，把工具理性置于生活的中心地位，但也使工具理性被异化为科学主义的独断和技术乐观主义的狂妄。而面对现代性所带来的“现代”问题，需要树立新的全球观，特别是全球现代观。前面我们已经提到，现代化变迁的过程中，它主要包括两方面的内容，其一是器物层面的现代化，其二是观念层面的现代化。而在这其中人的现代化是中心问题，只有通过人的现代化，把政治、经济、文化各个方面结合起来。人的现代化关键和中心问题是人的观念现代化。这些现代化观念，包括新的自然观、生产观、消费观、环境观、资源观等多方面内容。

---

[253] 唐晓纯. 解读循环经济的六大理念. 当代经济研究，2005.

[254] 吉登斯. 现代性与自我认同. 三联书店，1998.

在这些全球观念的基础上，我们需要树立新生态价值观念，最重要的是把全球经济发展与环境价值观念联系起来，用整体论的眼光看待环境与人类社会的全面发展问题，真正实现人类的可持续发展。

这种整体性新生态观念的确立。首先是对人类本身“有限性”认同，由此才能克服传统“人类中心主义”的狂妄，切实地为自己的行为承担起责任，以一种开放的宽容态度处理与他人、与世界的关系。全球化、经济的迅速发展带来的一个直接后果就是全球生态的退化，全球性的生态失衡和人类生存环境的恶化，环境大规模退化，生物多样性逐渐丧失。“人类好像在一夜之间突然发现自己正面临着史无前例的大量危机：人口危机、环境危机、粮食危机、能源危机、原料危机……这场全球性危机程度之深、克服之困难，对迄今为止指引人类社会进步的若干基本观念提出了挑战。”[255]人们忘记了恩格斯的警告，“不要过分陶醉于我们对自然界的胜利，对于每一次这样的胜利，自然界都报复了我们”。[256]例如，阿尔卑斯山的意大利人，在山上砍光了森林，他们没有料到，这样一来，摧毁了高山畜牧业的基础。他们更没有预料到，这样竟使山泉在一年中的大部分时间枯竭，而在雨季使凶猛的洪水倾泻到平原上。在中国，由郁郁葱葱、充满生机到千沟万壑裸露的黄土高原，也是乱砍森林的结果，使得中华民族的母亲河变成充满泥沙、对其流域居民不断造成危害的黄河。“每一次胜利，在第一步都确实取得了我们预期的结果，但是在第二步和第三步却有了完全不同的、出乎意料的影响”。[257]

其次是重新肯定人与自然之间天然的和谐关系，它们存在共同的生态利益，应把人类发展与维护生态环境结合起来，在保护生态环境的前提下寻求社会发展，在发展的基础上改善生态环境。严峻的环境问题使人们重新反省人类与自然的关系。人是自然的主宰，可以为所欲为地征服自然、统治自然、支配自然中的一切事物，这种观念是工业文明的产物。工业文明的出现使人类和自然的关系发生了根本的改变。自然界不再具有以往的神秘和威力，人类再也无须像中世纪那样借助于上帝的权威来维持自己对自然的统治。人类只需凭借知识和理性就足以征服自然，成为自然的主人，在工业文明时代，机器成了物质文明的核心。生产的机械化带来了思维方式的机械化，人们把社会、自然和人都看作机器，机械论的思潮统治着人们的自然观、社会观（历史观）和价值观。机械论的自然观把自然界视为一部大机器，认为自然界具有稳定的静态结构，它是在外力作用下产生

---

[255] 梅萨罗维克. 人类处在转折点上. 中国和平出版社，1987.

[256][257] 马克思恩格斯选集（第3卷）. 人民出版社：457.

运动的，主要的运动形式是机械运动，服从于单一决定论。

事实上，良好的生态环境与自然资源的持续利用是人类得以生存和发展的基本前提和物质基础。必须考虑到发展的可持续性，“社会发展既要满足当代人的需要，又不能对后代人满足其需要构成威胁”，要强调代际平等与代内平等，社会的和谐发展、人与自然的和谐相处的一个根本条件是使全体人民享受到社会进步带来的成果，创造稳定、健康、幸福的生活环境。人们必须承认，对整个自然大系统来说，人类仅仅是自然链条上的一个环节。人们必须学会尊重自然，爱护自然，不再把自然看作是可以无止境盘剥的对象，而应与自然重新结盟，建立和谐的亲善关系，并从道德伦理的角度看待人与自然关系。实现可持续发展须讲究生态效应。对人类生存与发展，从自然界中获取物质财富是不可避免的，但应把发展与维护生态环境结合起来，在保护生态环境的前提下寻求发展，在发展的基础上改善生态环境。事实上，良好的生态环境与自然资源的持续利用是人类得以生存和发展的基本前提和物质基础。所以，人类应以维护生态系统的完整性、保护生物的多样性、防止与根治环境污染为己任，为建立一个良好的生态环境而努力。胡锦涛 2004 年在中央人口资源环境工作会议上就曾明确指出，要加快转变经济增长方式，将循环经济的发展理念贯穿到区域经济发展、城乡建设和产品生产中，使资源得到最有效利用。

四、全球生态经济与中国循环经济发展的相关措施

为了解决经济持续发展与保护环境这一全球性的矛盾，国际社会和各国政府都构想并提出了一系列的解决措施和发展模式，循环经济就是其中的一种。循环经济设想通过生态学和经济学的结合完成工业生产中物质、能量的循环利用，倡导在不断循环利用基础上实现经济发展的新模式，为此它要求把经济活动按照自然生态系统的模式，组织成一个“资源一产品一再生资源”的物质反复循环流动的过程，从而使得从整个经济系统以及生产和消费的过程基本上不产生或者产生很少废弃物的一种经济运行模式。

前面我们曾经提到，从全球范围来看，循环经济思想的萌芽可以追溯到环境保护思潮兴起的时代。在 20 世纪 70 年代，循环经济的思想还只是一种理念和设想，当时人们关心的主要是对污染物的无害化处理问题。到了 80 年代，人们认识到应采用资源化的方式处理废弃物，而非单纯地为治理而治理。到了 90 年代，随着各国对可持续发展战略的普遍采纳，循环经济观念日益加强，尤其是发达国家逐渐把发展循环经济、建立循环型社会，作为国家经济、社会发展的目标。随

着可持续发展战略成为世界潮流，循环经济也正在成为这种潮流和发展趋势的中心环节和主要内容：环境保护、清洁生产、绿色消费和废弃物的再生利用等整合为一套系统的以资源循环利用、避免废物产生为特征的循环经济。1990 年以来，德国、日本、美国、英国等一些发达国家都把发展循环经济作为实施可持续发展战略的重要途径，积累了很多经验，因此认真总结和借鉴这些经验对于我国发展循环经济具有重要意义。

其中，德国是世界上公认的发展循环经济起步最早、发展水平最高的国家之一。德国的循环经济起步于废弃垃圾处理，然后逐渐向社会生产和消费等领域扩展和渗透。1972 年德国制定了第一部《废弃物处理法》，以解决废弃物的处理问题，1986 年的修正案将其改称为《废弃物限制及废弃物处理法》，从怎样处理废弃物发展到怎样避免废弃物的产生，在此基础上，1991 年政府又颁布了《包装条例》，规定了包装物再循环利用的法则，德国的废弃物处理逐步系统化、法制化。之后，德国政府将发展循环经济的重点放在了废弃资源的回收再利用和发展可再生资源（能源）等方面，1992 年通过了《限制废车条例》，通过立法规范生产厂家废物回收的责任。1996 年又制定了《循环经济与废弃物管理法》，把废弃物处理提高到循环经济的高度，建立了系统配套的法律体系。此后它又通过一系列的相关法律为循环经济的制度建立了系统配套的法律体系。20 世纪 90 年代后期，德国循环经济逐渐规模化。至此，德国循环经济的发展经历了从 1972 年到 1996 年，从废弃物的末端处理到循环经济模式被正式确认到循环经济大规模开展并不断完善的复杂过程。

1996 年出台的《循环经济和废弃物管理法》是德国循环经济法律体系的核心。该法把循环经济定义为物质闭环流动型经济，明确了企业生产者和产品交易者担负着维持循环经济发展的最主要责任；该法明确规定了废弃物管理处置的基本原则和做法：首先是尽量避免和减少废物的产生。其次是对垃圾进行最大限度地再利用。在确定无法再利用的时候才考虑进行销毁等清除处理，在处理垃圾的过程中，不得威胁到人类健康、动植物、水源、土壤等；该法明确了德国环境政策原则：首先是预防，通过源头防控使废物产生最小化。其次是污染者负担原则，排污者承担避免或消除环境受损的义务和费用。第三是官民合作原则，经济界、公民以及社会团体要参与解决环境问题。

在这一法律框架下，德国根据各个行业的不同情况，制定了促进该行业发展循环经济的法规，比如，《饮料包装押金规定》、《废旧汽车处理规定》、《废旧电池处理规定》、《废木料处理办法》等。目前废弃物处理已成为德国经济中的一个重要产业，每年的营业额约410亿欧元，并创造了20多万个就业机会。[258]

日本从1991年起，也先后制定了一系列有关循环经济的法律，其中包括了《资源有效利用促进法》、《废弃物处理法》、《特种家用电器循环法》等。到2000年又正式出台了《建立循环型社会基本法》，作为推动循环型社会发展的基本指导框架。此外，在具体社会生产方面，政府要求日本企业在开发高新技术、设计产品的时候就要考虑资源再利用问题，如家电、汽车在拆毁时各部分怎样可以直接转变为再生资源，避免不必要的资源重复生产和浪费。而且，日本政府非常重视相关的国民教育，注意宣传循环经济的价值理念。要求国民从根本上改变传统生产和消费的一些陈旧观念，尤其是不要鄙视废品垃圾，要把它们视为一种有用资源："堆在一起是垃圾，分类存放就是资源"。

20世纪90年代末，循环经济概念开始引入我国。2004年9月29日，国家发展和改革委员会召开了全国循环经济工作会议，正式提出用循环经济理念指导"十一五"规划。随着经济的快速发展，全国工业化、城市化速度的激增以及人口的不断膨胀，例如，根据我国《国民经济与社会发展第十个五年计划纲要》，到2010年，我国国内生产总值要在2000年的基础上再翻一番，今后10年的经济依然需要保持较快的增长速度。很显然，如果继续沿用传统生产发展模式来带动经济快速增长，那么只能继续削弱我国社会经济发展的可持续性。经济发展与资源日益短缺的矛盾也必然要求我国选择建立循环经济，实现经济的快速持续健康发展。

借鉴国外循环经济发展的成功经验，我国也提出了具有中国特色的推动循环经济发展的模式。其中，最具有代表性的是小循环、中循环、大循环，废物处置和再生产业模式。首先是在企业层面，选择典型企业建立以清洁生产为核心的物质小循环。也就是紧抓生态效率理念，通过产品生态设计、清洁生产等措施进行单个生产企业的生态工业试点，以减少产品和服务中资源和能源的使用，实现污染物排放的最小化和能源利用的最大化。其次是在区域层面形成的中循环。按照工业生态学的原理，通过企业间的物质集成、能源集成和信息集成，形成企业间的工业代谢和共生关系，在此基础上建立工业生态园区。三是在社会层面上形成大循环，重点进行循环城市和省区的建立。在这方面最典型的是广西贵港国家生态工业（制糖）示范园区，该园区以上市公司贵糖（集团）股份有限公司为核心，以蔗田系统、制糖系统、酒精系统、造纸系统、热电联产系统、环境综合处理系统为框架，通过盘活、优化、提升、扩张等步骤，建设生态工业（制糖）示范园区。四是废物处置和再生产业，建立废物和废旧资源的处理、处置和再生产业，

[258] 马荣. 德国循环经济发展的概况. 国外动态，2005.

以从根本上解决废物和废旧资源在全社会的循环利用问题。[259]

目前我国虽然在生态环境的治理方面制定了一些相关的政策，但有些政策与循环经济发展的要求还不相适应，而且存在着某些政策的明显缺位。因此，我国应抓紧进行循环经济相关政策的制定和政策创新。

1. 从我国的具体国情出发，选择发展循环经济的突破点，以此逐步调整国民经济整个产业结构，完善市场活动主体

从总的原则来看，我国应把提高资源的利用水平，提高资源产出率作为发展循环经济的重点和突破口。提高资源利用率，就是要节约资源，从输入端减少物质量，相应的结果就是废弃物排放的减少，使环境保护在客观上提升到“变末端治理为源头和过程防控”的水平，这恰好也是循环经济的本质所在。调整产业结构就是减少资源消耗，提高资源的综合利用效率。例如，日本在 20 世纪 70 年代进行的工业结构调整，其目标就是将核心产业转向以低能耗、高效益的技术尖端行业，通过产业结构的调整，构建资源节约和综合利用，加快发展资源消耗低、资金和技术密集产业，为此新建项目要尽可能提高技术起点，采用新技术、新材料。

再从构成市场经济的主体来看，市场经济要求市场主体是具有独立产权的经济实体。如在西方国家，市场主体主要是私有制经济和法人经济，国有经济只是作为市场经济条件下宏观调控的手段。在我国，国有经济是国民经济运行的主体，在计划经济体制下，国有经济属于人民，产权并不独立。在市场经济体制下，建立现代企业制度是我国国有企业改革方向，按照市场规则对我国国有企业进行产权改造，探索公有制的实现形式，尤其是在发展循环经济问题上，我国企业有其不同于国外企业单纯追求经济利益的特点，融国有企业形式和世界市场、生态利益于一体是我国融入经济全球化面临的一大挑战。从经济的角度来说，全面发展不仅要保持经济的较快增长、物价水平的基本稳定和国际收支的大体平衡，更要把稳定的就业水平作为重点；从社会的全面发展来说，要深化科技体制改革，加快国家创新体系建设。

2. 建立并完善相关的法律、政策和社会体系

首先是政府应充分发挥其自身特有的作用。全球化背景下国家传统职能（尤其是在经济领域）在一定程度上发生了重大转变，但国家在全球经济活动中仍占有重要地位，政府对于经济发展中存在的各种问题，应积极发挥引导和监控作用，尤其是宏观调控作用。① 加强保护环境和资源的相关立法。我国的资源和环境状

---

[259] 薛东辉. 从可持续发展到循环经济. 特区经济，2005（5）.

况不佳，问题不容忽视，应建立相应的立法体系，为经济的可持续发展创造有利的法律环境。② 建立严格的企业准入制度。鉴于小企业生产的状况，对环境的破坏及资源开采效益的低下，政府应严格限制其进入市场，加强对此类企业的市场准入审查。③ 要分层次立法、完善经济、环境法律体系，以鼓励生产资源节约。

在此方面，例如，美国许多州通过征收新材料税，对超过循环经济立法规定中新材料使用标准的企业，征收新材料税以限制其对新原材料的使用。又如德国已经开始征收生态税，除风能、太阳能等可再生能源外，其他能源的使用都要收取生态税。通过这种灵活的法律、法规以引导社会经济活动向节能、节源、环保方向发展。

根据这些发达国家的经验，在循环经济和生态工业实践的基础上，必须加快制定循环经济法规，通过法规对循环经济加以规范，做到有法可依，有章可循。循环经济要实现环境资源的有效配置，需要建立一套绿色保障制度体系。该体系应该包括三个方面：一是绿色制度环境，包括绿色资源制度、绿色产权制度、绿色市场制度、绿色产业制度、绿色技术制度等；二是绿色规范制度，包括绿色生产制度、绿色消费制度、绿色贸易制度、绿色包装制度、绿色回收制度等；三是绿色激励制度，包括绿色财政制度、绿色金融制度、绿色税收制度、绿色投资制度等。以上制度的有效运转都需要法治的保障，需要法律加以规范与调整。这是循环经济发展必要的基础设施。[260]

其次是注重发挥社会团体、群众等服务组织的作用。鼓励公众、社会组织参与环境管理与生态保护活动。例如，加拿大蒙特利尔市政府定期与社区服务组织签订环境维护与废弃物回收合同，由该组织动员社区群众和志愿者担任区域内环境监督检查工作，协助政府贯彻落实相关政策，推进循环经济的发展。通过法律措施赋予公众环境权（包括环境知情权、参与环境事物决策权和环境诉讼参与权等），通过这些法律方式，使得公众能够行使对政府、企业和个人环境行为的监督；鼓励公众参与环境评价，其中英国环境影响评估项目中就规定必须有公众参与，这是政策制定过程不可缺少的步骤，是目前英美等国家正在实行的一种新兴的环境管理模式，以更好地发挥企业在环境管理中的积极性。

3．生态科技体系的建立

要最终落实人与自然的和谐共处，实现经济的可持续发展，只有通过调节我们人类的人文、科技和整个生态圈环境的一体化才是根本的途径。这种新的价值观将坚持人与自然的相互限定，相互依赖和相互包容、和谐，坚持人与自然的密

---

[260] 吴易明．循环经济与经济可持续发展．经济师，2002（10）．

切关系，不可分割和内在统一。为推进科技、经济的和谐发展，一些国家开始积极建立循环生产技术体系。例如美国于1995年设立了“总统绿色化学挑战奖”，以鼓励支持那些循环生产技术的创新者；日本政府于1993年提出旨在开发利用新能源的“阳光计划”，鼓励涉及可再生能源技术、化石燃料、能源输送和储备技术等新型能源技术等研究。

从技术角度来看，关键在于改变科学技术全球发展的不平衡问题，它主要体现为科技共享与垄断观念之间的矛盾。当代科技大系统的发展背后需要的是雄厚的科研力量、昂贵的设备器材、巨额资金和良好的基础设施，这对广大发展中国家来说，难度是极大的，难以跟上世界新科技的脚步，科技竞争的结果是被西方发达国家越落越远。而且发达国家为了维护自身狭隘的经济利益，进行技术保密政策，严格控制高技术转让。并利用自身技术优势大量掠夺世界资源，同时把污染产业和劳动密集型产业大量转嫁给发展中国家。

4. 建立并完善循环经济的核算体系——绿色GDP

要建立循环经济，关键之一就是要改革现行的经济核算体系，从企业到国家建立一套绿色经济核算制度，包括企业绿色会计制度、政府和企业绿色审计制度、绿色国民经济核算体系等。传统的国民经济核算体系，例如，生产总值（GDP）的统计方法，事实上往往片面地强调了GDP的增长指标而忽视了社会的全面发展，忽视了“人文关怀”，所以在一些方面出现了比较严重的“失衡”现象，既影响了社会的发展，同时也阻碍了经济的可持续增长。这种核算方法没有扣除资源消耗和环境污染的损失，是一种不真实、非绿色的统计核算，导致人们单纯追求经济增长而忽视了对资源的合理利用和生态环境的有效保护问题。绿色GDP由世界银行在20世纪80年代提出，它比较全面地体现了环境与经济综合核算的框架，已逐步成为衡量现代社会发展进程、替代传统宏观核算指标的首选指标。绿色GDP等于GDP减去产品资本折旧、自然资源损耗、环境资源损耗（环境污染损失）之值。这种核算结果可供各级政府领导部门参考使用，并作为政绩考核指标，使他们看到传统国民生产总值和绿色国民生产总值之间的巨大差异，强化其可持续发展观念，促使其抛弃传统的经济发展模式，选择循环经济和清洁生产道路。

目前，一些国家已经采用了这种新的绿色国民经济核算方法，在计算国民生产总值时，要扣除资源的消耗和环境污染破坏的损失。在这方面，加拿大的资源环境核算体系相对比较完善，它每两年进行一次环境调查，实行环境资产的核算，其中包括自然资本核算（包括矿产资源、能源资源以及木材、土地等），原材料以及能源核算；环境保护核算，即保护自然资产的投资的核算。这样绿色 GDP 就等于国内生产总值减去产品资本折旧、自然资源损耗、环境资源损耗（环境污染损失）。这种绿色 GDP 较之传统算法能够更加全面地反映环境与经济综合核算的关系。

总的来看，在经济社会发展的指导思想上，我们要由以经济建设为中心转向“以人为本”。在改革开放之初我们党确立了以经济建设为中心的指导思想，在这一思想指导下我们已完成了“三步走”的战略目标的前两步，且为今后的经济社会和人的全面发展提供了必要的物质基础。应当指出的是，我们有时会片面地强调 GDP 的增长指标而忽视了社会的全面发展，忽视了“人文关怀”，所以在一些方面出现了比较严重的“失衡”现象，既影响了社会的发展，同时也阻碍了经济的可持续增长。循环经济的实施与发展，就要从我国的这些具体实际情况出发。首先是选择好发展循环经济的突破点，以此逐步调整国民经济整个产业结构，完善市场活动主体。将人类的生产活动、生态环境、经济运行调整为一个统一的有机生态系统。循环经济发展的重点是建立并完善相关的法律、政策和社会体系，使循环经济从理念到实践深入我国社会生活之中，成为人们日常生活、经济运行的基本准则，循环经济才能从根本上得到贯彻。在此基础上，建立完善的生态科技体系，开展环境污染和生态损失及环境保护效益计量方法和技术的研究工作，进行绿色 GDP 的统计和核算试点，加快建立绿色国民经济核算制度，使科技再次成为经济活动的主要改变力量。最后是循环经济的核算体系——绿色 GDP 的建立和完善问题。我国应该加快绿色国民经济核算体系的试点和总结，采用绿色 GDP 代替传统 GDP 的核算，以彻底改变过去重经济指标、忽视环境效益的评价方法，为建立绿色 GDP 核算体系奠定基础。

参考文献

[1] 马克思恩格斯选集（第 1 卷）. 北京：人民出版社，1972.
[2] 马克思恩格斯选集（第 3 卷）. 北京：人民出版社.
[3] 恩格斯. 自然辩证法. 北京：人民出版社，1971.
[4] 罗兰・罗伯逊. 全球化社会理论和全球文化. 上海：上海人民出版社，2000.
[5] 吉登斯. 失控的世界：全球化如何重塑我们的生活. 南昌：江西人民出版社，2002.
[6] 吉登斯. 第三条道路及其批评. 北京：中共中央党校出版社，2002.
[7] 吉登斯. 现代性与自我认同. 北京：三联书店，1998.
[8] 俞可平. 全球化与政治发展. 北京：社会科学文献出版社，2005.
[9] 舒尔曼. 技术文明与人类未来[M]. 北京：东方出版社，1995.
[10] 爱森斯塔德. 现代化：抗拒与变迁[M]. 北京：中国人民大学出版社，1988.
[11] 塞谬尔・亨廷顿. 变革社会中的政治秩序[M]. 北京：华夏出版社，1998.

[12] 吴季松．循环经济学[M]．北京：北京出版社，2003.
[13] 英格尔斯. 人的现代化. 成都：四川人民出版社，1985.
[14] 约翰·佘斯比特. 亚洲人趋势. 北京：外文出版社，1996.
[15] 宋国涛. 中国国际环境问题报告. 北京：中国社会科学出版社，2002.
[16] 弗朗索瓦·佩所. 新发展观. 北京：华夏出版社，1987.
[17] 斯普雷纳克．绿色政治——全球的希望[M]．北京：东方出版社，1988.
[18] 梅萨罗维克. 人类处在转折点上. 北京：中国和平出版社，1987.
[19] 芒福德. 机械的神话. 黎明文化事业股份公司，1972.
[20] 冯之浚．循环经济导论[M]．北京：人民出版社，2004.
[21] 刘大椿，岩佐茂. 环境思想研究. 北京：中国人民大学出版社，1998.
[22] 爱森斯塔德. 现代化：抗拒与变迁. 北京：中国人民大学出版社，1988.
[23] 约翰·巴罗. 不论——科学的极限与极限的科学[M]. 上海：上海科学技术出版社，2000.
[24] 格里芬. 后现代精神. 北京：中央编译出版社，1998.
[25] 弗·卡普拉，查·斯普雷纳克．绿色政治学．北京：东方出版社，1988.
[26] 雅斯贝斯. 历史的起源与目标. 北京：华夏出版社，1989.
[27] 萨顿. 科学的历史研究[M]. 北京：科学出版社，1990.
[28] 培根. 新工具[M]. 商务印书馆，1984.
[29] Erich Frrom. The Revolution of Hope：Toward a humanized Technology. New York：Harper and Row.
[30] Springer Heidelberg .Globalization and Unemployment. Published，2000.
[31] Banman. Postmodern Ethics. Oxford& Cambridge，1993.
[32] Joseph Needham. Science in traditional China：a comparative perspective . The Chinese Univ. Pr，1981.
[33] S. Seidman，G. Wagner. Postmodernism and social theory[M]. Basil Blackwell Cambridge，1992.

后 记

《循环经济的哲学思考》一书终于完稿付梓了。但我们却丝毫没有如释重负之感。

自从 2005 年春天李建珊教授作为南开大学“循环经济国家创新基地”学科带头人之一接到此项任务后，就调动我校科技哲学与伦理学两个专业的教授，以及部分曾经研究过环境哲学的博士生参加这项工程并成立了写作组。我校哲学系科技哲学专业学术带头人、博士生导师李建珊教授担任主编。在他的领导下，写作组首先进行了本书主脉络的确定和选材工作；然后我们群策群力开展资料调研，并经过多次充分的讨论（包括争论），对全书的结构和角度进行了重大修改。特别是王阳博士、贾向桐博士在从最初大纲的拟定到第五次大纲的确定的过程中，都付出了艰辛的劳动，提出了非常有建树的宝贵意见，为全书写作的顺利进行提供了重要保证。经过一年多的艰苦奋战，终于完成了全书的初稿；之后各章作者又经过 2 个月左右的反复修改。副主编李淑华教授对全书进行了第一次统稿，李建珊教授最后定稿。

循环经济的产生不是偶然的，它是在 20 世纪中叶严重困扰人类社会发展的环境污染、资源短缺、生态破坏等一系列全球问题的现实面前，以及在全球化进程的大背景下必然出现的，而且必须采用的新型经济运行模式。它标志着人类对环境问题从伦理学的思考，开始向付诸实践的方向发展。

循环经济首先是一个非常迫切地需要面对的实践问题，同时也是一个涉及广泛而又难度较深的理论问题。为了迅速推进这样一种全新的经济模式，使之在世界、特别是在中国大地健康而不走样地运行，思想理论必须先行。

而在对循环经济的理论研究中，除了必须有经济学、政治学、社会学、法学以及广义的（大）环境科学的探讨之外，对于蕴涵其中的深层哲学问题的思考不仅不可或缺，甚至可以说至关重要。一些人往往认为哲学的思考不能解决他们的“实际问题”而摒弃哲学，一些短视者也因为把哲学当成泛泛空谈而讨厌理论争论。然而，缺乏哲学思维的民族是没有希望的民族，缺乏理论思考的实践必然是失败的实践！

《循环经济的哲学思考》这本专著不是直接对循环经济本身作科学论证，而仅仅是试图为循环经济周围思想、作为制度、作为经济模式、作为有广大发展前途的新文化，从哲学基础和中国传统文化基础方面，提供某些新的视角、新的理念或者新的价值观。如果想从中寻找某种对于经济运行具有“立竿见影”功能的内容，或者求得一副医治环境问题的“包医百病”的药方，恐怕会使你失望。哲学的思考不仅不能、也不应当代替自然科学和社会科学对循环经济模式的论证。

我们的工作得到了南开大学环科学院环境管理专业学科带头人、南开大学环境与社会发展研究中心主任、南开大学循环经济国家创新基地首席科学家朱坦教授，环境经济专业学科带头人、南开大学环境与社会发展研究中心副主任李慧明教授的关心和指导，得到了南开大学环境科学与工程学院党委书记王南林同志的大力支持，在此谨致谢忱。

本书分工如下：

王　阳（南开大学）：前言、第二章；

王云霞、王国弘（天津大学）：第一章；

李淑华、孙磊、李小东（南开大学）：第三章；

赵媛媛、李建珊（南开大学）：第四章；

乔文娟（天津医科大学医学人文科学系）、李建珊：第五章；

贾向桐（南开大学）：第六章。

由于我们对循环经济思想理论的研究未能深透，完成本书时，缺陷和遗憾在所难免。祈请读者指正。

《循环经济的哲学思考》写作组

2006 年 8 月 8 日于南开园